古典學術講要

修訂本

张文江 著

上海古籍出版社

图书在版编目(CIP)数据

古典学术讲要 / 张文江著. —修订本. —上海：上海古籍出版社，2018.5（2023.6重印）
 ISBN 978-7-5325-8764-3

Ⅰ.①古… Ⅱ.①张… Ⅲ.①文史—研究—中国—古代 Ⅳ.①K092.2

中国版本图书馆 CIP 数据核字（2018）第 046169 号

古典学术讲要（修订本）

张文江　著

上海古籍出版社出版发行

（上海市闵行区号景路 159 弄 1-5 号 A 座 5F　邮政编码　201101）

　（1）网址：www.guji.com.cn
　（2）E-mail：guji1@guji.com.cn
　（3）易文网网址：www.ewen.co

常熟市人民印刷有限公司印刷

开本 635×965　1/16　印张 22.5　插页 5　字数 360,000
2018 年 5 月第 1 版　2023 年 6 月第 3 次印刷
印数：4,401—5,200
ISBN 978-7-5325-8764-3
B·1049　定价：88.00 元
如有质量问题，请与承印公司联系

风雨如晦,
鸡鸣不已。
既见君子,
云胡不喜。

——《诗·郑风·风雨》

目　次

《学记》讲记 …………………………………………… 1

《史记·货殖列传》讲记 ………………………………… 45

《五灯会元》讲记：无著文喜 …………………………… 110

《五灯会元》讲记：兜率从悦 …………………………… 133

《五灯会元》讲记：丞相张商英居士 …………………… 158

马致远《套数·秋思》讲记 ……………………………… 196

渔樵象释 ………………………………………………… 214

《风姿花传》讲记 ………………………………………… 229

《西游记》讲记 …………………………………………… 295

后记 ……………………………………………………… 353

修订本补记 ……………………………………………… 355

又记　再记 ……………………………………………… 356

《学记》讲记

一

亚里士多德《政治学》写了八卷,最后一卷是论教育,而且是论音乐教育,这本书没有写完。吴寿彭中译本在结尾处有注,引用英国研究者罗斯(W.D.Ross,1877—1971)写的《亚里士多德》。罗斯说,《政治学》这本书"不但关于教育的讨论未曾完篇,亚氏理想国的其他好多事情也付之阙如。是否他的想象力有所不足,或讲稿遗失了一部分,我们现在无可考明。也许他像柏拉图一样,认为具备了良好的教育,城邦所需其他种种就会跟着实现"(商务印书馆,1983,434页)。我看到这个注的时候就笑了。一部著作如果成为经典,什么方面都会有人说好,连没写完也是好的。这本书没写完,有人就会说是微言大义,没写完正好。也许亚里士多德真的想象力不足,写不下去了,也许讲稿真的遗失了,作注的人就会来补台——"也许他认为具备了良好的教育,城邦所需其他种种就会跟着实现"。亚里士多德《政治学》最后结束于教育。

在中国的先秦典籍中,不但政治归结于教育,经济也归结于教育。比如《论语·子路》:"子适卫,冉有仆。子曰:'庶矣哉!'冉有曰:'既庶矣,又何加焉?'曰:'富之。'曰:'既富矣,又何加焉?'曰:'教之。'"这里牵涉了三件事情,首先是拥有人口,有了人口以后发展经济,有了经济以后发展教育。又比如《孟子·尽心上》："仁言不如仁声之入人深也,善政不如善教之得民也。善政民畏之,善教民爱之。善政得民财,善教得民心。"同样也是强调教育,和亚里士多德一致。

对于社会来说,教育是不可或缺的基础。对于个人来说,教育也是幸福的来源。前些年曾经有一个统计,说在学历层次高的人中,自我感觉幸福的人多一点。当然学历层次高,并不等同于受教育程度高,实际情况也可能相反,智慧越高越痛苦,知识越多越反动。像王国维的名句"人生过处唯存悔,知识增时只益疑"(《六月二十七日宿峡石》),学多了反而感到痛苦了,那是还没有学好。如果只是乱糟糟地读几年书,确实不行。真的把书读到心里去了,会有一种快乐,"虽南面王不易也"。当然学问不能只是类似于孔乙己知道"茴"字的几种写法,而是对人生与人性有比较透彻的认识。

社会的发展和教育息息相关,现在提倡素质教育,但应试教育还是占了很大成分。应试教育的弊病很大,却还不能完全废除。为什么如此成问题,还不能完全废除呢？我的判断是,学历成了划分阶层的基础。现代社会在无形中,是以学历为基础来划分阶层的。当然还会有上升和下降,其实永远在洗牌,但取得学历是第一步。教育是不是这个东西呢？可以说绝对不是。那为什么还不能废除呢？因为这几乎是贫困家庭翻身的唯一机会。应试教育确实有问题,但是它即使花钱也买不到分数,无论如何还有程序上的公正。然而应试教育本身是错的,如果要理解真正的教育,必须走另外的一条路。

《学记》是先秦留存下来的一篇专门讨论教育的文献,作者大概是战国末年的七十子后学。在中国古代,"学"字就是"教"字,学和教是一个字。郭店竹简《老子》中"圣人处无为之事,行不言之教","教"写成上爻下子,这个字就是"学",所以《学记》同时也是"教记"。陆德明《经典释文》引郑玄注:"《学记》者,以其记人学教之义。"学和教并言,是教育的两方面。《学记》的内容有些有事实根据,有些也是作者的理想,像黑塞的教育小说《玻璃球游戏》中的"卡斯塔里",要表达一个观念。有人认为它是三代圣王的教科之书,这样的评价似乎有些过分,可能把位置摆高了。在我看来,《学记》是一篇思想性的文献,它对历史有总结,对现实有批判,如果过于推崇它的经典性,也许反而会遮掩其内在的锋芒。

综合而言,《学记》论述的是普通教育、师范教育,偏向于有形教育,培养的是贤人(gentleman)。如果从最高标准来看还不够好,不是培养天才,是培养体制内一般人的,所谓第二楼头。第一楼头是伟大人物的教导本身,偏向于无形教育,培养的是哲人(philosopher)。在古希腊,哲人是爱智慧的人,不同于现在从事哲学职业的人,也就是柏拉图《斐德罗》九类人中的第一类人(248d—e),生下来就是喜欢智慧的。philosophy有探究的意思,也就是热爱、喜欢,《论语·雍也》称"知之者不如好之者,好之者不如乐之者"。第一楼头的人可以不经过学校教育,主要通过自学而成,或者是完成学校教育以后感到不够,自己重新再学,而且终身以之。所以第一楼头不能废除第二楼头,而第二楼头应该通向第一楼头。对于第一楼头的人来说,应该保护第二楼头,你自己有办法解脱了,第二楼头的人怎么办?在《学记》中有第二楼头和第一楼头接通的契机。

> 发虑宪,求善良,足以谀闻,不足以动众。

"发虑宪",发布深谋远虑的思考,形成严肃的政令或法规。虑(慮)与宪(憲)可通,没有成文为虑,成文为宪。《尚书·兑命》:"监于先王成宪,其永无愆。"以先王的成文法和不成文法为借鉴,永远没有过失。这就是法先王,继承远古以来的习俗,包括成文法和不成文法。

宪与法可通,宪的解释为法,也就是"宪法"这个词(近代出于日语)的来源。《管子·立政》:"正月之朔,百吏在朝,君乃出令,布宪于国。"朔是正月初一,布宪有些接近于政府公告,把一年中准备做什么事情,以及什么事情可以做、什么事情不可以做公布出来,是总的政令。《管子·权修》:"然后中之以宪令,劝之以庆赏,振之以刑罚。"一方面是庆赏,一方面是刑罚,而判断的标准就是宪令。又《国语·晋语》:"赏善罚奸,国之宪法也。"宪还有效法的意思,《中庸》云:"仲尼祖述尧舜,宪章文武。"祖述也就是宪章,继承尧舜、文武传下来的文化。

为什么想到讲《学记》呢?几年前有朋友说过一句话,给我的印象很深,他说:"当今社会有很多事情,很难判断该不该做。只有两件事情,做了大概不会错,一件是教育,一件是环保。"其实教育也可以看成人的环保,而环保必须通过人来实施,所以两者之间,应该以教育更为根本。不仅如此,教育首要的功能,正在于判断一件事情该不该做。至于如何做一件事情,那还是它其次的作用。"求善良",历来有两种解释,一种是求善良之法,一种是求善良之人。两种解释中,我稍稍偏向于第二种,因为前者是手段,后者才是目的。一个好的法有什么用?目的还是造就乃至服务于好的人。无论是法还是人,多少还有些增字解经,不及"求善良"本身,把一切都涵盖了。"足以謏闻,不足以动众。"发布严肃的政令或文件,追求善良,可以在新闻上掀起小小的波澜,但民众没有大的反应。謏可以解释为小,大家都知道了,却没有动心。

    就贤体远,足以动众,未足以化民。

"就贤"是亲近贤人,比如说希耶罗亲近西蒙尼德(参见《论僭政——色诺芬〈希耶罗〉义疏》,施特劳斯、科耶夫著,何地译,华夏出版社,2006),毛泽东亲近柳亚子,当然在严格意义上,柳亚子还不是贤人。"体远"是想得深远,注意少数民族、妇女儿童、弱势群体的利益。"足以动众,未足以化民。"老百姓会受到较大影响,但不会发生变化。

> 君子如欲化民成俗,其必由学乎?

《学记》开始的三句,是古代国民教育的总纲。"化民成俗"的俗,也是"移风易俗"的俗,在某种程度上可以对应于古希腊的 nomos。"其必由学乎",一定要走教育这条路。政治影响社会快,教育影响社会慢,但是教育更为根本,而且面向未来。社会中所出现的问题,一定会在教育中有反映。"发虑宪,求善良"、"就贤、体远"是政治,是上层做的事情,"化民成俗"是教育,是下层做的事情,而下层是上层的基础。君子的工作贯通上下,这个工作就是教育。

《学记》中的君子,就是《周易》、《论语》中的君子,"天行健,君子以自强不息","地势坤,君子以厚德载物","人不知而不愠,不亦君子乎"。君子为成德之名,《白虎通·号篇》:"或称君子何?道德之称也。君之为言,群也。子者,丈夫之通称也。"《学记》孔颖达疏"君谓君于上位,子谓子爱下民",不是君子的标准解释,但是注意上下沟通,也有一定的意义。《学记》在这里点出君子,是它所期待的理想读者。而所谓"化民成俗",也就是后来鲁迅所重视的改造国民性。《学记》有许多好东西,如果有人想知道什么是好老师,什么是好学生,一定要参考一下。不是完全照着它做,而是读后受启发,你会有一个明白。

> 玉不琢,不成器。人不学,不知道。

玉琢是加工物质,人学是培养人才。人怎样才可以算成器呢?那就是看他是否知道。在现代汉语中,"知道"是明白眼前事物。在古代汉语中,"知道"是明白眼前事物和整体的关系,明白眼前事物背后的道理,"知"的是"道"。在现代汉语中,"知道"的意义没有了,但是这个词还保留着,"百姓日用而不知"(《易·系辞上》),天天用的词中有大道理。中国古代以唐为界限,唐以前主要思想往往讲的是道,宋以后主要思想往往讲的是理。清末以后引进西方的思想,道也不讲理也不讲,如果允许开个玩笑,那就是"不讲道理"了。

"玉琢"的譬喻出于《论语·学而》:"子贡曰:'贫而无谄,富而无骄,何如?'子曰:'可也。未若贫而乐,富而好礼者也。'子贡曰:'《诗》云:如切如磋,如琢如磨。其斯之谓与?'"子贡"贫而无谄,富而无骄",虽然是对的,还是偏向于消极。孔子"未若贫而乐,富而好礼者也",化消极为积极。从一块璞玉出发,一点点加工,一点点深化,就是切磋琢磨。《荀子·大略》云:"人之于文学也,犹玉之于琢磨也。"古代的文学就是文献。文学是孔门四科的最后一科,当时读的那些古代典籍就是文学,大致相当于后世的经学,跟现在的文学概念不一样。人需要文学就像玉需要琢磨,用经典来琢磨你这个人。

是故古之王者,建国君民,教学为先。

建立国家,治理人民,首要的事情就是教育。

《兑命》曰:"念终始典于学",其此之谓乎?

国家的根本建立在教育上。《兑命》原文是:"惟敩学半,念终始典于学,厥德修罔觉。"《兑命》好得不得了,这段话尤其好,它出于伪《古文尚书》。如果清代的考证成立的话,这篇《尚书》出现比《学记》晚,但是内容非常有意思,我们以后另外讲(参见拙稿"《尚书·说命》析义")。

"惟敩学半,念终始典于学",典就是主,就是常,自始至终地压着,念念不忘地想着,这就是重视教育,也就是学。

如果把"建国君民,教学为先"和"念终始典于学"合在一起,就是学习型的国家。当年"文化大革命"结束后,全国上下有一股朝气,大家都想把国家推向前进,好像看到了光明。胡耀邦推荐日本前首相吉田茂《激荡的百年史》,书中写到,日本为了振兴国家,大力普及和推广教育,几乎每个村庄最好的建筑物,就是那里小学校的校舍(孔凡、张文译,世界知识出版社,1980,10—11页)。这就是全民对教育的重视,学校被看成国家的根本,是民族的希望所在。"建国君民,教学为先",《易经·序卦》在乾坤之后继以屯蒙,屯就是建国君民,蒙就是教学为先。当然这还只是初步,《易经》的变化太多了。

> 虽有嘉肴,弗食不知其旨也。虽有至道,弗学不知其善也。

必须有直接的接触,也就是感性的认识,毛泽东《实践论》称"你要知道梨子的滋味,你就得变革梨子,亲口吃一吃"(《毛泽东选集》第一卷,人民出版社,1991,287页)。《大学》开篇曰:"大学之道,在明明德,在新民,在止于至善。"其中"在新民"一句有异文。朱熹《集注》作"在新民",王阳明据古本作"在亲民",到底哪一个正确,历来有争议。后来看到一个道家人物的解释,我觉得非常好。他说,"在亲民"是命功,"在新民"是性功(江东亭《体真山人真诀语录》)。"亲民"联系老百姓,是命功。"新民"教化老百姓,是性功。亲民就是新民,新民就是亲民,可以没有矛盾。

> 是故学然后知不足,教然后知困。知不足,然后能自反也。知困,然后能自强也。

自满是因为没有学,不知困是因为没有教。学过或教过的人,才明白自己的无知;而深切明白自己的无知,本身就是学问。自反,谓反身求诸己,《孟子·离娄下》:"则君子必自反也。"自强,谓修业不敢倦,《易·乾》:"天行健,君子以自强不息。"

> 故曰:教学相长也。《兑命》曰"敩学半",其此之谓乎?

"敩学半",前面一个字读 xiào,后面一个字读 xué。教是一半,学也是一半,合起来是教学,也就是教育的两方面。教师一半是教,一半是学,学生一半靠别人教,一半靠自己学,这就是"敩学半"。在教学中,教的主导在学,学的主导在教。好的教师永远把自己当学生,而学问有些至深之处,只有当了教师才能学会。一旦渐入佳境,发言吐句,往往惊人又惊己。教学相长,学生会了,教师也会了。

> 古之教者,家有塾,党有庠,术有序,国有学。

"家有塾",《周礼》称二十五家为闾,住在同一个巷子中,巷首有门,门旁边有"塾"。后来"私塾"这个词由此而来,就是每个巷子口有一所小学校。选里中年老有道德的人,在这里教孩子识些字,讲些做人的道理。"党有庠",五百家为党,每党设置一个庠。"术有序","术"就是遂,一万二千五百家为遂,每遂设置一个序。如果勉强比拟,"家有塾"相当于现在的就近入学,"党有庠"相当于区重点,"术有序"相当于市重点,"国有学"相当于全国的最高学府。"国"是天子所在的首都或诸侯所在的都会,那里的国学,也就是当时教育阶梯的顶端。

在《学记》中,四种名称相应于四级教育体制。《孟子·滕文公上》:"夏曰校,殷曰序,周曰庠,学则三代共之。"把四种名称分配给了三代。《学记》从空间讲,《孟子》从时间讲,到底怎么样不知道,就是有两种不同的解释。

比年入学,中年考校。

"比年入学",比就是排着,每年都有入学的人。"中年考校","中"是隔开一年,到了适当年份要考试。考就是稽考,考察,考试,校就是校正,校核,校对。所谓学校,就是用学来校对你,把自然人改造成文化人。用弗洛伊德的说法,就是把压抑加给你。但人之为人,就是在压抑中获得解放。人怎么可能脱离社会呢?压抑是校得不好,如何调整压抑来获得解放,才是值得探索的途径。

一年视离经辨志。

"离经辨志",郑玄注:"离经,断句绝也。辨志,谓别其心意所趣乡也。"古代的文章没有标点,"离经"是把文章分开来。把句子、段落分开来,这篇文章也就懂了。"辨志"是知道这篇文章讲什么,每篇文章都有作者的志。还有一种解释是要看看学生的志,我觉得可以是同时的。把作者的志向看懂了,学生的志向也会逐渐熏陶引发出来。用一年、三年、五年这样的序列,就是"中年考校",也就是隔一年进行考校。为什么说"视"呢,就是看看你到什么程度,和今天分数至上的考试有所不同。

三年视敬业乐群。

这是同学关系,注重团队精神。敬业是养成职业道德,乐群是学会和别人合作。

五年视博习亲师。

这是师生关系。为什么要尊师呢？老师对学生的人格,有深远的影响。

七年视论学取友,谓之小成。

"三年"差不多等于过去的初小,"五年"是高小,"七年"是中学。到了七年,初步教育完成,所以说"谓之小成"。"离经辨志"是文本教育,也就是字面意义上的读书。"敬业乐群"可以说是职业教育,你懂得一点知识,知道与人合作,可以踏入社会。"博习"是因为社会非常广阔,还要学其他东西,把基础加以拓宽。而学的东西多了,彼此的矛盾也会出来,老师为你辨析其中的要点,自己也从内心尊敬老师,所以说"博习亲师"。"博习"是多读多接触,"论学"是自己拿出判断,类似于现在要交毕业论文。"论学"照应"博习",在"博习"中形成自己的抉择。"取友"照应"亲师",师友是同道,彼此有交流,你取什么友就亲什么师。对于非血缘的社会关系来说,君臣是互相压抑的,师友是互相衬托的。上一辈是师,同一辈是友,论什么学就取什么友,友是你自己的镜子。

《说苑·杂言》引孔子言:"不知其子,视其所友。不知其君,视其所使。"看和他交往的是什么人,就可以从侧面了解他。宋代邵伯温的《邵氏闻见录》卷七,记宋太宗叫陈抟去看看当时还是皇子的真宗能否继承皇位,陈抟走到门口就回来了。问他为什么?陈说看门打杂的是宰相将军,里面的人就不用再看了。这就是"论学取友",你有什么友,你就是什么人。然而"论学取友"还是小成,如果思想一点点升华,同时代可以谈到深处的人越来越少,最后必然走入历史,也就是《孟子·万章下》的"尚友古人":"以友天下之善士为未足,又尚论古之人。颂其诗,读其书,不知其人,可乎?是以论其世也,是尚友也。"

如果从八岁开始上学,到"七年论学取友","谓之小成",已经十五岁了,相当于《论语·为政》"吾十有五而志于学"。有的研究者用另外一种算法,就是"离经辨志"读一年,"敬业乐群"读三年,"博习亲师"读五年,"论学取友"读七年,然后大学读九年,加起来一共是二十五年(王树枏《学记笺证》卷二)。这样从五岁开始到三十而立,或是从七岁开始到三十二岁。我不太敢相信这种算法,古代应该不会有这么好的条件。其实这里也不用说死,开头用了一句"古之教者",可见不一定是当时的事实,也可能包含作者的理想,更可能是事实加上理想。

> 九年知类通达,强立而不反,谓之大成。

"知类通达",在某一门类中融会贯通,成为某一方面的专家。比如说王力,在古代汉语方面是专家。但他是否在其他方面也是专家呢?不见得,这是知一类通达,已经不容易了。而知万类通达,那就是古代理想中的圣人。"强立而不反",标志世界观的形成。这可以分为两方面,好的方面是教育成功,坏的方面是被传统洗脑。在中国古代社会,法律没有被放在最重要的地位,因为读书人从小念《论语》、《孟子》,遇到事情自然而然不会反应到犯法的地方来。礼法礼法,礼在法前,法的份量就减轻了。《论语·尧曰》云"不教而杀谓之虐",孔孟的思想化入民族的 nomos,就是移风易俗。如果只有法,怎么可能管得了那么多那么细呢?"强立而不反",强立是有独立的人格,不反是荀子《劝学篇》所说"木直中绳,𫐓以为轮,虽有槁暴不复挺者,𫐓使之然也"。面对外来的诱惑，他很少受到吸引。你把不对的东西强加于他，他不会轻易屈服。这就是"谓之大成"，可以接通于大学的教育，也就是当时最高的教育。

> 夫然后足以化民易俗，近者说服而远者怀之。此大学之道也。

从德智体三方面来说，"知类通达"是智育，"强立而不反"分为身和心，于身当体育，于心当德育。教育完成以后，在社会上起中坚作用，这个人就是君子。"说服"是心悦诚服，"怀"是安抚、包容。《论语·子路》："叶公问政。子曰：近者说，远者来。"又《公冶长》："子路曰：愿闻子之志。子曰：老者安之，朋友信之，少者怀之。"近悦远来是古代理想中的王道，同时也是大学之道。

> 《记》曰："蛾子时术之"，其此之谓乎？

蛾子就是蚂蚁。蚂蚁一点一点地衔土，叼成了一大堆，学问也是一点一点地积累，形成独立的人格。清代王鸣盛的学术笔记《蛾术编》，书名就是用这里的典故。

> 大学始教，皮弁祭菜，示敬道也。

进了大学，开始就是祭祀。祭祀是古老的仪式，在这里并不迷信。"皮弁祭菜，示敬道也"，可以比较现在的开学典礼。"皮弁"是一种白鹿皮制成的帽子，是当时的礼服，比较现在的校服。开学的时候为什么要穿礼服呢，因为这是庄严隆重的时刻，我是大学生了，自我期许两样了。"祭菜"是奉上祭品，礼敬这个领域中最好的、最根本的老师，比如说孔子。列奥·施特劳斯有一篇演讲《什么是自由教育》,其中提到:"老师自己是学生且必须是学生。但这种返回不能无限进行下去:最终必须有一些不再作为学生的老师。那些不再是学生的老师是伟大的心灵,或者为了避免在如此重要的事情上的含糊其词,可说是最伟大的心灵。这些人实乃凤毛麟角。我们不可能在课堂里遇到他们任何一位。我们也不可能在其他地方遇到他们任何一位。一个时代有一位这样的人活着,就已经是一种幸运了。"(《什么是自由教育》,一行译,刘小枫、陈少明主编《经典与解释》5,华夏出版社,2005,2页)这样的人就是"祭菜"的对象,也就是偶像的偶像,老师的老师。大学始教"皮弁祭菜,示敬道也",和小学始教"一年视离经辨志"不同,是书本又不只是书本,展示了另外的上行之路。

英国哲学家怀特海(A. N. Whitehead, 1861—1947)说:"如果不能经常目睹伟大崇高,道德教育就无从谈起。如果我们不伟大,我们做什么或结果怎么样便无关紧要。对伟大崇高的判断力是一种直觉,而不是一种争辩的结论。"(《教育的目的》,徐汝舟译,三联书店,2002,122—123页)举一个例子,我这里有个孩子在读德语,看见他拿着生词本在背。我跟他说,这还只是中学的读法。问他歌德知道吗?知道。问他马丁·路德知道吗?不知道。我让他到网上去搜搜看,一搜,出来一大批相片,都是德国的文化名人。我说你作为大学生,只知道背生词是不够的,这还是基础功夫。你脑子里要有这些人的象,他们是语言的根本。比如说,马丁·路德翻译《圣经》,对德语的形成起了重要作用。又比如说,歌德《威廉·迈斯特的漫游时代》,你听到这个词就去查一查。这样就一点点来了啊。你要学好一种语言,就要经常观摩经常接触这些人,感觉会自然出来。这其实就是"皮弁祭菜,示敬道也",应该是伟大人格在熏陶你,你跟他们一点点建立亲密关系。今天知道一点,明天知道一点,后来知道一个人了,后来知道几个人了。这些人是民族文化的脊梁,教育的根本就是伟大人格,伟大心灵,伟大思想。当然也没有这么方便,施特劳斯说,你真的去倾听最伟大的心灵之间的交谈,你会发现他们之间也是矛盾的。那么到底谁对谁错呢,自己根本不够资格评判(同上,7页)。当然,到了这时候,你的语言程度完全两样了。这其实是没有底的,过一段时间又会发现新的不足,然而只有这样才能学好。

自由教育的真谛是唤醒人内在的卓越,也就是柏拉图所谓"人性中之人"(《理想国》589b),职业教育是其次的东西。"皮弁祭菜,示敬道也",学习的开端,先要把这个领域中最好的人找出来,还要找偶像的偶像,老师的老师,这样一直推上去,而具体从谁那儿起步,不过是一个契机。从传统的观点来看,每一行每一业,都有一个祖师爷,就是当木匠也少不了鲁班的。为什么是祭而不直接是学,因为先要放一放,他们的距离和你差得不知道有多远。"皮弁祭菜"是先树立一个象,但这个象不是用来迷信的,而是有了这个象,你不会被眼前的小景物障住或迷住。如果能逐渐进步,象可以一点点改变。

《宵雅》肄三,官其始也。

"《宵雅》肄三",练习《诗经·小雅》中的三篇诗《鹿鸣》、《四牡》、《皇皇者华》,内容是君臣和睦,互相慰劳,互相激励,讲道修政。在古代读书通于政治,知道怎样做领导,互相体谅,合作做好一件事。"教学半",老师和学生合作上课,结束时要互相慰劳。好比一场音乐会,演奏结束要互相鼓掌,台下的鼓掌是激赏,台上的鼓掌是答谢,没有观众的配合,你不可能演好。

《鹿鸣》是"燕群臣嘉宾也":"呦呦鹿鸣,食野之苹,我有嘉宾,鼓瑟吹笙。"君臣彼此相待以礼,大家都非常起劲,在同一场合中演奏音乐,你配合我,我配合你,把事业抬举上去。用现代话来讲,这就是一个领导集体,他们之间互相体贴,互相合作。《四牡》是"劳使臣之来也":"岂不怀归,王事靡盬,我心伤悲。"有一支部队派出去了,在远方很辛苦,将士非常想回家。但是国家交付的任务没有完成,虽然想回家,还是要做好事情。这首诗是王者劳使臣的,他设身处地,体谅到你心里。做王的人理解他们想回来,但就是因为你的安排使他们回不来,所以在上边当领导的要快点想办法解决。《皇皇者华》是"君遣使臣也。送之以礼乐,言远而有光华也":"载驰载驱,周爱咨询。"用礼乐来送行,派他出去做事情,不辱使命。

总共三首诗,一首是大家在一起互相抬敬,一首是慰劳外边回来的人,一首是派人出去做事情。诗中没有设想君臣之间有矛盾,矛盾在这个场合里解决了。大家互相激励,一群人在一起,要把国家搞好,所以说"官其始也"。做官是堂堂正正的事情,必须互相合作,你和我配合,我和你配合,不是你使我绊子,我使你绊子。至少儒家的理想是这样,先要领略这个气氛,而不是先去学阴谋诡计。《左传》襄公四年也提到这三首诗,可以作为印证。穆叔(叔孙豹)访问晋国,晋国乐工"金奏《肆夏》之三,不拜","工歌《文王》之三,又不拜"。后来"歌《鹿鸣》之三,三拜"。问其缘由,他说,我是使臣,上边两组太高了,我的身份够不到,所以不能拜。而"《鹿鸣》之三",第一首《鹿鸣》是表扬寡君的,"敢不拜嘉",第二首《四牡》"君所以劳使臣也,敢不重拜",第三首《皇皇者华》有"五善","敢不重拜",所以拜了三次。这三首诗我觉得是好的,配合不起来是另外一回事,在领导人头脑中,一定要有协同合作之象。

入学鼓箧,孙其业也。

"鼓"的作用大概类似上课铃,击鼓警众,振备精神,敲一下上课开始。"箧",古时没有书包,那是竹子做的书箱。"孙其业也","孙"可以有二义,一是谦虚,谦虚地学习。一是顺着,沿着顺序学下去。打开书箱,继续上次没学完的课业。

夏楚二物,收其威也。

"夏楚二物"是二种木条,涉及体罚。从教育学的发展来看,经过很长时间探索,终于废止了体罚。现在老师动学生一指头,吃不了兜着走。那么古代是否可以随便施用体罚呢?也不见得。"收其威也",把打人的器具收拾好,划出不可跨越的界限,起威慑作用。在特殊情况下也可能有体罚,但是尽量不用。最好是放着给你看,收敛整齐,示人以不可侵犯。

未卜禘不视学,游其志也。

禘是天子大祭,必须占卜。卜禘视学,好比夏季的大考。禘从帝,禘其祖所出之帝,也就是祭始祖。《论语·八佾》:"或问禘之说。子曰:'不知也,知其说者之于天下也,其如示诸斯乎!'指其掌。"卜禘是庄严的时刻,在这个时刻检查学业,师生的心情奋发不已。当然,没有到夏天不来检查,给你从容思考的空间。应试教育频繁考试,学生都免不了厌学。如果逼得太紧了,学生恨学习也恨老师,勉勉强强地结束学业,考完以后也就全忘了。

时观而弗语,存其心也。

每个人都会有这样的经历,监考老师有时会走到你旁边看看,沉吟而不说话,似乎内心有些提示,这就是"时观而弗语"。不过,这里讲的不是这个意思,而是你的情况他看在眼里,但是不讲出来。你如果跟他接触,他的反应会有所体现。老师心里明白,你可能会做什么,不会做什么。《论语·为政》孔子谓颜回:"终日不违如愚。退而省其私,亦足以发,回也不愚。"做老师应该是有心人,掌握大体的动态,但是不加干扰。

幼者听而弗问,学不躐等也。

开始的时候,应该光听不问。如果一开始就提问:"人生是什么?""人生的意义是什么?"这些问题太大,没法回答。即使回答也听不懂,因为你到不了这程度。可以先听,积累一点东西,等到问题出来,然后再问。循序渐进,不跳跃,《孟子·公孙丑上》:"是集义之所生也,非义袭而取之也。"

此七者,教之大伦也。

这是教学的开门七件事。

《记》曰:"凡学,官先事,士先志",其此之谓乎?

做官先把事情做好,做读书人先树立志向。《白虎通·爵篇》:"士者,事也。任事之称也。"官为行,士为知,知必须通于行。官和士相通,就是君子。

二

大学之教也,时教必有正业,退息必有居学。

"时教必有正业","时教"指有节奏或间隔,比如说上课呀,下课呀,上午呀,下午呀,开学呀,放假呀。"正业"指有主修的内容,在古代就是经典。现代的课程设置则有必修课,选修课。"退息必有居学",是下课以后自己进修,也可能有些回家作业。"时教"是老师主动,在课内。"退息"是学生主动,在课外。《学记》的"时教",可以相对于《论语》的"时习"。我有位当话剧导演的朋友,有一回打电话给我,讨论演员如何打开自己。他说:"'学而时习之',就是在重复中看见自己的进展,看见自己精神的提高。"我的回应是,要注意视听言动那几扇门,进来出去有几处关键的地方。

不学操缦,不能安弦。

孔颖达疏:"操缦者,杂弄也。弦,琴瑟之属。学之须渐,言人将学琴瑟,若不先学调弦杂弄,则手指不便。手指不便,则不能安正其弦。先学杂弄,然后音曲乃成也。"要把琴瑟调好,你要熟悉它。从比较短小的曲子入手,你跟弦不陌生了,才能渐渐得心应手。"安弦"不容易,初学者手指是僵硬的,要使它变柔软,"安"是适应。

不学博依,不能安诗。

郑玄对此有解释:"若欲学诗,先依倚广博譬喻",要依靠各种各样的比喻。我的理解是各种各样的象,诗是依靠象来组织和呈现的。《论语·阳货》的"兴观群怨"就是"依","多识于鸟兽虫鱼之名"就是"依"。博依打通各种各样的能量来源,这个来源不是空的,有着象的支撑。

不学杂服,不能安礼。

对于这句话,汉宋有不同解释。郑玄解释"杂服",就是各种各样的衣服。祭祀时穿什么衣服,会见宾客时穿什么衣服。张载说"服者,事也",杂服就是"洒扫应对沃盥"(《朱子语类》卷八十七)。我觉得前者接近原意,也很愿意接受后者,所谓"一屋不扫,何以扫天下",从打杂等很小的事情做起。经典往往有各种不同的解释,不能简单地说哪个对哪个不对,相应的是不同方面。

不兴其艺,不能乐学。

《论语·述而》:"子曰:志于道,据于德,依于仁,游于艺。"《论语·泰伯》:"子曰:兴于诗,立于礼,成于乐。""不兴其艺,不能乐学",可能从两段话概括出来。"兴其艺"指上文安弦、安诗、安礼,通过"兴其艺"引发人内在的卓越和自信。

西方古代有"自由七艺",也就是文法、修辞、逻辑、算术、几何、天文、音乐。中国古代有"六艺","六艺"有两个解释:一个是"礼"、"乐"、"射"、"御"、"书"、"数"(《周礼·保氏》)。一个是《诗》、《书》、《礼》、《乐》、《易》、《春秋》(《史记·孔子世家》《汉书·艺文志》)。前者是操练,后者是典籍。"礼"、"乐"是德育,"书"、"数"是智育,"射"、"御"是体育。

"艺"往下讲就是懂某种技艺,一个人谋生不成问题了,是他建立自信的基础。技艺对身心有反馈,"兴其艺"所以"乐学",邵雍《观物外篇》卷十二:"学不至于乐,不可谓之学。"

故君子之于学也,藏焉修焉,息焉游焉。

"藏"是放在心里,《诗·小雅·隰桑》:"中心藏之,何日忘之。""修"是"治其业而不懈",一直花工夫。"息"是休息时也是它,同时也有生长的意思。"游"是游戏时也是它,教育关联于游戏,不可单纯苦学。

在希腊文中,"教育"(paideia)一词的词根是"孩子"(pais),还有一个关联词是"游戏"(paidia)。在拉丁文中,对 paideia 的翻译是 Humanitas,而 Humanitas 也就是后来英文 humanities 乃至 humanism 的词源。教育的最高目标就是"人性中之人",否则就是自然人,所谓"无毛二足动物"。通过教育把"人性中之人"提炼出来,唤醒出来,就是人文教育。孩子教育过程就是成长过程,所以德文"教育小说"(Bildungsroman)也可以译为"成长小说"。

> 夫然,故安其学而亲其师,乐其友而信其道,是以虽离师辅而不反也。

这些都做到了,教育获得成功。"安其学而亲其师",照应上文"博习亲师"。"乐其友而信其道",照应上文"论学取友"。"虽离师辅而不反",照应上文"强立而不反"。教育成功到底好不好呢?现在也要反思。实际上教育的过程,往往也就是压抑的过程。如果过于压抑,人的天然野性没有了,副作用是创造性也没有了。当年罗素和他的妻子朵拉开过一个学校,尝试不压抑学生,让他们自由发展,最后没有能开下去。圣埃克絮佩里《小王子》也说,大人理解不了孩子(周克希译,上海译文出版社,2001,3页)。要达成妥协或者中道,非常之难。完完全全来自大人的规范,把孩子压抑死了,而完完全全让孩子自由,罗素尝试过,没有成功。

"虽离师辅而不反",也就是《荀子·劝学篇》所谓:"是故权利不能倾也,群众不能移也,天下不能荡也。""权"、"利"一个贵,一个富,倾动不了他。一大群人都说对,他还是说不对。即使所有人反对他,他也不会改变自己。"生乎由是,死乎由是",生也是它,死也是它。"夫是之谓德操。德操然后能定,能定然后能应。"有德操才能安定,安定才能有正确应对。"能定能应,夫是之谓成人。"这才是成人,精神上的成人。

《兑命》曰:"敬孙务时敏,厥修乃来。"其此之谓乎?

《学记》引了三次《兑命》。第一次"念终始典于学",涉及政治和教育的关系。第二次"教学半",涉及教学的两方面。第三次"敬孙务时敏,厥修乃来",涉及正确的学习态度。只有保持这样的学习态度,精神才得以成长。《论语·公冶长》:"子贡问曰:'孔文子何以谓之文也?'子曰:'敏而好学,不耻下问,是以谓之文也。'""敏而好学"就是"务时敏","不耻下问"就是"敬孙"。我在讲《西游记》时说,孙悟空怡然踊跃,学习态度非常积极。怡然踊跃也就是"敬孙务时敏",这种态度不能完全靠老师教,必须由学生自己发出来。"厥修乃来"是教育的成果,也就是前引《兑命》"德厥修罔觉"。

以下是反面的例子。首先提出"今之教者"要注意,这里的"今"应该对应战国时代,可见写《学记》的人对当时的教育也是不满意的。《学记》是两千多年前的文本,他也说现在的教育不行啊。可见每个时代都会对教育有反思,社会出现问题,往往从教育中找原因。

今之教者,呻其占毕,多其讯言,及于数进,而不顾其安。

"呻其占毕","呻"是吟咏或读诵,"占"是竹简,把竹简嘟嘟囔囔地念一遍。"多其讯言",老师满堂灌下去,没有课堂上的交流。"讯"是劝告,因为过于密集,也可以理解为唠叨。"及于数进,而不顾其安。"教新课,赶进度,不管学生是否掌握。数是仓促,这种教学一边走一边丢;安是掌握吸收,孔子称"温故而知新,可以为师矣"(《论语·为政》)。从个人来讲,过去读的书再看一遍,还会有新发现。从历史来讲,重新理解古代典籍,也会看出新东西。

使人不由其诚,教人不尽其材。

这就是口耳之学,只是在形式上走程序,没有学到真东西。教学其实脱离不了老师,也脱离不了学生。在色诺芬《会饮》中,苏格拉底有一回说:"什么人都可以教,女人也可以教。"有人就问他:"那么你自己的妻子呢?"苏格拉底的妻子是有名的泼妇。苏格拉底没有办法,就说:"我跟她都能打交道,就跟任何人都能打交道了。"(略见《色诺芬的〈会饮〉》,沈默译笺,华夏出版社,2005,26—27页)"教人不尽其材",郑玄的解释是"谓师有所隐也",老师隐藏着不教。钱锺书《管锥编·太平广记》卷二二七有发挥,老师留一手,猫不教老虎上树的本领。我觉得这里揭示了一个重要现象,还可以深入。从原文的意思进一步推论,正确的教育应该是"教人尽其材",就是把学生的天才充分引导出来,使其得以发挥。好的老师教东西因人而异,老师引导的不是老师的东西,而是帮助学生逐步发现他自己的东西。

我还想引申一个更深层的意思,《学记》中没有直接提到,对不对请大家考虑。如果学生真的发挥了,老师要退让,要闪避,不阻止学生的进步。比如在《庄子·人间世》中,颜渊本来以为自己学会了,拿一套东西出来,孔子不屑一顾,马上扫荡掉。再换,再扫荡。再换,再扫荡。最后颜回技穷,没有办法了。孔子讲了一大套,是《人间世》精彩至极的篇章,得出的结论是"心斋"、"坐驰"。后来到了《大宗师》,颜渊的学业有了进步,再去找孔子,"回忘礼乐矣","可矣,犹未也"。过一段时间又有了进步,"回忘仁义矣","可矣,犹未也"。最后又有了进步,"回坐忘矣",于是孔子不懂了,什么是"坐忘"呢?颜渊讲了一大套。孔子说,你真有这么好啊,那我要跟你学。这就是闪避,把学生捧上去。孔子真的不懂么?不是的,而是让学生到上边去。又比如《西游记》须菩提对孙悟空说,你离开以后不要说是我教的,孙悟空答应了:"只说是我自家会的便罢。"其实只有自家会的才是教育的目标,而没有老师到底不行,所以加了两个字"只说"。还可以举一个例子,比如说文殊菩萨是七佛之师,过去世他是佛的老师,这一世做菩萨给佛当学生。这个位置能互相替换的,才是教育的最高境界。

刚才有人问了三个例子,一个是彼得不认耶稣,一个是阿难未乞请释迦牟尼住世,还有一个是老聃死的时候学生哭,都是这里的关系没有处理好,所以说"凡宗教成派者,皆有其失"。在我看来,世界上只有庄子一家补了这个缺,就是《养生主》来了一个秦失,把老子的东西扫荡掉,再出来一个新东西。做老师留一手,有时或不得不然,因为确实有不好的学生。但如果遇到好学生呢?所以好老师也应该想到不阻止学生,什么时候闪避一下,让他发挥出来。当然,"石头路滑","曹溪路险","君问寒山道,寒山路不通",这一关没有那么容易过。

此外还有一个例子,就是《庄子·寓言》中的那段口诀。学生发挥出来了,老师讲了一段更好的,但是他的名字不写了,隐去了。你的"九年"固然好,但是我的东西也不差,比你的"九年"更厉害。"生有为,死也。劝公,以其私。死也,有自也。而生,阳也,无自也。"这段东西精妙得不得了,有心之人,可以反复品读(参见拙稿《〈寓言〉的接续对话》)。"由其诚"从教师讲,"尽其材"从学生讲,两者配合而达成一致,才能从内心焕发积极性,充分发挥出人的潜力来。

其施之也悖,其求之也佛。

如果进去的东西不对,出来的东西也不对。如果进去是对的,那么出来也是对的。这里有一个相应。佛,一本作拂,也就是悖。

夫然,故隐其学而疾其师,苦其难而不知其益也。虽终其业,其去之必速。

为什么不是悖就是佛?因为完全做反了。"隐其学而疾其师",于是造成了学生厌学。"隐"就是恨,也就是隐痛。为什么"隐"呢?嘴上不敢说,心里恨老师管头管脚,积极性完全消失。"苦其难而不知其益也",背生词呀、做习题呀,枯燥乏味,没有感到它会使你集中精神,在不知不觉中获得进展。"虽终其业,其去之必速。"读书成了敲门砖,虽然勉勉强强地结束学业,一旦可以不学,那么第一秒钟就把学的东西扔掉了,可见压抑有多大。我的孩子高考结束时,从考场出来第一件事,就是同学之间狂欢。所有的人把书一扔,那几天真是爽啊。

教之不刑,其此之由乎?

这个"刑"就是象,教的形象没有显出来,就是由于上边的原因吧。这里的"刑",可以对应柏拉图的"理念"或"理型"(eidos, idea)。刑法的"刑"就是形式的"形",形式的"形"就是"象"。为什么把"刑"解释成象?形象的"形"古代往往写成刑法的"刑"。比如马王堆帛书易《二三子问》:"龙既能云变,有(又)能蛇变,有(又)能鱼变。飞鸟、昆虫唯所欲化,而不失本刑,神能之至也。"龙既能变化成云,又能变化成蛇,又能变化成鱼。变什么就是什么,而本身的形象还在,真是太神奇了。这里的"刑",其实就是"形"。刑法也是从"形"而来,用文字把正确的规范固定下来,比照它来核对或衡量,这就是刑法的"刑"。《诗·大雅·荡》"虽无老成人,尚有典刑",这个刑也就是象。中国的象学失传,典刑的象没有了。

"教之不刑",郑康成的解释"刑犹成也",就是我刚才讲的学校的"校"。《易·系辞上》曰"成象之谓乾",虎虎有生气,里边要有个象。什么学问成象才可以懂,没有活生生的象,每句话都是散碎的。其实在现代口语中,这个意思还找得到,我们往往批评这个人、这件事"像样子"或"不像样子",样子就是"刑","像话"、"不像话",话就是"刑"。要像样子、像话,就是在不自觉中比较这个"刑",有正确的标准在,要对照一下。"不像话"的话,在希腊就是 logos,不像话就是不像 logos。"教之不刑",教学的样子没有呈现出来,原因就在于"呻其占毕"之类。

> 大学之法,禁于未发之谓豫,当其可之谓时,不陵节而施之谓孙,相观而善之谓摩。此四者,教之所由兴也。

"禁于未发之谓豫"是预防。虽然从最上一层来讲,其实也可以是无碍的,但有些后果毕竟承担不了,比如说吸毒,比如说小孩子玩电脑游戏上瘾。所以无论如何要防止好,一旦上瘾就没救了,需要非常大的数量级才能挽回。如果沉迷于网络游戏,一生都毁了,但是在最后一秒钟,突然被大能量的人一激发,或者怎么样自己一警醒,这一生还是没白费,原来这也是生活。要悟到才能救,不悟到不行。这个话不会误解吧?其他我觉得走些弯路没有什么,只要他本心的善还在,不过那需要非常高的老师才能点透。肯定有人不同意刚才的话,因为终究还是"禁于未发"为好,这才是了义。"当其可之谓时",在可教的时候教,在听得进去的时候教,你要讲此时此地的话,就是"时"。所谓时教、时习,这个时非常活。当然还有年龄问题。比如说学外语,年龄大障碍会多一点。

"不陵节而施之谓孙。"不陵节是按部就班,"孙"就是顺着走,循序渐进。巴甫洛夫《给青年们的一封信》："循序渐进,循序渐进,再循序渐进。……如未掌握前面的东西,就永远不要着手做后面的东西。"不过也难说,要是遇到天才老师或是天才学生也无所谓。他看上去乱糟糟地不成条理,最后却一一收拾干净。对天才可以有另外一条路,因为那是特殊的人,要用特殊的方法。"相观而善之谓摩。"就是同学之间的观摩,互相看一看,切磋技艺或者印证武功。《二程遗书》卷二上:"朋友讲习,更莫如相观而善工夫多。"武侠小说经常写两个高手对打,第三个人在旁边看,武功往往得到长进。《射雕英雄传》中,一代大宗师黄药师和欧阳锋过招,在旁边观战的郭靖受益无穷。一点一滴地看,默默在心里对照,发现没有意识到的不足,弥补自身的漏洞。人总要在人群中实现自己,在信息高度密集的地方看,观摩的人会得到长进。

发然后禁,则扞格而不胜。

吸毒以后再禁毒,实在太困难。戒毒所之类是挽救的办法,也是没有办法的办法。因为总有挽救不了的人,一旦毁了就没有办法。这些人里边,或许有一两个遇到特殊机缘自己醒悟,那么还可能有救,否则没有办法。

时过然后学,则勤苦而难成。

不同的学科有不同的年龄要求,特殊的情况除外。体操运动员只能是十几岁,二十岁以上差不多是老将了。数学上的发现大多也在三十岁之前,三十岁之后可以有发展,但出现创造性的成果往往在此之前。文史之学非到三五十岁以后,很早不大可能。国画家可以延长到七八十岁,成才可以晚一点。

只有一条路是终生不会晚的,越早越好、而且再晚也不晚的,这就是传统所谓的"悟道"。"悟道"用一生都可以,随时都可以下工夫。用不着另外去找生活,生命本身就是生活,一笔写不出两个 life。人生天天直播的东西,一天到晚给你提供教材,注意那里边的内容,这就是学习,人应该有终身进修的态度。

> 杂施而不孙,则坏乱而不修。

"孙"就是"顺",不孙,"则坏乱而不修"。乱七八糟地来,《笑傲江湖》中桃谷六仙等人给令狐冲输真气,结果把气脉搞得一团糟,后来只能再修一个非常高的功夫,重新把气脉理顺。

> 独学而无友,则孤陋而寡闻。

这就是《论语·学而》"有朋自远方来,不亦乐乎"。

> 燕朋逆其师,燕辟废其学。此六者,教之所由废也。

一整套教学思想,四个教之"所由兴",相对于六个教之"所由废","所由废"多了两个。一共有十个,其中六个坏四个好,所以说"学坏容易学好难"。再仔细一看,其实还是四个"所由兴"相对于四个"所由废",多出来的两个是"燕朋"和"燕辟"。"所由废"四个是学得不好,还有两个"燕朋"和"燕辟"是干脆不学。"燕朋"就是狐朋狗友,吃喝玩乐,就是《论语·述而》的"损者三友",一天到晚跟一群人在外边玩,逃学。"燕辟"也是逃学,但不跟别人在一块,一个人关在家里"闷皮"。

"燕朋"、"燕辟"也不一定不好,因为反叛就是从这里边来,比尔·盖茨就是半路退学的人。教育塑造社会所认同的人才,反叛的人就只能走"燕朋"、"燕辟"这条路,塞林格小说《麦田里的守望者》主人公有这样的经历。"燕辟"就是毛姆小说《刀锋》主人公拉里所谓晃膀子(loaf),虚度光阴,无所事事。《红楼梦》中贾政一再检查功课,怕的就是宝玉"燕朋"、"燕辟"。教育如果死死地钳制一个人的灵魂,这无论如何是一个逃避。这些反叛的人,也就是俄罗斯文学中"多余的人"。

其实最高的东西就在这里,任何社会的教育既是塑造你也是压抑你,你还是要自己找一条路出来。人生最高的学问是生命本身,就是"水在水中是什么",在 life 里边研究 life,所以说任何时候研究都不算晚,这就是古希腊所谓"认识你自己"。当然永远有自己不能认识的东西,所以这句话的潜台词是你要知道你只是人,必然有你不知道的东西。爱智之人看到美要疯狂(mania)的,所以要用节制(sophrosune)收敛起来。

> 君子既知教之所由兴,又知教之所由废,然后可以为人师也。

看明白正反两方面的情况,掌握教育的整体,就可以做教师了。"人师"的称呼有些特殊,以后演变出"经师"、"人师"的区别。袁宏《后汉纪·郭泰传》云"经师易获,人师难得",《资治通鉴》卷五十五汉桓帝延熹七年作"经师易遇,人师难遭"。这里涉及师范教育的原则,经师教的只是文本,人师教的直接是人。

> 故君子之教喻也,道而弗牵,强而弗抑,开而弗达。道而弗牵则和,强而弗抑则易,开而弗达则思。和易以思,可谓善喻矣。

"教"、"喻",教而使人喻。这句话的语法,有些类似英语的不定式,教是动作,喻是结果。"道而弗牵",引导他而不是拉着他。"强而弗抑",勉励他而不是压抑他。汉语"学"(學)和"觉"(覺)是同根字,其中都包含了"爻",研究变化,是最高的向上一路。在日语中"学习"写成"勉強する",那就是所谓"头悬梁、锥刺股",强调了用功的一方面。当然要用功,只是最上乘的境界单单用功还不够,"学"和"习"结合,才是完整的教育。"开而弗达",开出一条路而不是代替他走。"和易以思",顺利完成学业,获得智慧的增长。"善喻"呼应"教喻",《学记》中有很多呼应。

> 学者有四失,教者必知之。人之学也,或失则多,或失则寡,或失则易,或失则止。

这是因材施教。"或失则多",有些是太多。还是好多年以前,大概在我二十七八岁吧,贾植芳先生提醒我,他说:"你这边弄一点,那边弄一点,面铺得太开。还是要收一收,否则没有归宿。"这就是批评我"或失则多"。"或失则寡",有些是太少,知识面狭窄。"或失则易",把学习看得轻易,以为自己懂了,实际上没有懂。"或失则止",浅尝辄止,学了一点不学下去了,孔子所谓"力不足者,中道而废,今汝画"(《论语·雍也》),自己给自己画了界限。其实人是可以进步的,积累积累,最后来一个飞跃。

> 此四者,心之莫同也。知其心,然后能救其失也。教也者,长善而救其失者也。

"此四者,心之莫同也。"知道每个学生都有特殊性,各有其长,各有其短。"知其心,然后能救其失也。"了解其特殊性,并弥补其不足。

"教也者,长善而救其失者也。"发扬长处,使缺陷不为害。

> 善歌者,使人继其声。善教者,使人继其志。其言也,约而达,微而臧,罕譬而喻,可谓继志矣。

"善歌者,使人继其声",好的歌手唱了几遍,然后流行开来,这就是"继其声"。"善教者,使人继其志",善教者,让学生继承他的志向。老师的象鼓舞人啊,比如说前苏联电影《乡村女教师》,五六十年代放映的时候,很大一批人就想做老师,这就是"继其志"。当然这个"志"还能再大,孔子"述而不作"(《论语·述而》),就是"继其志"。"约而达",讲的话虽然不多,意思却非常清楚。约是简约婉转,"达"今天讲就是到位。"微而臧",非常微妙,好像捉摸不定,里面有好东西冒出来,"臧"就是善。"罕譬而喻",用关键性的比喻,使你明白。这个关键性的比喻,一定要找厉害点的例子来讲。

德国有个小说家维兰德,比歌德还要早,跟莱辛齐名,他写了一部小说《阿里斯底波和他的几个同时代人》,阿里斯底波是古希腊苏格拉底的学生。维兰德反对康德的形而上学,这些是生活中的事情,你不要搬出一大套理论,结果大家都去搞脑子,搞到最后也搞不清楚。他说,哲学就是吃吃喝喝,谈谈唱唱,就是"会饮"。"会饮"其实就是"会讲",当然还要来点搞笑,忍俊不禁。小说里引用了苏格拉底一句话,我不知道是不是苏格拉底的原话,这句话精彩极了:"不能以人们寻常想象的方式传授智慧和美德。"(利茨马《苏格拉底·色诺芬·维兰德》引,朱雁冰译,见《色诺芬的〈会饮〉》,华夏出版社,2005,192 页)这就是"罕譬而喻",从特殊角度来了一个特殊启发,你马上明白了。不能像我们现在上课一样,一二三四抄条条框框,而是突然像闪电般到达,用很少、很厉害、非常特殊的比喻。苏格拉底这句话比任何解释都好,"不能以人们寻常想象的方式传授智慧和美德"。如果用组织讨论的方式来传授智慧和美德,人家早就打呵欠瞌睡了。

> 君子知至学之难易,而知其美恶,然后能博喻。能博喻,然后能为师。

"至"就是达成,君子知道达成学的难和易,就知道好和坏,然后能博喻。博喻提供非常广的材料库,刚才"罕譬"讲的是少,现在"博喻"讲的是多。到处都是例证,本地风光,俯拾即是。能博喻了,都看明白了,才可以为师。以下是一长串推理:

> 能为师,然后能为长。能为长,然后能为君。故师也者,所以学为君也。

《学记》还是中国传统的思想,就是政治学的师、长联言,也就是哲学家为王的历程。"师也者,所以学为君也",可以放开讲讲。在《庄子·人间世》中,"天子"这个词不是完全特指王,先秦有好几个例子,证明"天子"也可以指普通人。所以在《庄子》中,哲人和王之间的关系还保存着。当然也有研究者指出,哲人和王之间有一个连字符 hyphen,这个 hyphen 说明虽然有个桥,但两者永远不能贯通(伯纳德特《施特劳斯的〈城邦与人〉》,刘小枫编《施特劳斯与古典政治哲学》,上海三联书店,2002,561—562 页)。

在《孟子·尽心上》中列了四个等级:第一种是不好的臣,第二种是好的臣,第三种是天民,第四种是大人。孟子本人自居天民,《万章上》:"予天民之先觉者也,予将以斯道觉斯民也。"但是再仔细一看呢,《孟子》中比天民还厉害的大人还是位在臣列,朱熹注是九二"见龙在田",那么就不可能是九五"飞龙在天",永远成不了王,这里的桥截断了。这个截断禁锢人的思维,王权不可动摇,哲学家来配合可以,最高做到大人,做王不可能。

一个有这种可能性,做到做不到是另外一回事,一个连可能性都没有。《学记》是保留这个可能性的,所以从为长到为师到为君,《孟子·梁惠王下》引《尚书·泰誓》:"天降下民,作之君,作之师。"亦以君、师并言,也就是政治和教育两方面。

> 是故择师不可不慎也。

选择老师不可以不谨慎。我当年写《管锥编读解》时,引过藏传佛教某书,它里边讲,成为师弟子要相互观察十二年,就是有这么严格。十二年这么长,人都快死了,但不行,就是要观察十二年。"择师不可以不慎",师是教学的主动方,选错了师,路就走错了。而且在藏传佛教中师最厉害,因为佛的话能从许多角度解释,师就是让你看不懂的东西变成适合你。"罕譬而喻",他讲了你才能懂。

> 《记》曰:"三王四代唯其师。"此之谓乎?

什么叫做"师"?"师"就是当时最高深的哲学理论。"三王四代唯其师",好的时代都是根据"师"而来。"三王"指夏、商、周,"四代"再加上虞舜。"三王四代"都是教育搞得好,然后政治搞得好。

三

> 凡学之道,严师为难。师严然后道尊,道尊然后民知敬学。

这就是"师道尊严",一切教学的基础。

> 是故君之所不臣于其臣者二:当其为尸,则弗臣也。当其为师,则弗臣也。大学之礼,虽诏于天子无北面,所以尊师也。

把"师道"抬高,跟"君道"相抗衡。中国传统社会能维持很长的时间,就是一直有人抬"师道"以限制君权。因为皇帝能换,孔子"大成至圣文宣王"不能换。"当其为尸",尸体的"尸",实际上就是宗教。"尸"是什么呢?祭祀的时候,把一个人像附身一样代表祖宗受祭,在古代这是很严肃的。师和"尸"同样有尊崇的地位,所以不用拜王。用施特劳斯一流的话语来说,"当其为尸,则弗臣也",就是政治神学。"当其为师,则弗臣也",就是政治哲学。

仔细想来,如果说我们的社会在某种程度上脱离不了死人的影响,也很难说不对。讨论思想的演变,不是孔子就是柏拉图,连《学记》也是死人的著作。马克思《路易·波拿巴的雾月十八日》有一句话:"一切已死的先辈们的传统,像梦魇一样纠缠着活人的头脑。"(《马克思恩格斯选集》第1卷,人民出版社,1995,603页)哈耶克也引用凯恩斯的话:那些自认为不受任何知识影响的从事实际工作的人,通常都是某个早已作古的经济学家的奴隶。一个在位掌权的人头脑中忽然冒出的新想法,也往往只是从几年前的一个三流作者那儿汲取来的(略见《自由秩序原理》,邓正来译,三联书店,1997,357页,注14)。尸体的"尸"是政治神学,老师的"师"是政治哲学,这两个地方天子压不过他。"虽诏于天子无北面,所以尊师也。"即使贵为天子,遇到老师还是要尊重的。

《西游记》中不受轮回管的有三种人:一个是"仙",一个是"佛",一个是"神圣"。"神"、"圣"就是儒家的两面,"神"就是"尸","圣"就是"师"。《尚书·大禹谟》云"乃圣乃神",朱熹《杂著·尚书》注:"自其大而化之而言谓之圣,自其圣而不可知而言则谓之神。""神"是"圣而不可知",人生在世,总有不可知的地方。宗教教权和帝王王权,往往此消彼长。佛教进入中华,慧远写了一篇"沙门不敬王者论"(《弘明集》卷五)。从历史上看,罗马教皇的权力也是有时大,有时小。宗教和政治相互钳制,一个是软的,一个是硬的。不都是硬的胜,也不都是软的胜,硬的也要看看软的,软的也要看看硬的。

　　善学者,师逸而功倍,又从而庸之。不善学者,师勤而功半,又从而怨之。

好的学生老师不怎么教就会了。"庸",郑康成解释为"功",就是归功于老师。好的学生为老师增添光彩,不好的学生老师不但教得辛苦,还要受拖累。我当年跟施蛰存先生读书的时候,施先生通常是不怎么教的,但我们做学生的还是感激他,从无形之中获益良多。我们那里还有一个老师,每年研究生入试,他只是随便出一些普通考题,看你怎么回答。会写文章的人就是普通题目也能发挥,他就录取你,结果门下出了一大群评论人才。这就是他的长处,"师逸而功倍"。

　　善问者如攻坚木,先其易者,后其节目,及其久也,相说以解。

这个比喻好。善于问的人先从方便的地方问起,然后再到难一点的地方,最后到达核心。"相说以解",关键问题解决了,非常非常高兴。为什么"先其易者"呢?这是循序渐进的教育法。所谓"易",就是跟你有关系的,从你接触的生活中而来,就是《论语·子张》的"切问而近思"(复旦大学用作校训)。不要问"爱情是什么?"或者"生命是什么?"这些问题没有人能回答。要问跟你自己有关的,遇到这件事、这个象怎么解?然后讲解这个象。你解通一个象,就可以解通第二个象。第二个象比第一个象难一点,又比下一个象容易一点,然后一点点到核心。这是最慢的路,也是最快的路。一直到达最后的核心,依然还是切己的,永生永世不谈不切己的问题。"切问而近思",就是感觉到这个地方自己心一动,这里有问题了,然后一点点进去。

"先其易者,后其节目",逐步由易而难。朱熹讲解《学记》,对此反复阐说:"今人多以难中有道理,而不知通其易,则难自通,此不可不晓。"又说:"置其难处,先理会其易处。易处通,则坚节自迎刃而解矣。若先其难者,则刃顿斧伤,而木终不可攻。纵使能攻,而费工竭力,无自然相说之功,终亦无益于事也。"又说:"盖义理相说之久,其难处自然触发解散也。"(《朱子语类》卷八十七)"相说以解",在《易经》就是兑卦,《论语》所谓"有朋自远方来,不亦乐乎"(《学而》)。兑卦的象就是两桶水倒来倒去,互相滋益,"君子以朋友讲习",兑就是说(悦),说就是快乐。如果把不贴肉的概念生搬硬套,往往消耗别人也消耗自己。

> 善待问者如撞钟,叩之以小者则小鸣,叩之以大者则大鸣,待其从容,然后尽其声。不善答问者反此。此皆进学之道也。

这个比喻更好。待问就是答问,学问学问,学得深入要通过问。所谓问,从字形来看是门口,入门要通过问。上句"善问者"讲学生,此句"善待问者"讲老师。他如何答根据你如何问,问小的回答小的,问大的回答大的。钱锺书《管锥编·序》"小叩辄发大鸣",活用了这句话。"待其从容",不必过于着急,等它慢慢稳定下来,核心也看出来了,然后再回答。"然后尽其声",把它的声音全部吸收,全部反应,一点都不遗漏。《今生今世》中张爱玲对胡兰成说:"你怎么这样聪明?上海话是敲敲头顶,脚底板亦会响。"后来胡兰成亡命到雁荡山的时候,读到古人有一句话"君子如响"（见《民国女子》六）。"君子如响"就是《学记》这个象，响就是反应。苏格拉底为什么讨人嫌呢？他主动来找你挑刺，最后把雅典人给得罪了。中国人比如禅宗你不碰他，他根本不跟你反应。这个人跟普通人一样，你碰到他了他才反应，你大碰他，他大反应。你不碰他，他不会来找你，根本不会响，全不露在外边，这叫做"君子如响"。这个响不能多不能少，多了少了就不对。

"君子如响"有两个出处，一个来自《易·系辞上》："君子将有为也，将有行也，问焉而以言，其受命也如响。"你去卜筮的这个东西，返回来完完全全是你的信息，这就是易卦的作用。另一个来自《荀子·劝学篇》："故不问而告谓之傲，问一而告二谓之囋。傲，非也。囋，非也。君子如向矣。""不问而告"，人家问都没问，你就先广播一套理论，这就是傲，把自己看得太重了。"问一答二"，人家问你一件事，你再搭给人家一件，表达欲过强，"囋"就是啰嗦。"君子如向"，你问多少，他回答多少，向就是响。《笑傲江湖》中独孤九剑的"敌强愈强"，或受此启发。当然敌强到一个程度，你强不上去也是问题，但至少可以设想有这样的人会越来越强，有一条进步之路。读《易经》也是如此，你进去的东西越大、越厉害，它出来的东西越大、越厉害。"善待问者如撞钟"，你不问它，它不会返回你。

记问之学，不足以为人师，必也其听语乎？

开始讲的是"学"，后来讲的是"问"。学到一定的程度，问也就自然而然出来了。在某种程度上说，所谓"学问"，也就是学会"问"，自己寻找上行之路。"记问之学"跟生活无关，把标准答案背出来，而不是临时触发问出来。他提交你一个标准问题，你返回他一个标准答案，这就是"记问之学"。"记问之学"培养的是"两脚书橱"，所以"不足以为人师"。"必也其听语乎",就是将心比心,你要知道他想什么,在听之前不抱成见。《论语·颜渊》:"子曰:听讼,吾犹人也。必也使无讼乎?"就是将心比心,完完全全地听懂。你不了解自己,听的人完全可能比你更了解你,这就是"听言之道"。古代有两个概念非常好,一个是"闻道"(语出《论语·里仁》),听懂一个跟我有关的东西。一个是"听道"(语出《文子·道德》),听懂一个跟你有关的东西。

力不能问,然后语之,语之而不知,虽舍之可也。

刚才讲"善问者",其实真的"善问",就不来问你了,来问的总是不"善问"的人。善问的人从哪儿来呢?《维摩诘经·佛国品》有一个舍利弗,他能想出来好问题是"承佛威神"。好问题谁能提出来?提出好问题的人程度不得了,"承佛威神"就是来自佛的加持。本来他没有问题,在这个场合中感受到佛的力量,忽然想到了好问题。问是主动者,答是被动者,《学记》到了"力不能问",老师只好跳出来自己讲了,"然后语之",可见理想状态是你来问他来答。"语之而不知,虽舍之可也",跟他讲了以后他还是搞不懂,你就可以不教了。

我看到这段很高兴,老师终于可以免责了:"哼,这么笨的人,谁愿意教你啊。"但是"舍之"有两种解释,一个是放弃,放弃其实也是教。《孟子·告子下》:"教亦多术矣。予不屑之教诲也者,是亦教诲之而已矣。"另外一个是过会儿再讲,把这个问题放一段时间,你现在还没有到提问题的程度,或者我也没有回答的能力,自己回去再研究再查书。一个舍是放弃,一个舍是搁置,两种方法都是好的。《孟子》"予不屑之教诲也者,是亦教诲之而已矣",逐出师门是最大的惩罚。《西游记》中须菩提说,"我也不罪你,但只是你去罢"。孙悟空一听"满眼堕泪",眼泪就流下来了。放弃是有限责任,搁置是无限责任,还是在教育中。

良冶之子,必学为裘。良弓之子,必学为箕。始驾(马)者反之,车在马前。君子察于此三者,可以有志于学矣。

这是家教与模仿,关系到环境的影响。"子"可以是学生,也可以是孩子。"良冶之子,必学为裘。"一个好铁匠的儿子,一定会学把碎皮拼成一块裘。"良弓之子,必学为箕。"一个好弓匠的儿子,会把竹篾弯下来做簸箕。"始驾(马)者反之,车在马前。"大马在拖车的时候,小马拴根绳子跟在后面。"君子察于此三者,可以有志于学也。"这样一点点熟悉起来,直观地模仿。这里有一个问题,"良冶之子,必学为裘",把碎皮拼成一块裘,好比把碎铁拼成一块铁,两者的关系能理解。"良弓之子,必学为箕",簸箕和良弓,除了都是把竹子弯下来,有什么关系呢?不完全一致。这里应该有转换的过程。

维兰德小说《阿里斯底波和他的几个同时代人》中有一段话很好,苏格拉底作为教育家时说:"经验告诉人们,孩子们总是无意或者不知不觉地按自己的老师的榜样成长,或多或少养成了老师的举止、谈吐、行走、仰头等等的样子。"施特劳斯也有学生学他的样子,金克木也有学生学他的样子。"同样,苏格拉底的学子中,没有哪个身上不带有他的这些或那些特征。正如人们谈到宙克西斯(Zeuxis)时所说,他用五个最美的阿格里根托少女组合成他的海伦娜,用五六个我们这样的人也可以组合成一个完全过得去的苏格拉底。例如,柏拉图学会了苏格拉底的讽喻和他所独有的高雅调侃方式,色诺芬接受了苏格拉底在伦理学和治国才能方面的基本概念、准则和理想,他对预言、梦和祭祀物的信仰,安提斯忒涅斯则像苏格拉底那样鄙视富人的一切从容安闲、矫揉造作的快乐。底比斯的刻比斯(Cebes von Theben)具有苏格拉底以寓言和隐喻讲述哲学的天才。"(利茨马《苏格拉底·色诺芬·维兰德》引,朱雁冰译。见《色诺芬的〈会饮〉》,同上,193页)每个人学一点东西,跟他不完全像,我想这就是"良弓之子,必学为箕",从不同的角度受影响。正因为不完全一样,就留下了创造的契机。

> 古之学者,比物丑类。鼓无当于五声,五声弗得不和。水无当于五色,五色弗得不章。学无当于五官,五官弗得不治。师无当于五服,五服弗得不亲。

五声、五色、五官、五服,老师教的不是每一样具体的东西,但触类引申,跟每一样具体的东西都有关联。

> 君子曰:大德不官,大道不器,大信不约,大时不齐。察于此四者,可以有志于本矣。

《学记》是比较有形的教学,我在前面说是第二楼头,但是它最后接触到第一楼头。这里四者都是通往第一楼头去的,教育在最高意义上就是哲学,也就是荀子《劝学篇》"始乎为士,终乎为圣人"。"大德不官",不是具体的官。"大道不器",不是具体的器。"大信不约",彼此真正的相信没有约定,不需要画押保证等形式。"大时不齐",顺应时代潮流,一切都在变化,也就是《易》"随时"之义。

> 三王之祭川也,皆先河而后海,或源也,或委也。

三王去祭祀川,先从源头上出发,最后到达广阔无垠。祭川是古人对水流的惊奇,《论语·子罕》:"子在川上曰:逝者如斯夫,不舍昼夜。""源"是源头,"委"是结束的地方,就是海。"先河而后海",由浅入深,循序渐进。"或源也,或委也",不把源流之变定死。当年我讲

《桃花源记》,结束时有一句"低头饮泉水一滴,已可尝知源头活水滋味"(参看拙稿《渔人之路和问津者之路》)。你要先碰到这个水,然后往上推推,往下推推,就可以懂了。往海里走一段,往河里也走一段,既要看看长江源,又要当河伯去看看海。西藏白教米拉日巴,有个学生冈波巴。冈波巴的教学方法是:他一开始就教你最深的,唯恐委屈了天才。你不行他再放低一点,再不行再放低一点。这个教学方法我觉得很有趣,总要找个地方进去,进去后看适合不适合,适合了就往上走,不适合就往下走。这就是"或源也,或委也"。有河有海,有源有委,这就是教育的整体。

施特劳斯在《什么是自由教育》中说:"我们必须得出我们不能成为哲人的结论,我们也无法获得这种最高形式的教育。"(刘小枫、陈少明主编《经典与解释》5,同上,6页)我说《学记》里有"获得最高形式的教育"这条进路,或者说接近于"获得最高形式的教育"。《学记》这篇文献,我认为是真真假假的。说古代就是这样的,不一定。说古代不是这样的,也不一定。《学记》中有事实的根据,也包含了作者的理想,是他观念上的理想国。他认为教育应该是这样的,再根据材料组织一下,不能说肯定是当时的情况。

前面的"一年,三年,五年"那一段,最后结束为"此大学之道也"。我看下来不像是"大学",很可能是"小学"。"一年视离经辨志"和"皮弁祭菜",气象完全不同。我认为前面是基础教育,相当于"小学",后面才是高等教育,相当于"大学"。基础教育普及程度高一些,高等教育普及程度低一些,大学之道是两者合起来。在小学阶段,一年视离经辨志,然后三年视什么,五年视什么,七年视什么,达到小成,最后才是"九年知类通达,强立而不反,谓之大成"。

在这一段中,"视"这个字非常精妙。一年视,三年视,五年视,七年视,然而到九年不视了。以前七年而论,"视"比我们现在的考试好,就是看一看你达到的程度,检验一下教学成果,不能等同于应试教育。一年到七年,每过二年一级,共有四级阶梯。每一级视了以后,我想大概都会有人不再继续念下去,然而前一级的教学成果实实在在地保存在此人身上,使他踏入社会后终身受益。完成比较系统的教育是七年,达到小成的人,在社会上一般就足以自立了。

一年到七年都是视,然而到了九年不视了,可见最后的东西是没法考试的。没有说通过一个考试,这个人就大成了。所以说大成的境界,不是考试之类能够判断的,最好的东西是判断不出来的,"漏网的鱼是最大的"。七年"视"和九年不"视"合观,点出了"视"的最终目的就是为了不"视"。可以引一段英国哲学家洛克的话:"因为世上具有高深学识、在任何科学方面享有大名的人,没有一个是在教师的管束下得来的。"(《教育漫话》,傅任敢译,人民教育出版社,1985,78页)所以"视"终究是应该去掉的。

九年达到基础教育的大成,一般人到这里就结束了,上面才是"大学始教,皮弁祭菜"。基础教育是从"家有塾"开始的,"大学始教"应当在"国有学"里面。然而,基础教育和高等教育目标是一致的,在基础教育中也可以达到大成,不一定需要高等教育的学历。在社会实践中达到大成,好比俄国高尔基有"我的大学"。基础教育的大成,相通于高等教育的大成。"九年知类通达,强立而不反",相通于"大德不官,大道不器,大信不约,大时不齐"。最终那一句"此大学之道也",我以为概括全部教育体制,包括"一年"和"大学始教"。这些分析对不对呢?我没有能力判断,大家自己想一想。九年完了讲"大学","大学"讲"教"和"学"两方面,最后才达到"大德不官,大道不器,大信不约,大时不齐",就是第二楼头接通第一楼头。这不是教出来的,也不是学会的,实际由教学合一而来。

教育最重要的功能就是引导志向。综合起来,《学记》中有七个地方用到"志"。这七个"志"其实是六次,因为其中一次是重复的,讲了同一事物的两个方面。在我看来,第一、第二两个"志"谈的是"小学",第三、第四两个"志"谈的是"大学",最后两个"志"由第二楼头接第一楼头,就是施特劳斯想象的"最高形式的教育"。

  第一、第二两个是"小学"的"志"。第一个"志"是"一年视离经辨志"。这个"志"我认为是读文本,把句读断下来,也包括理解段落大意。把段落大意分出来,你就知道作者想什么了。知道作者想什么了,一点点也会引发自己的"志"。"辨志"过去有两种解释,一种说辨别自己的志向,一种说辨别作者的志向。其实两者可以是一回事,一开始总是看外边的人,然后才会联系到自己。第二个"志"是"未卜禘不视学,游其志也"。不到夏祭的时候不考试,把祭祀和考试联系起来,可见检验学习成果的重要性。"游其志也",不要把小孩过早地固定下来,让他接触的领域宽一点,不要过早确定把他培养成钢琴家,或者培养成作家。教育当然越早越好,可以早到胎教,甚至可以早到胎教之前,也就是做父母的自己教育自己。教育自己比教育孩子更重要,那才是胎教之本,也就是古人所谓的身教。"游其志也",让孩子自己在游戏中一点点发现自己,不要把你的想法强加给他。过于执著于成功的父母,往往都是自己不成功,期望孩子来代替自己成功,结果反而把失败带给了孩子。其实最好是两代人都在自己的路上发展,我创造你也创造,我成功你也成功。不要过早固定孩子的发展方向,让他多试试,有比较广阔的活动空间,这才是自由教育的精髓。除非极少数的天才,一般过早固定总是害多益少。让他自己荡来荡去,给偶然性留些余地,一点点摸索出来。一个人发现自我很难,有时候很晚才能发现,过早固定会弄僵的。

  第三、四两个是"大学"的"志"。第三个"志"是"官先事,士先志"。"官"要做事情,士要搞明白你到底想做什么事情,也就是搞明白你到底要什么。第一、二个是初步的"志",第三个"志"就大了。你到底要什么?这永远要反躬自问,我认为是第一、二个"志"的总结。第三个是学生的"志",而第四个是教师的"志":"善教者,使人继其志。"有好的老师引导和激发,自然会有好的学生来继承他的"志"。这个"继其志"不是安排的,而是自发的。同时第五个"志"是第四个"志"的补充:"罕譬而喻,可谓继志矣。""罕譬而喻",我用了维兰德小说中苏格拉底的话来解释,"不能以人们寻常想象的方式传授智慧和美德"。从教师方面来讲,就是"罕譬"。从学生方面来讲,就是"而喻",就是明白。明白就是柏拉图的"回忆说","罕譬而喻"就是向上觉醒。自己想清楚心中的 the man in man(人性中的人),把对 the man in man 的回忆勾起来了。教师是从外面教你一个东西,让你认识你自己,我把内心最深处的想法弄明白了,明白我到底要什么,这就是"喻"。其实不教我本来也明白,但没有教师点拨就不会明白,教育就是把这个能量激发出来。我教了一个什么本事给你,那还是技术性的内容。教育最高的理想就是 the man in man,继承的是自己的内心,这就是"继其志"。

"有志于学也",下面"有志于本也",是第五、第六个"志"。这是第二楼头接通第一楼头,也是最高形式的教育。前面一个"有志于学也",到了最高的层次反而回到最低,研究的是普通一、二年级的东西。你一定要把一、二年级这些看似最低的东西想明白了,才能知道最高的东西是什么。最高的东西就是最浅的东西,好比小马跟在大马后面,从基础开始重新来过。已经是教师了,重新来做学生,这才是最好的,深不可测的东西就在最浅的地方。当年维特根斯坦把哲学搞通了,或者自以为把哲学搞通了,就去做小学教师。这些都是绝对忠实于自己的内心的人,如果是我们一般人,怎么舍得放弃世俗的名位呢?当然,维特根斯坦后来还是觉得不对,自己给自己扫清流毒,结果写了一本《哲学研究》,又作出开创性的贡献。

最后"大德不官"等四句,是最后的志,也是最高的志:"有志于本矣。"为什么叫"有志于学"呢?把过去学的东西全扫荡,就是道家讲的

"重开炉灶另立鼎",把铅汞什么的全掀翻,重新回到基础上来。从根子上,从"人、手、口"开始,从格物致知开始,重新来做自我教育。这也就是施特劳斯所想象的,而不可能达到的"最高形式的教育"。《论语·为政》子曰"吾十有五而志于学",但只有到了三十岁才会明白,或者到了五十岁甚至七十岁才会明白,什么才是"志于学"。而且"志于学"学的是什么,孔子没有讲。学仁义道德吗?没有说。学钢琴考级吗?没有说。就是"志于学",而什么是"学"和"学"的是什么?要你自己体会出来,这是个空位。这个东西要很晚才明白,而"有志于学"才是"有志于本"。然而有一个"本"呢,我还是有些警惕,终究好像有一个"本"在,可能会形成封闭。我认为没有破除这个"本",也许是《学记》的不足,最高的是不立这个"本"。"有志于本"或不得不然,但建立了以后,必须再返回普通的东西。即使你是一个懂得梵文、希伯来文和希腊文的大学问家,回过头来还是要跟不识字的人一样,重新认识生活。从这个地方一点点重新学起来,那才是好。再回过头来,"有志于本"也不错,它是"或源也,或委也",回归我最喜欢的一句话,"天下水乃是一水"。释迦牟尼一生自居学地,孔子"学而不厌,诲人不倦",这样终身学习的精神,才是"有志于学"。因此施特劳斯所说的"我们也无法获得这种最高形式的教育",这句话中的部分封闭,可以重新打开。

不但要向那些最伟大的心灵学,而且要研究,至少在某些局部研究最伟大的心灵如何学。向最伟大的心灵学,还有可能是封闭的,而研究最伟大的心灵如何学,这才是向上开放的进路。不是全部研究,那不可能,因为一生不够,但研究局部是可能的。而研究最伟大的心灵如何学,就是地球文化最高的地方。再高没有办法了,只有两种人。一种是外星人,比如维摩诘,他先知先觉,你不知道他是如何学的。还有一种是再来人,好比释迦牟尼前来度人,他做一套戏给你看。如果是地球上的人,终究是有局限的存在,学到这个层次最高了,人只能做到这里。

《史记·货殖列传》讲记

一

《史记》分为五个部分：十二本纪，三十世家，七十列传，十表，八书，总共一百三十篇。本纪是天子级别的人，世家是诸侯级别的人，列传是大臣级别的人或其他有特色的人，表是世系和大事记，书是典章制度和天文地理。把本纪、世家、列传看作人，表看作时，书看作空，《史记》描述时、空和人的关系，是整体性的通史。

《史记》这部书，可以有三种读法。一种是文学的读法，看看其中的人物故事，项羽、刘邦楚汉相争，以及鸿门宴之类。文学的读法主要读本纪、世家、列传（尤其是列传），注意人物形象的可歌可泣，栩栩如生。另外一种是史学的读法，不仅仅需要了解本纪、世家、列传，还需要了解十表和八书。史学的读法在人物活动之外，还要注意人物的社会关系，以及相关的典章制度。还有一种是哲学的读法。文学的读法理解怎么说，史学的读法理解说什么，哲学的读法理解为什么这么说，或者到底想说什么，牵涉《史记》的象数结构，需要理解十二本纪、三十世家、七十列传与十表、八书之间的关系。《史记》是一部有大志的作品，司马迁本来就是易学的传人，他开创了纪传体来表述他的思想，以后的二十四史基本都承袭其体例。

《货殖列传》有特殊的位置，它在卷一百二十九，是全书的倒数第二篇。列传主要按照人物的年代来排列，同时也兼顾其重要程度。从《伯夷叔齐列传》《管晏列传》《老子韩非列传》开始，一点点下来到韩信、张苍这些人，再后来是边境地区的《匈奴列传》《南越列传》，再后来是有特殊才能人的合传，比如《游侠列传》《佞幸列传》《滑稽列传》《日者列传》《龟策列传》。最后排进去《货殖列传》，然后用一篇大文章作总结，就是《太史公自序》（参见拙稿《〈史记·太史公自序〉讲记》）。一般全书的序都是在完成后写的，那么倒数第二的位置，也可以说是倒数第一。《货殖列传》在全书就是倒数第二或者倒数第一的位置，好不容易才挤上这部不朽名著的末班车。倒数的位置不一定是最不好的，居末位而不淘汰，也许正说明了它有坚强的存在理由。在《水浒传》一百零八将里面，倒数第二是鼓上蚤时迁。鼓上蚤时迁的地位很低，但不能说不重要，因为实际上少不了。

班固在《汉书·司马迁传》中，对《史记》提出三点关键性批评："又其是非颇谬于圣人，论大道则先黄老而后六经，序游侠则退处士而进奸雄，述货殖则崇势利而羞贱贫，此其所蔽也。"班固的批评影响很大，实际上从他父亲班彪那儿抄来，原话出于《后汉书·班彪传》，只是语句作一些调整："其论术学则崇黄老而薄五经，序货殖则轻仁义而羞贫穷，道游侠则贱守节而贵俗功。此其大敝伤道，所以遇极刑之咎也。""论大道则先黄老而后六经"，批评的是《史记》全书的思想倾向，尤其是《太史公自序》的"论六家要旨"。因为司马谈、司马迁父子的思想中，既有黄老又有儒家。而班彪、班固父子的思想，则纯粹出于儒家。"序游侠则退处士而进奸雄"，指责的是《游侠列传》，也就是现在的武侠小说之祖。对于安定的治世来说，游侠破坏了社会秩序，然而不可否认，他们在乱世也维护了一部分社会正义。"述货殖则崇势力而羞贫贱"，反对的是《货殖列传》，他认为司马迁把经济的地位抬得过高了。

在我看来,班固的批评是由于他的思想境界不够,也就是在这些方面《汉书》比不上《史记》。《汉书》卷九十一也有《货殖传》,其中大部分内容沿袭《史记》,和《史记》不同的内容主要在于导言。这个导言很重要,现在看来还非常新,对于研究中国古代经济思想有大作用。

"货殖"这个词从哪里来?最早来自孔子。在《论语·先进》中,孔子评论自己两个学生,一个是颜回,一个是子贡:"回也其庶乎,屡空。赐不受命而货殖焉,亿则屡中。"过去一般认为,这句话是表彰颜回,讥讽子贡的(比如说《汉书·货殖传》),可能受后来儒家的影响,对从事经济活动有保留。在我看来,孔子对两个学生都是喜欢的,当然对颜回的喜欢还要多一点。颜回"其庶乎",到他的地步大概差不多吧。"屡空"有两个解释,一是空匮,一是虚中。空匮从物质方面讲,颜回比较贫穷,家里没什么东西,经常有了上顿没下顿。虚中从精神方面讲,指修养心性,经常清空自己的思想。我觉得前一种解释可能是原义,但是后一种解释也富有启发。而且推远一步说,前后还可以贯通,因为对物质的相对匮乏能安之若素,非有很高的精神修养不可。如果比较《周易·系辞下》第五章"颜氏之子其殆庶几乎,有不善未尝不知,知之未尝复行也","庶几"完全可以相应精神修养。我觉得"屡空"是很好的修持,经常整理自己的思想,在一生的某几个时刻,能够有几次归零,以此消除成见,获得新生。"屡空"是人在问题中的实践,而不是想象空洞的境界,然后把它拔得非常高,于是没有人能够达得到。子贡"赐不受命而货殖焉",他不接受关于人生的宿命性结论。中国人历来提倡安贫乐道,他不接受这个命运,从事买进卖出的活动。亿(億)通"臆",就是猜想,也就是"生意眼"。我在这里暂时不取这个词的贬义,不是需要你抠什么门,而是需要你对方向有敏锐的判断力,因为人总是不可能获取足够完备的信息。当然是占有信息越多越好,但在得到信息还不完备的情况下,那么发挥作用的就是你的判断力了。同样的信息,如果由不同的人来判断,得出的结论会截然不同。亿(億)不可能全准,但是他猜中的概率要比别人高。子贡的判断胜多负少,于是财富积累起来了。

孔子当然是欣赏颜回的,但并不等于说他不欣赏子贡,前者是屡空,后者是屡中。"赐不受命"通常认为是批评,在我看来是爱护。因为一般人相信命运,而对子贡来说,他相信的是这个不相信命运的命。通常认为孔门是相信命运的,"死生有命,富贵在天"(《论语·颜渊》),这句话其实不一定错,相信也可以安心,但它是通过子夏之口传出来的。在我看来,研究《论语》或者孔子,一定要了解学生和老师的区别。学生讲的往往是大义,老师讲的往往是微言,《汉书·艺文志》称"昔仲尼没而微言绝,七十子丧而大义乖"。大义在原则上近乎是对的,但多少有些说死,而微言除了原则以外,更有着弦外之音。孔子本人是怎么说的呢?他说:"富而可求也,虽执鞭之士吾亦为之。如不可求,从吾所好。"(《论语·述而》)如果富裕可以求得到的话,那么即使地位低贱我也干。这句话的言下之意,隐隐约约地有个命在。如果追求富贵,未必能如我所愿,那么还是做自己内心喜欢的事情为好,而求道或者研究学问,这是不受命运限制的。孔子最后把经济问题放在第二位,作出了人生的选择。他没有说经济问题不重要,也没有用"死生有命,富贵在天"来压制别人。在我想来,孔子是欣赏子贡这样一个聪明人的,他对命运的看法和子夏的"死生有命,富贵在天"还是有一点点区别,而这一点点区别绝不可忽略。

再回过头来,在孔子这段话中,有两条路线。颜回这个人,一门心思朝内走,他对人的心性有极大的好奇,非常想看看自己内心到底如何,以及可以发生什么变化。这条路线就是内圣,而内圣到达极深处,往往可以跟佛道相通。后来佛道中人要沟通孔门思想,也经常会引出颜回。也就是在颜回这条线上,有人讲庄子是颜回学派的传人(钟泰《庄子发微》序,上海古籍出版社,2002,3页,参27页)。子贡这个人,一门心思往外走，想把自己的天才发挥出来，这条路线就是外王。如果有人用命的说法来限制他，他不愿意听，他也能获得成功。

子贡本人能欣赏颜回，孔子往往也喜欢跟他讨论。孔子知道，如果跟子路谈颜回，子路不一定认可，有时候会顶撞几句。凭什么具体事情都是我干的，而你们点点头笑笑，却是最高境界。但是和子贡谈，子贡马上就说，颜回比我好，老师讲得真对，孔子听了也心花怒放。比如子贡说："赐也何敢望回。回也闻一以知十，赐也闻一以知二。"（《论语·公冶长》）这是发自内心的敬佩，语气非常谦虚。子贡以外的其他学生，比如曾子（大致能归于"德行"科）等人，也是认可颜回的（参见拙稿《孔门弟子的结构》）。问题出在哪儿呢？出在子贡能欣赏颜回，而欣赏子贡的人不一定能欣赏颜回。因为颜回的"屡空"一般人看不见，你看不出他做出什么事情，完全是心性的变化。你只有自己在精神上达到很高层次，才能知道他这里两样了，那里两样了，里面的东西千变万化，其妙无穷。一般人看得见子贡通过货殖发了财，于是大家对此人产生了兴趣。他究竟是怎样发财的呢？如果我们依样画葫芦，是不是也可以增加财产性收入呢？这就留下了货殖这条经济路线。

《货殖列传》的"货殖"是什么意思？你买来物品不是为了给自己使用，而是预期别人要使用，然后再转手卖给他，这就是货殖。什么是货？货的大致意思是处于变动中的财物，尝试从音和形两方面入手解释。从字音上解，货者活也，就是变来变去的东西。从字形上解，货从贝化，贝是古代的一般等价物，也就是货币，贝的变化也就是买进卖出。什么是殖？殖者，生也，将本求利。货殖就是把货买进卖出，然后多出来一块就是殖，也就是利润或者利息。有人把殖解为立，那么也可以把它作为企业的形象。"企业"这个词来自日文，顾名思义，企是站立，公司要站立起来往前走，不断开拓自己的前途，有其符合时代的生命周期。殖可以解作生，生为什么重要？就是通常讲的"做生意"。

"做生意"中的"生意",原来是有诗意的词。我最早读到还是在小时候,那是《唐诗三百首》的第一首,张九龄《感遇》:"兰叶春葳蕤,桂华秋皎洁。欣欣此生意,自尔为佳节。"这个有诗意的词看上去和经济活动无关,其实可以作为货殖的关键因素,因为一定是有发展潜力的行业,才值得你去全心全力投入。过去有一本《黄石公素书》,作者旧题是张良的老师黄石公,其中《安礼篇》有两句话,"富在迎来,贫在弃时",可以作为"生意"的最好解释。"富在迎来",富在迎接正在到来的事物,面向发展和创新。"贫在弃时",贫在完全不理解时代,去拉住正在消逝的世界。比如说有一家出售辫子绳结的百年老店,但是清代灭亡了,人们都剪辫子了,这个店再好也没有前途了。迎来是欢迎要来的新生事物,处于上升阶段的朝阳产业。弃时是抱住落后的产能不放,趋于衰亡阶段的夕阳产业。

下边是开篇第一段话。

> 老子曰:"至治之极,邻国相望,鸡狗之声相闻,民各甘其食,美其服,安其俗,乐其业,至老死不相往来。"必用此为务,輓近世涂民耳目,则几无行矣。

司马迁开始引用老子的话,然后直接提出批评。金克木认为,"必用此为务,輓近世涂民耳目,则几无行矣",也是老子的话,至少是司马迁解说老子的话。他的理由是,正文先是"老子曰",然后是"太史公曰",其间的标识很分明,可见这句话仍然是老子的,这就成了老子在反对小国寡民思想(《范蠡商鞅:两套速效经济软件》,见《文化猎疑》,上海三联书店,1991,14—15页)。这个看法我不完全同意,古人引文没有像现在那样严格,引着引着,把自己的意见插了进去,也相当自然。"必用此为务"以下,应该是司马迁的观点。

在今本《老子》中,这段话出现在第八十章,文字大致差不多,有几处无关紧要的出入。比如说,"狗"作"犬","俗"作"居","业"作"俗","至"上有"民"。此外,《史记》还增加了原文没有的一句话"至治之极"。大致意思是,在最好的治世,大家彼此各管各,互相之间不交流来往。我做学生的时候,读到老子这段话很不理解,就去问潘雨廷先生,说老子为什么这样讲,明显好像不大对的样子。潘先生回答说:老子讲的是另外一回事,不是你现在心里想的东西。当时我大概没有力量问下去了,所以不知道在潘先生心目中,老子讲的到底是什么。以后过了好长时间,才渐渐有所理解。现在想来,从古延续到今的现代化和全球化趋势,确实可能有副作用。对这个副作用有所考虑,决不是开历史倒车。

司马迁对老子这段话有批评。他说"必用此为务",如果一定照着它来实行,"輓近世涂民耳目",到我们这个时代,还要靠这套思想蒙蔽老百姓,"则几无行矣",如何可能行得通。"輓近世"的"輓"通于"晚"(司马贞《索隐》),"輓"也就是近。也有人解释成"挽回"的"挽",谓挽回近世的风俗(周予同主编《中国历史文选》上册,上海古籍出版社,2002,137页),那么"涂民耳目"就说不通。"涂民耳目"也就是愚民政策,给老百姓进行精神催眠。司马迁承认,老子的思想在上古物质不太发达的时候可能是对的,如果在近代再来推行这套理论,在实践上根本行不通。这是《货殖列传》的开场白,用一句话叫破,立了一个论。

太史公曰:夫神农以前,吾不知已。

司马迁力量大,起首一句,用的是逆笔。这句话非常重要,神农以前,我不知道,也可以反过来讲,神农以后,我全明白了。《史记》参照的是《易经》的古史序列,也就是伏羲、神农、黄帝、尧舜、三代,然后春秋战国,然后汉代。(参见拙稿《〈周易〉的观象体系和古史序列》)那么要搞明白的是,对于货殖来说,第一,神农以前发生了什么?第二,神农时候发生了什么?第三,神农以后发生了什么?

神农以前发生了什么呢?根据《周易·系辞下》第二章,是庖犠或者伏羲的制作:"古者庖犠氏之王天下也。仰则观象于天,俯则观法于地,观鸟兽之文,与地之宜,近取诸身,远取诸物。于是始作八卦,以通神明之德,以类万物之情。"稍微读过一点古书的人,对这段文字耳熟能详。这是中国人开天辟地以来第一次对整体知识的分类,总共分成六大类。"仰则观象于天",天文学。"俯则观法于地",地理学。"观鸟兽之文",动物学。"与地之宜",一般认为是植物学,还应该包括矿物学。"近取诸身",医学,生理学。"远取诸物",物理学。目的是什么?"以通神明之德",认识你自己。"以类万物之情",理解并掌握万物。对六大类的知识贯通在于王,根据《说文解字》,王就是天地人的贯通。这是人第一次真正的惊异和好奇,可作为划时代的开端。伏羲在《系辞下》中写成庖犠,如果允许推测,也反映当时的生活状况。庖是什么,熟食。在伏羲的时候,人已经完全掌握了用火的技术。从生食到熟食是一大进步,庖犠的庖暗含了以前的燧人氏。犠从牛从羊,也就是从渔猎社会转变成畜牧社会。这个犠同时也是犠牲的犠,也就是原始宗教的祭祀。庖犠两个字,既表示了当时的物质生活,也表示了当时的精神生活。而庖犠写成伏羲,据说是声音的变化。庖是重唇音,伏是轻唇音,凡轻唇之音古读皆如重唇(钱大昕《十驾斋养新录》卷五《古无轻唇音》)。要研究人类文化最深入的内容,必然要探索到庖犠时代,"始作八卦"可以理解为最初的符号。

神农时候发生了什么呢?发生了两件大事,于是人的生活变化了。《系辞下》第二章说:"庖犠氏没,神农氏作。斲木为耜,揉木为耒。耒耨之利,以教天下,盖取诸益。日中为市,致天下之民,聚天下之货。交易而退,各得其所,盖取诸噬嗑。"第一件大事,由畜牧社会转变成农业社会,制作耕田的工具,然后有了大发展。从长江流域到黄河流域,把农业社会推广到所有地区,就是神农氏以教天下。第二件大事,跟《货殖列传》有关系,就是最早的市场产生了。《史记》说"神农以前,吾不知已",因为在神农以前还没有出现货殖。而神农时候,伴随农业生产的出现,市场交换也同时产生。"日中为市",有时间和地点。"致天下之民,聚天下之货",有各式各样的人,有各种各样的货。"交易而退,各得其所",完成交易,达到最佳的配置。你是打猎的,我是种田的,但你也要吃粮食,我也要吃兽肉,拿出来互相交换,于是市场出现了。

市场是什么?如果用经济学上的定义,市场就是交易的总和。我们一般人提到市场,首先直观地想到集市贸易之类的场所。这样的空间性概念,应该就是城市的起源。经常到某个地方去,固定在那里交换,渐渐地会留下一些建筑、留下一些人,这样一点点扩大起来,城市就产生了。现在的大城市,源头就在这里,就是这样交易交易,然后一点点发达起来。当然,随着城市的产生,国家也渐渐产生了。分析中文"城市"这个词,城是政治和军事的概念,市是经济的概念。单单从事经济活动,说不定会有外部力量来抢劫,为了抵抗侵略或骚扰,于是就出现了城。为了内部维持交易秩序,于是就需要政治。为了外部维持交易秩序,于是就需要军事。用城墙把某块地方圈起来,维护那里的生活方式,防止外部的入侵,这就是城邦、国家的起源。

> 至若《诗》、《书》所述虞夏以来,

神农的时候市场产生了,以后一下子跳到虞夏。虞是舜,夏是禹,也就是三代中的第一代。"《诗》、《书》以来",就是有具体的文献记载以来。实际上文献逐步产生的历史阶段,也是物质逐步丰富的历史阶段。由此可以推论，没有书读的时候，物质也相对贫乏，而有书读了，物质就多了。六经的时间序列，《易》始伏羲，《书》始尧舜，《诗》始文王，《春秋》始鲁隐公。"夫神农以前，吾不知已。"司马迁用这一句起笔，既提出自己的观点，同时也给《老子》想象的"至治之极"留下余地。而"《诗》《书》所述虞夏以来"，就是"輓近世"。

还可以有补充推论。伏羲的时候"始作八卦"，已经有简单的符号。在神农的时候要完成交易，也应该有简单的计数。然后跳到虞夏以来的成熟文献，其间还应该有产生文字的阶段。一般认为，汉字产生于黄帝臣仓颉的创造（参见《吕氏春秋·君守篇》、《淮南子·本经训》等）。那么在黄帝时候产生文字，然后从简单的记事发展到成熟的文献，又有一个大的阶段。上边讲"神农以前，吾不知已"，我的推论是市场交易还在文字产生之前，交易的历史就是有这么早，所以说单凭文字消灭不了交易。

> 耳目欲极声色之好，口欲穷刍豢之味，身安逸乐，而心夸矜埶能之荣使。

耳目喜欢的是声色，口喜欢吃荤的。刍是吃草的牲畜，比如说牛羊，豢是吃粮食的牲畜，比如说猪狗。欲极、欲穷，正是无止境的追求。"身安逸乐"，人的本性总是好逸恶劳。以上是眼耳鼻舌身，而最有意思的是意，"心夸矜埶能之荣使"。眼耳鼻舌身以外还有心，这个地方深之极。这句话如果用经济学概念来讲，我觉得太好了，就是"炫耀性消费"（conspicuous consumption）。美国经济学家凡勃伦（1857—1929）写了一本书《有闲阶级论》（1899，蔡受百译，商务印书馆，2005）。他把人们的追求财富，看成一种表示自己与众不同的心理现象。他说："一个人要使他日常生活中遇到的那些漠不关心的观察者，对他的金钱力量留下印象,唯一可行的办法是不断地显示他的支付能力。"(69页)消费的重要目的,是给他人留下印象,花钱是为了让他们的朋友及其邻居妒忌。我这么有钱,就是要做给别人看,没有人看见,就感到不舒服。我们扪心自问,在自己的虚荣心里,难道就没有显摆的成分吗?这种炫耀性消费,对颜回这样的哲人,大概起不了作用。对哲人来讲,在生活必需品以外,很少有真正缺不了的东西。而且我行不行自己知道,不需要跟别人比较,《论语》称"人不知而不愠,不亦君子乎"(《学而》)。但是一般人没有办法,抗拒不了。平时也不觉得自己怎么穷,但是邻居买了新车,天天很得意地在门前开过,怎么可能完全不受影响?大多数人不可能摆脱的攀比心理,其实也就是经济发展的动力之一。

"心夸矜埶能之荣使"。埶可以看成艺(藝),也可以看成势(勢),艺术的艺本意指种田,引申为技艺。技艺比较好的,一般会得到比较好的评价,也会得到比较多的财富。好的评价和财富到了一定程度,就会形成势。现在流行的造势,是预先形成宣传效应,以此来影响并支配大众。"心夸矜埶能之荣使",我的技艺或者势能比你好,你看我有多么了不起。"荣使"这个词,很多断句都断在"荣"字下,我觉得还是"荣使"好。"荣"是光荣,出于虚荣心,"使"是颐指气使,出于支配欲。"使"可以指挥一些人,部下或仆役,于是把"荣"显出来了,这就是权势。如果把"荣使"的"使"断于下句,那么下文"使俗"又不通了,于是有人再改成"便俗"之类,但还是疙疙瘩瘩。我觉得以"荣使"为好,一解释全通了。"荣使"对人有极大的心理影响,有跟班前呼后拥,是光荣也是炫耀。

俗之渐民久矣,

这就是哈耶克的自发秩序(spontaneous order),它像有机体一样一点一点地积累,在不知不觉中形成,不是你用观念就能一下子改变的。"俗之渐"在希腊文中就是 nomos,一天一天,一年一年,不知不觉地生长起来,成为习惯。这样的社会有自然的修复作用,在根基上极深极深,甚至影响整体的生态。想吃好的,想穿好的,还有心理上的作用,是很长时间以来,一点一点地发展而成的。

> 虽户说以眇论,终不能化。

无论佛家也好,道家也好,儒家也好,或者"文化大革命"也好,提出非常巧妙的理论,不管有多么吸引人,社会中大部分成员终究不会听信这一套。你一定要向他推广,他也可能不得已服从,但会偷换里边的内容。《礼书》记子夏听了老师的讲话很振奋,真想做一个好人,但出去看见花花世界,还是受到吸引("自子夏,门人之高弟也,犹云'出见纷华盛丽而说,入闻夫子之道而乐,二者心战,未能自决'")。"文化大革命"结束以后,邓小平提出改革开放,让一部分人先富起来,把很多人埋藏在心底的那团火辣辣感情给点燃了。于是投入社会的大熔炉中,上上下下,一层层不断淘洗,至今还没有停下,也不可能停下。

> 故善者因之,

对于最高级管理者或者政府来说,老百姓的想法就是我的想法,用不着代替他们想。"善者因之",这是道家的思想。老百姓想发些财或者是积些钱,那么他想的就是你想的,你不用另外想一个东西。这非常接近哈耶克,社会发展没有目标,而且不要目标,他的目的就是你的目的。

其次利道之，

对于好事就多分配一点利益，对于不好的事就从利益上掐住一点，这样会产生激励作用，引导社会健康发展。这句话和上文合起来，就是"因势利道(导)"。但是"利道"已经有为了，因为有利就有不利。道家想象的第一等人，根本不要你去动它。无为也不是不作为，而是完完全全地顺着你，一点都不违抗。而最后会发现，你所达到的目的，就是他的目的。

其次教诲之，

比如说"君子爱财，取之有道"，比如说提倡合法经营，比如说警示投资风险，等等。比利导之再下一等。

其次整齐之，

再下一等是整顿市场秩序。

最下者与之争。

这是最下一等。如果政府也参与做生意，随意改变规则，谁做得过你，所以裁判员不可以兼当运动员。

如果用传统观念来分析，"善者因之"是道家的上乘，"其次利道之"是道家的下乘，"其次教诲之"是儒家的上乘，"其次整齐之"是儒家的下乘。这四种应对各有其道理，只是适应的层次不一样。但是无论如何，最下一种应该排斥，因为会出大问题。看不惯别人赚大钱，我也利用权力来赚,于是把社会败坏了。必须想办法断绝最下一种,至少可以达到第四个层次,而试图努力达到第三个层次。最上边两个层次太理想,不大容易达到。

二

继续读《货殖列传》。

> 夫山西饶材、竹、榖、纻、旄、玉石。

中国古代是农业社会,重视土地的出产,这就是《周易·系辞下》的"与地之宜",包括植物和矿物。战国、秦、汉称崤山或华山以西为山西,就是所谓的"关中",也用来指太行山以西。"饶"和下文的"多",是丰富的意思。材,是木材。竹,没有问题。榖,和谷子的"谷"(穀)音形相近,但榖的左下为木,谷(穀)的左下为禾。榖也就是楮树,树皮可以造纸。《水浒传》二十四回武大郎绰号"三寸丁榖树皮",三寸丁用来形容矮,榖树皮皱巴巴的,用来形容丑。纻是山中的野麻,用来织布。旄是牦牛的尾巴,可以做旌旗的装饰。古代左持钺右持旄,象征兵权,整肃军威。玉石,有一个版本没有"石",大概觉得石不会是宝贝。我以为原文也可能有石,玉石是可以开采的玉和玉矿。

> 山东多鱼、盐、漆、丝、声色。

和山西相对,战国、秦、汉称崤山或华山以东为山东,就是所谓的

"关东",也用来指太行山以东。多鱼、盐,因为靠近海。中国古代产丝,欧洲人称中国为"赛里斯"(Seres,即产丝之国),根据的是丝的译音。声色是乐队女子,当时把歌舞的舞女,也算作某地的特产。电影中常见那些在君王面前跳舞的人,像没有灵魂的一队机械性物品。

江南出楠、梓、姜、桂、金、锡、连、丹沙、犀、玳瑁、珠玑、齿、革。

楠指楠木,是贵重木材。梓也是贵重木材。姜,生姜。桂是香料。金、银、铜、铁、锡是五金,金是五金之首,锡是五金之尾。连,裴骃《集解》说"铅之未炼者",大概类似铅矿石。丹沙是炼汞的原料,下文有"巴寡妇清,其先得丹穴"。道家用铅和汞来炼丹,有后来属于化学的外丹,还有属于生物化学的内丹。犀是犀牛,犀牛角很贵重,现在已禁止交易。玳瑁,一种类似于乌龟的动物。珠玑,珠是圆形,玑是方形。形容某人文章好,常常称"字字珠玑"。齿,象牙。革,皮革。

龙门、碣石北,多马、牛、羊、旃裘、筋角。

龙门在今山西河津县,碣石在今河北乐亭县。也有人认为碣石是今河北昌黎县西北的碣石山(周予同主编《中国历史文选》上册,137页),此地靠近北戴河、秦皇岛、山海关一带,曹操《观沧海》"东临碣石,以观沧海",应该就是此处。龙门、碣石的北面是草原和牧场,所以多马、牛、羊。旃是羊毛织成的毡,裘是皮大衣。筋是做弓箭用的弦,角是号角。

铜、铁则千里往往山出棋置。

在方圆千里的大山中,东一块西一块,像棋子一样,分布着铜矿点和铁矿点。

> 此其大较也。

这就是物产的大略。

> 皆中国人民所喜好,谣俗被服饮食奉生送死之具也。

这些物产都是中国人民喜欢的,吃的穿的都是它,生老病死也脱离不了。所以中国人很务实,没有什么空虚的观念,都是实实在在的东西。"奉生送死",生老病死,依靠它们来维持生命,也依靠它们来安葬死者。世世代代地生息演化,自从有了人就是这样过,很缓慢、很缓慢地发展。现代有一首流行歌曲《在希望的田野上》,里边的事情还是一样,只是多少有些浪漫化。歌中唱道:"老人们举杯,孩子们欢笑,小伙儿弹琴,姑娘歌唱。"这里有老中青三代人,老人要"送死",孩子要"奉生",正当年的是小伙儿和姑娘,也就是一男和一女。小伙儿和姑娘也会成为老人,而孩子也会成为小伙儿和姑娘,就是这样代代相传,没有根本的变化。如果是正常情形,每一代都有孩子、年轻人和老人,应该把孩子抚养成人,老人要照顾其安度晚年,最后要送终。孔子所谓"敬鬼神而远之"(《论语·雍也》),祖宗崇拜直接从这里来,用不着另外有个神。

"中国"这个词的古今演化,以后应该详细考察。在这里上下文中蛮明确的,就是山西、山东、江南、龙门碣石以北。这一块地方不太小也不太大,当时在那里生活的人就是中国人民。人和民不同,人表示的是人和其他生物的区别,而民表示的是上层贵族和底层老百姓的区别。国王和老百姓都是人,但老百姓是民,国王不是民,贵族也不是民。孔子讲"民可使由之,不可使知之"(《论语·泰伯》),孟子讲"民为贵"(《孟子·尽心下》),这些最卑贱的人最重要。在英语就是 dumb millions,沉默的大多数,没有什么反应,也没有什么文化。他们的要求很具体,赚些钱,盖房子,娶老婆,生孩子。老婆孩子热炕头,然后老的送走了,然后小的再出生,就是这样重重复复地过,一代又一代。这就是民的象,带有一点点愚昧的意思,但不要看不起这些人,社会存在的基础就是他们。

如果再放一个词在旁边比较,民的意义就醒豁了。民可以通"氓",区别在于土著曰民,外来曰氓(古书上读 méng 比较多)。氓就是亡民(non-native),也就是一个地区的外来人,住久以后同化了,于是成为民。古希腊毕达哥拉斯的祖先就是氓,流亡到萨摩斯,然后定居下来。《孟子·滕文公上》许行曰:"远方之人,闻君行仁政,愿受一廛而为氓。"这个人认为此地很有吸引力,主动前来申请居住。一个地区如果有部分流动人口,对此地区的发展有一定好处。因为外来人口会带来新思想,而且做事情比较积极。当然也可能有副作用,比如外来人口的比例过高,对当地治安会有所影响。民一般要老实本分一点,因为跑得了和尚跑不了庙,而流亡过来的人是氓,一旦发生事变,可以选择离开。这就是为什么在后来演变中氓会带上一点贬义,出现了流氓之类的词汇。《诗·卫风》有一篇《氓》,男主角大概也是外来人。"氓之蚩蚩,抱布贸丝。匪来贸丝,来即我谋。"这个外来人,死乞白赖的样子,到女孩子家门口做生意,心里想的是来和女孩谈婚事。这个女孩子一眼就看破他了,此人做生意是假,目的是来和她套近乎。这就是清醒的糊涂,在男女恋爱中经常发生。女孩子一方面非常敏感,一下子看穿了他的用意。但是另一方面她对这个人还是没有看清楚,以后发生的事情是一场悲剧,这个外来人把她抛弃了。

"谣俗"就是风俗,跟古希腊 nomos 相近。nomos 可以解释为长久以来的民俗,又可以解释为法律,又可以解释为歌谣,跟"谣俗"真是天衣无缝地对得起来,怎么会这么贴切。老百姓一代代这样生活,谣俗就是风土人情,大家挂在口上的、哼着玩的民间小调,比方说黄土高坡、西北风之类,关系那里土地的出产,关系那里人的性情,关系那里人的自然想法。我们唱的那些古代的、甚至现代的歌曲,反映了老百姓内心深处的想法。这就是《诗经》,从这里可以窥测人的生活方式乃至命运。而你喜欢什么样的音乐,那你就是什么样的人。像老百姓一直在过的清明节、端午节、中秋节,这些原来也是谣俗,把它们确定为法定假日,就是从不成文的法变为成文的法。

> 故待农而食之,虞而出之,工而成之,商而通之。

"待"非常重要,《庄子》讨论有待和无待。人生就是有待的,有局限的,就是被物质困住的。待可以减少一点,像苏格拉底就认为,哲人对生活的要求比一般人低,除了生活必需品,没有非要不可的东西(《斐多》64d—e)。但是生活必需品不能没有啊,所以还是有局限的人,因为你不可能完全无待。在生意场上如果没有利润,有一句话称为喝西北风。如果喝西北风也能生活,就成了《庄子·逍遥游》中的理想人物:"藐姑射之山,有神人居焉。肌肤若冰雪,绰约若处子,不食五谷,吸风饮露。"神人近乎无待,或者待非常少。当然,吸风饮露还是有待,西北风还是不得不喝。

"农而食之","虞而出之",农是平地的劳动,虞是对山林川泽的开发。普通老百姓的生活,脱离不了这些物产。《红楼梦》五十三回中有一个乌庄头,过年的时候给贾府运来一大堆物品,有一张大单子,那可真是奢华:"……大鹿三十只,獐子五十只,狍子五十只,野猪二十个,野羊二十个,熊掌二十对,鹿舌五十条,柴炭三万斤……"结果还被主人落下一句话:"这够做什么的?……真真是叫别过年了!"由古及今多少年发展下来,天然的物产被大量消耗,有些资源近乎枯竭。"工而成之",这是手工业,好比萨摩斯的雕刻匠。"商而通之",商做买卖,起流通作用。

《管子·小匡篇》提出一个分类:士农工商,谓之四民(亦见《国语·齐语》,《穀梁传》成公元年)。农和工是两大生产领域,商在两边进行物质交流,把农产品卖到工人那儿,把工业品卖到农民那儿。此外还有士,也就是读书人,在其中进行信息交流。《史记》的四民中没有提到士,好像觉得读书人无用,和物质生产没什么关系。

此宁有政教发征期会哉?

读书人还是少不了的,上文没提到的士,原来就在这里。政教指政治和教育,那是政府的作用。"发征期会",组织一场行动。"发征"指发令征收或征求,"期会"是约好在某个地点碰个头,开个会。《史记·项羽本纪》:"汉王乃追项王至阳夏南,与淮阴侯韩信、建成侯彭越,期会而击楚。""期会"是大家约好在那边碰头,然后组织会战,或者发动围攻。"宁有"就是难道有,难道是出于政治和教育吗,是有人发布命令吗,是有人组织集会吗,原来都不是。农、虞、工、商拿出来的物产,不是有人按照计划来组织的。读书人一般比较喜欢安排,这种特性发展到极致,就是哈耶克批评的建构理性。任何事情都要自己来包办,就是士的副作用。

人各任其能,竭其力,以得所欲。

每个人都使尽自己的才能,来参与这场无止息的大交换,决不会偷懒。"任其能"是智力,"竭其力"是体力,"以得所欲",以求达到目的,满足欲望。

> 故物贱之征贵,贵之征贱。

物产价格自然地波动,便宜就有力量往上走,昂贵就有力量往下走。征有好多种解释,我觉得用虞氏易"震为征"来解释最好。征就是变动的征兆,有反向的趋势。

> 各劝其业,乐其事。若水之趋下,日夜无休时,不召而自来,不求而民出之。

"各劝其业",每个人都努力地做自己那一行,劝是鼓励,也可以认为是自我激励。"乐其事",这件事做得很快乐。人在求职时最好把自己的擅长和兴趣组合进去,不要跟自己的天性完全违反,接近才能做得好。"若水之趋下,日夜无休时",好像水往下走,日夜都不会停。"不召而自来,不求而民出之",用不着做思想工作,自然而然就是这样。哪儿有钱可赚,人就往哪儿流动,用不着组织或动员。

前面说"户说以眇论"行不通,老子的理论也好,孔子的理论也好,或者"文化大革命"批判资产阶级法权也好,都阻止不了。列宁在《共产主义运动中的"左派"幼稚病》中说:"小生产是经常地、每日每时地、自发地和大批地产生着资本主义和资产阶级的。"(《列宁选集》第四卷,人民出版社,1972年10月第2版,第181页)这个自发产生应该因势利导,要遏制怎么遏制得了呢?何况人类生活本来靠它来维持。

> 岂非道之所符,而自然之验邪?

道难道不是符合于此吗,人心不是自然的验证吗?为什么要违反它?其实违反不了。

《周书》曰:"农不出则乏其食,工不出则乏其事,商不出则三宝绝,虞不出则财匮少。"财匮少而山泽不辟矣,此四者,民所衣食之原也。

《周书》不是指《尚书》,而是指《逸周书》,也是古代传下来的诰誓号令。今本《逸周书》没有这一段,大概是亡佚了。农、工、商、虞四者,是民的衣食之原。农、工、虞从事生产,商从事流通,三宝指农、工、虞之所出,也就是粮食、器物、财匮。"财匮少而山泽不辟矣"单列一句,可能其前有脱文。民生日用的衣食之源,也就是经济的根本命脉。

原大则饶,原小则鲜。

衣食之源大的很丰厚,衣食之源小的很贫薄。原即源,开源而节流。

上则富国,下则富家。

前者是政治经济学,后者是经济学,经济学原义是家的财产管理。古希腊色诺芬最早用"经济"这个词,他有一本《经济论》(刘小枫翻译成《齐家》)。另外还有一本《雅典的收入》,那就是从家到国(色诺芬《经济论》、《雅典的收入》,张伯健、陆大年译,商务印书馆,1981)。经济学脱离不了政治经济学,富家和富国有联系;而且《经济论》被看成《苏格拉底回忆录》的续篇,那么也是哲学的延伸。古典作品探讨的是人类的生命存在和思想文化,跟现代的经济人假设不完全一样。从古代哲学的角度看,经济学不能完全独立,靠单一的定义推导会出问题。

贫富之道,莫之夺予,而巧者有余,拙者不足。

人群中存在的贫富现象,不是来自外来的力量,而是出于"巧者有余,拙者不足"。对于社会整体来说,富裕阶层和贫困阶层之间应该有所调节,绝不允许用不合法手段来致富,也就是下文的"奸富最下"。如果想做到完全平均,肯定不可能。假设你把所有的财产平等地分给每个人,第一秒后就会开始产生差距,一年以后,十年以后,贫富又出来了。贫富差别有其天然性(斯宾塞谓出于自然淘汰),因为"巧者有余,拙者不足"。至于贫富差别太大,而且为富不仁,当然要加以限制。

故太公望封于营丘,地潟卤,人民寡,于是太公劝其女功,极技巧,通鱼盐,则人物归之,襁至而辐凑。

太公望是齐国的开国之君,通常称姜尚、姜太公。姜尚封于齐,这块地方靠海边,又是盐碱地,人口稀少。于是他采取措施刺激经济,鼓励妇女从事手工业,"极技巧",手艺非常精致。又从沿海把鱼和盐运到其他地方卖,经济就发展了。"人物归之",人流和物流都过来。"襁至",好像被绳子牵拉着,接连不断地来。"辐凑",辐是车轮中轴心和外轮的联系,辐凑就是人或物的聚集。"人物归之,襁至而辐凑",就是形成经济中心,对周边的人有强大吸引力。

故齐冠带衣履天下,海岱之间敛袂而往朝焉。

"冠带衣履天下",到处可以看到穿齐国衣服的人,可见齐国经济文化的影响。"海岱之间敛袂而往朝焉",山东一带的人整理整理袖子都来了。海指黄海和渤海,岱是泰山。为什么要敛袂,因为来的人希望自己以崭新的面貌出现,试图拂去旧日的尘垢,好像就此能启动好运似的,这其实是心理暗示。为什么要往朝,因为对经济发达地区有崇拜和向往。

> 其后齐中衰,管子修之,设轻重九府,则桓公以霸。

在太公望以后,齐国的好景没有持续,一点点又衰落下来。太公是西周初年的人,到东周春秋的初年,齐桓公大臣管子再次进行整顿,齐国又重新兴盛。管子就是管仲(？—公元前645),他整顿经济的方法是"设轻重九府"。管子认为从古以来治理国家的根本方法是"轻重",《管子·揆度篇》云:"燧人以来,未有不以轻重为天下也。"《管子·轻重戊篇》齐桓公问:"轻重安施？"管子回答说:"自理国虙戏以来,未有不以轻重而能成其王者也。"用现在的话来讲,轻重就是宏观调控。虙戏就是伏羲。根据张守节《正义》,"九府"就是大府、玉府、内府、外府、泉府、天府、职内、职金、职币,设立九个金融部门来进行调控。

《管晏列传》对管仲的治国措施有详细记述,可以参照。"管仲既任政相齐",管仲因为鲍叔牙的推荐做了齐的相国。"以区区之齐在海滨,通货积财,富国强兵",他用了一套方法来富国强兵,也就是"通货币,易有无"。关键在于"与俗同好恶",也就是《周易》的"吉凶与民同患"(《系辞上》第八章),不提出不切实际的政令。"故其称曰",他的说法是:"仓廪实而知礼节,衣食足而知荣辱,上服度则六亲固。"前两句指老百姓,第三句指领导者遵守礼法,六亲各得其所,社会就团结稳定了。"四维不张,国乃灭亡",从"仓廪"至"灭亡"采用《管子·牧民篇》,四维是礼义廉耻。"下令如流水之原,令顺民心",下令好像流水一样,老百姓想什么,他就想什么,这就是前文的"善者因之"。"故论卑而易行",他的理论很容易实行,不谈非常高远的理想。"俗之所欲,因而予之;俗之所否,因而去之。"老百姓喜欢的就实行,老百姓不喜欢的就废止。"其为政也,善因祸而为福,转败而为功。"非常了不起,管仲是贵"因"的大家,擅长顺势而为。"贵轻重",用经济的手段调控。"慎权衡",用政治的手段赏罚。

"桓公实怒少姬,南袭蔡,管仲因而伐楚,责包茅不入贡于周室。"齐桓公有一次对他的女人发火,因为在"荡舟",也就是在玩水的时候,她开玩笑把船晃得太厉害了。于是齐桓公把她赶回娘家,蔡人也相当绝,既然你不要,又把她嫁了出去。这就触怒齐桓公,于是派兵攻打。蔡后面撑腰的是楚,于是齐、楚发生一场冲突,后来签订了停战协定,就是历史上有名的"召陵之盟"。管仲"因而伐楚",为了男女的恩怨而打仗,上不了台面,他就搬出另外的理由,"责包茅不入贡于周室"(见《左传》僖公四年),于是变成尊王攘夷的大义。楚国为什么只顾自己发展而不进贡呢?你可是周天子的臣子啊。当时齐国称霸中原,认可周天子的中央政权,相当于认可齐国,这样就把琐碎的私事,变成了天下大义。当然他的要求也很低,"责包茅不入贡于周室"。这是象征性的进贡,不是割地赔款,或者解散军队,否则楚国没有退路,大概会拼到底。贡一下包茅,你可以自己发展,但是必须承认周天子的权威。这样大家都满意,于是达成妥协。这是齐桓公称霸过程中重要的一仗,"因祸而为福"。

"桓公实北征山戎,而管仲因而令燕修召公之政。"山戎是一个少数民族,山戎进犯燕国,燕求救于齐,齐桓公出兵北伐山戎。齐燕二君分别时,齐桓公鼓励燕君"修召公之政",回到中原的大家族中来。什么是"召公之政"?西周初年周公和召公联合执政,一个人管一个方面,周公封于鲁,召公封于燕。《诗经》里有《周南》、《召南》,把他们的德化施行出去,称"二南之化"。

"于柯之会,桓公欲背曹沫之约,管仲因而信之,诸侯由是归齐。"曹沫就是《左传》庄公十年论战的曹刿。有一次打仗战败,鲁国只好割城给齐。曹沫在柯之会上用恐怖主义手段,挟持桓公把地还给鲁。被明晃晃的刀指着,齐桓公没有办法,就只好同意了。他回来以后又想反悔,因为"要盟可以不听"(语见《孔子世家》),在暴力威胁下被迫答应的承诺,事后可以不认账。管仲劝桓公,既然已经答应了,还是把侵占来的城还给鲁吧。诸侯觉得齐桓公很讲信用,都拥护他。本来一件不太好的事,经过轻重权衡,给管仲转变成好事。最后总结成一句话:"知与之为取,政之宝也。"当然根本还是在于实力,强大的人讲和平别人就归心,不强大的人讲和平谁会理睬你呢?

　　九合诸侯,一匡天下。

开了九次诸侯之间的首脑会议,齐桓公都是召集人,别人看他的面子来参加。于是对周天子的天下重新作了整顿,形成了松散联盟。当时周的力量已经衰落,形成这样的联盟至少有一个好处,如果外族入侵的话,可以有对抗的能力,这就是管仲对华夏文明立下的大功。所以孔子大体上是表彰他的,《论语·宪问》记孔子言:"桓公九合诸侯,不以兵车,管仲之力也。如其仁,如其仁。"又言:"管仲相桓公,霸诸侯,一匡天下,民到于今受其赐。微管仲,吾其被发左衽矣。"《史记》"九合诸侯,一匡天下",综合《论语·宪问》而来。下边一句话来自《论语·八佾》,原文是批评。

　　而管氏亦有三归,

"三归"有好几种说法,我选取最简单的,那就是管仲筑了台,把财物、女子藏在其中。然而这是国君所享受的待遇,不是大臣应该有的排场,所以《论语·八佾》中孔子批评他:"管仲之器小哉。"又说:"管氏而知礼,孰不知礼?"孔子对管仲大节上是肯定的,小节上有所非议。如果孔子到头来仅仅是抓住小节不放的话,我觉得他就有点迂了。管氏有三归,齐桓公没觉得不好,管仲自己也没觉得不好,老百姓也没觉得不好,那就由他去好了,你又何必多事呢?其实孔子也有他的道理,后来问题就出来了。国君有三归,管氏也有三归,把大臣的地位和国君持平了。执政权臣的地位一点点提高,酝酿了从春秋到战国的变化。齐国从太公起就喜欢用能人,周公认为有问题(参见《吕氏春秋·长见》、《史记·鲁世家》等)。积累到一定程度,末大于本,枝强于干,国君就渐渐失去控制权。齐国后来发生"田氏代齐",有其深远的前因。

> 位在陪臣,富于列国之君。

《论语·季氏》有一句话:"陪臣执国命,三世希不失矣。"陪臣,是隔了一层的臣。比如说,周天子是君,齐桓公是臣,而管仲是齐桓公的助手,没有资格在周天子面前称臣,所以称陪臣。不仅如此,在诸侯国还有下一层的陪臣。国君是君,管仲是臣,管仲的助手或者家人,就是国君的陪臣。什么叫"陪臣执国命"?后来就是这些人掌管了国家的实际权力,这其实跟生产力的发展有关。孔子看出来礼不对了,以后春秋变成战国。如果只是一味地富国强兵,陪臣的地位上升,确实有问题。

> 是以齐富强至于威、宣也。

齐国的富强一直延续到战国的威、宣时代。威、宣就是齐威王、齐宣王，那时候兴起稷下学派。经济条件好了，专门供养一些读书人搞研究，形成学术的繁荣。当然这些研究不单单是空发议论，而是怎样富国强兵，怎样观测天下形势，诸如此类。

> 故曰："仓廪实而知礼节，衣食足而知荣辱。"

《管晏列传》也有这段引文，这里已经是第二次引用，出自《管子·牧民篇》。这段话好的地方，在于强调任何文化都需要有经济基础。不好的地方，在于容易让人以为，一旦经济基础好了，文化就自然好了。知礼节、知荣辱，不能扔掉仓廪实、衣食足的基础。但是仓廪实、衣食足，是不是可以等同于知礼节、知荣辱？不一定，其间有"而"字。第一件事做好了，有了足够的能力，再做第二件事，不是当然就是这样，不是自然而然的。

> 礼生于有而废于无。

礼的产生有其物质基础，不能来自贫穷。

> 故君子富，好行其德。小人富，以适其力。

君子富能推行他的德，由富而贵，贵从中从一，可作为好行其德的标准。小人富也能发挥他的力量。《论语·学而》中子贡提出一个问题，这个问题不是出于别人，而是出于子贡，想来也关乎经济条件。子贡问："贫而无谄，富而无骄，何如？"孔子回答："可也。未若贫而乐，富而好礼者也。"子贡"贫而无谄，富而无骄"还是消极的，孔子的回答化消极为积极。师生谈学,"如切如磋,如琢如磨"(《诗经·卫风·淇奥》),就这样逐步深入提高。孔子感叹说:"赐也,始可与言《诗》已矣。告诸往而知来者。"赐是子贡的名,子贡是他的字,赐由上而下,贡由下而上,也就是政治性的经济交换。司马迁"君子富,好行其德",从"富而好礼"而来。

> 渊深而鱼生之,山深而兽往之,人富而仁义附焉。

如果从正面讲,这就是《周易·系辞下》第一章"何以聚人曰财"。如果从负面讲,就是你的经济条件好了,必然会有人来恭维,贴上好看的标签。《史记·游侠列传》对此有尖锐的讽刺:"何知仁义,已飨其利者为有德。……窃钩者诛,窃国者侯。侯之门,仁义存。"

> 富者得势益彰,失势则客无所之,以而不乐。

富人得到经济的支持,更加显出神气活现的样子。失势了就没有客人来,即使有客人来,但是来干什么呀,难道喝西北风吗?最后还是大家不开心。这就是俗谚"世情看冷暖,人面逐高低"(刘壎《隐居通议》引),司马迁对人情世故有很深的体察。

> 夷狄益甚。

中原地区还有着文化包装,不太敢明目张胆。在夷狄地区,有钱马上有人来,没钱立刻走人,就是这样直接,没有缓冲余地。

> 谚曰:"千金之子,不死于市。"此非空言也。

经济还会影响到法律。有了足够财力的话,犯罪也可以免除,至少可以减轻。司马迁触怒皇帝以后,没有得到有力的经济支援,这句话中应该包含着他的感慨。

> 故曰:"天下熙熙,皆为利来;天下壤壤,皆为利往。"

真是石破天惊的名言,也是成语"熙熙攘攘"的出处。

> 夫千乘之王,万家之侯,百室之君,尚犹患贫,而况匹夫编户之民乎!

千乘之王,万家之侯,百室之君,这样的人也不能消除对财务状况的担心,何况普普通通的老百姓呢。"编户之民",就是编入户籍的小民百姓。西汉初年有一段时间,国家的经济形势相当困难,经过了很长时间才调整过来。《史记·平准书》开篇称:"自天子不能具均驷,而将相或乘牛车,齐民无藏盖。"正是当时状况的写照,也是司马迁这样说的历史依据。

三

第一段讲的是导言,第二段讲的是国,第三段由国过渡到家。经济学的本义是治家,也就是家庭的财产管理。

> 昔者越王句践困于会稽之上,

这是《史记》的文章好。上一次讲管仲,是春秋的初期,五霸的开始。然后一下子来到春秋的末期,五霸的结束。而且由春秋一点点过渡到战国,从治国一点点过渡到治家。五霸之间的关系如何,可以参考《易学史丛论》的《综论五霸》(潘雨廷著,上海古籍出版社,2016,130—136页)。这里具体讲的是吴越争霸,"吴王金戈越王剑",就是这一地区的兵气。

会稽就是绍兴,是中国现代文学祖师鲁迅的家乡。古代传说,大禹死在这里,至今还有大禹陵。会稽的意思是会计,但比现在会计一词意义要大,包含政治的因素。《史记·夏本纪》:"或言禹会诸侯江南,计功而崩,因葬焉,命曰会稽。会稽者,会计也。"裴骃《集解》引及《越绝书》卷八《记地传》曰:"禹始也,忧民救水,到大越,上茅山,大会计,爵有德,封有功,更名茅山曰会稽。"爵有德,赠爵位,相应立德。封有功,封功臣,相应立功。大会计重新安排天下,是一个包括政治、经济、军事在内的总体布置,因此留下会稽的地名。

  乃用范蠡、计然。

今天主要讲三个人,一个是范蠡,一个是子贡,一个是白圭。而讲范蠡,首先带出来计然。一般读过书的人都知道范蠡,然而知道计然的人很少。如果问计然是谁?我敢说十人中有九人答不上来。其实,计然的重要性绝对不在范蠡之下,知道范蠡还要知道计然,就好像我们知道沃伦·巴菲特之外,还要知道他的老师本杰明·格雷厄姆。计然是发明并提出原理的人,范蠡是计然思想的实践者。在中国发明原理的人没有实践的人受重视,或许隐含着问题。计然讲的一段文字,可以说是中国经济学或者商业学的最古老原理,深得不得了。

计然是什么人呢?裴骃《集解》说:"计然者,范蠡之师也,名研,故谚曰'研、桑心算'。"又说:"计然者,葵丘濮上人,姓辛氏,字文子。其先晋国亡公子也,尝南游于越,范蠡师事之。"在这些记载中,可以分析出几个关系。第一,计然是三晋人,他的先人是晋国逃亡的公子。现在大体已核实,在春秋末期的三晋地区,编成了今本《周易》的卦爻辞,而计然的思想应该从《周易》来。第二,他的名是研。《吴越春秋》谓之"计倪"。现在的上海话中还保存有古音,"研"这个字可以读成倪。《范子计然》这本书在唐代还有(见《新唐书》卷五十九《艺文志》,《旧唐书》卷四十七《经籍志》作《范子问计然》),真的假的不知道,以后亡佚了。关于此书的内容,可以参考《越绝书》卷四《计倪内经》、《玉函山房辑佚书》子编《范子计然》三卷,而《史记》保留下来的这段文字,已经涵盖了计然思想的要点。第三,他的字是文子。在道家典籍的流传中,有《文子》这本书,在唐玄宗天宝元年(公元742年)被封为《通玄真经》。老子《道德经》以外,庄子《南华》、文子《通玄》、列子《冲虚》、庚桑子《洞灵》并列为四子真经(《旧唐书》卷九)。此书作者有人猜测是否和文种有关,当然不是。因为计然字文子,有人附会到计然身上(如杜道坚《通玄真经缵义序》),这层关系也可以切断。过去一直认为《文子》不是先秦的著作,现在研究下来否定了这个结论,出土文物已经证明它是先秦的书(1973年河北定县汉墓出土有《文子》残简)。此书总体思想跟《老子》一致,也有一些特别的地方,比如卷五《道德》"上学以神听,中学以心听,下学以耳听",这些内容是《老子》没有的。

计然曰:知斗则修备,时用则知物,二者形则万货之情可得而观已。

两句话我想了好长时间。为什么"二者形则万货之情可得而观已"呢?说得这么重。通常的解释也能对,但是达不到"万货之情可得而观已"的程度,必须发掘它的深意。开篇是根本性思想,讲的还是治国,所以相应"万货之情"。

什么是"知斗则修备"?我的解释是,明确国家和国家的关系主要是竞争关系,尤其是军事竞争关系,那么为了应对竞争,必然涉及国家物质财富的总和。"修"就是整顿乃至保障,"备"就是完整的战略性储备,主要物资都要齐全,是国家综合竞争力的体现。对于国家和国家之间的关系,不能存有任何幻想。不是不要讲和平,但是你讲和平,别人不讲怎么办?所以要保卫和平,还是不能不涉及军备。在海湾战争期间,有位军事专家讲过一句话,我觉得非常好,他说:"外行看战略,内行看后勤。"对于第二次世界大战,一般人都知道盟军的军事统帅艾森豪威尔,其实还有同样重要的马歇尔,他就是负责协调后勤的人。马歇尔对第二次世界大战胜利的贡献,绝不在艾森豪威尔之下。

"时用则知物"这句话还要深,就是一种物品有它的稀缺性,到正好需要派用场的时候,这种物品的本性才会彻底体现,才会知道它可贵到什么程度。比如说和平时期黄金贵重粮食不值钱,战争时期如果有黄金买不到粮食,那就是粮食贵重黄金不值钱了。到了某个特定的时候,一种物品成了特别需要的稀缺东西,它的价格会大幅度提高,这个东西的内在使用性才能真正体现。

这两句话是总纲。如果结合起来看,前面一句是客观的,体现的是普遍性,后面一句是主观的,体现的是特殊性。如果用经济学理论来解说,前面一句是古典经济学的劳动价值论,后面一句是奥地利经济学派的边际效用论。这两套理论在一定程度上是矛盾的,而在这里形成了相互补充。因为物品有一个价值,所以会相应给它一个价格(《墨子·经说上》:"价宜,贵贱也")。怎么才能说明这个物品的价值呢,只有在特殊的情况下,比方说在别人特别需要的情况下(《墨子·经说下》:"宜不宜,在欲不欲")。"二者形则万货之情可得而观已",把这些价格变来变去的物品的真实情况看懂了。

故岁在金,穰;水,毁;木,饥;火,旱。

这里用的是岁星纪年法,结合了五行学说。岁星就是木星,绕日一周实际需11.86年。岁星在某一个方位差不多是三年,金为西方,水为北方,木为东方,火为南方,十二年算一个周期。岁在金的三年丰收,岁在水的三年歉收,岁在木的三年饥荒,岁在火的三年旱灾。五行中没有提到土,土居中央而没有方位,大概可以算是平年。这十二年形成了相对的坐标,可以在这个坐标里研究其相互影响的关系。但是如果套用这个固定模式,以为一成不变,那就进入了思维误区。

旱则资舟,水则资车,物之理也。

大旱的时候卖出车买进船,大水的时候卖出船买进车,在大旱之年再抛售车。这就是中国古代投资学的最根本原理,也就是相反理论。相反理论当然也有其问题,不能机械地套用,但是投资最根本原理就是相反理论,对此要有深入骨髓的认识。这八个字也是投资学的定律,贱买贵卖。

六岁穰,六岁旱,十二岁一大饥。

在十二年里再细分,其中六年好一点,六年差一点。牛熊交替,不会永远好,也不会永远坏。总体来说十二年,到一个周期末会有大的不好,因为古代农业靠天吃饭,不可能完全风调雨顺。当然也有人认为,这是指每隔六年一穰,每隔六年一旱(胡寄窗《中国经济思想史》,上册,上海财经大学出版社,1998,178—179页)。本段是对前面岁在金、岁在水、岁在木、岁在火的另一种计算,两种计算可以互相印证。用多种模式探讨同一种现象,会得出不同的结果。不同的结果互相比较、相互检验,可以减少错误。

> 夫粜,二十病农,九十病末。

粜是卖出谷物。一石米卖出来,如果只卖到二十农民会亏损,而卖到九十商人会亏损。这里的二十不一定是具体钱的数字,可以看成利润的比例。二十对发展农业不利,但是九十商业也承受不了。叶圣陶有一篇小说《多收了三五斗》,写的是谷贱伤农,农民这时候可能拿不到二十了。

> 末病则财不出,农病则草不辟矣。

如果商人没有利润的话,就没有积极性。如果农民没有利润的话,也没有动力去开荒种粮食。

> 上不过八十,下不减三十,则农末俱利,平粜齐物,关市不乏,治国之道也。

最贵不要超过八十,最便宜不低于三十,那么大家都有利润,交易就能维持下去。"农末俱利",今所谓双赢。"平粜齐物",合理的价格会促进物资流动。"关市不乏",国家的税收也充足。在三十和八十之间,尽管还有高低波动,但总体已经平衡了。经济正常活动,国家也安全运转。

税收和农商的关系,大体也需要维持平衡。税收得太高,生产者没有积极性,税也就收不到了。当然税也不能收得太少,这里也有一个度。其实经济学已经有人研究这个度,提出"拉弗曲线"(Laffer curve)。如果收百分之十的话,比方说一年一千万,多一点收百分之十五,那么就是一千五百万,收二十就是两千万。那么收百分之二十五好了,会不会到两千五百万呢?不一定,也许只能收到一千五百万,反而降低了,因为大家都不做了。如果再升高,比方说收百分之三十好了,那么收到的反而降到只有一千万了。因此不是收得越高,得到的税收越多。

积著之理,务完物,无息币。

积著之理是经商致富的道理。积著也写作积聚、著积,也就是买进货物为了卖出给别人。商是消费的中间环节,囤积这些货物,不是给自己使用的。"务完物,无息币",物品的质量一定要好,金钱的流动性一定不能断。这就是最要紧的两样东西,一个是物资流,一个是现金流,两者互相平衡,流动的方向相反。而货殖就是在物资和现金之间变来变去,有盈有亏。

以物相贸易。

"贸"这个字很好,《说文解字》曰:"易财也。从贝,卯声。"卯作为声符,也可能有意义。卯时是早晨五点到七点,一般都在这个时间准备上班或上学,所以过去也把上班叫作点卯、应卯。卯就是早,贸易抢时间,就要起得早,就要努力。做小生意的人一早就得起来,睡到太阳晒屁股肯定不行。

腐败而食之货勿留,无敢居贵。

容易腐败的货物要赶快处理,不要一味贪求高价而停留在手上。食也可以写成蚀,物品败坏就蚀本了。买菜时遇到收摊生意,总归可以便宜点,因为推回去不合算。

论其有余不足,则知贵贱。

论有排比的意思,《论语》是排比孔子的话。论其有余和不足,排比市场上一样东西多了还是少了,就会知道这样东西到底贵还是贱。而排比次序,也就是研究。我跟大家开玩笑说,研究生如果不会写论文,也不要太害怕,把材料排比排比,找出中心意思,论文就出来了。不要以为这只是笑话,如果把材料排比出活的结论,就成了研究。马克思《资本论》第一卷第二版跋中说:"材料的生命一旦观念地反映出来,呈现在我们面前的就好像是一个先验的结构了。"(《马克思恩格斯选集》卷二,人民出版社,1972,217页)

贵上极则反贱,贱下极则反贵。

贵到极点后会往下落,贱到极点后会往上升。积著之理,就是在价格波动中取利。

贵出如粪土,贱取如珠玉。

一旦物品贵了,一点不要吝惜,像垃圾一样把它抛出去。在大家认为不值钱的时候,你要把它当宝贝,一点点小心收集起来。还是刚才讲的道理,贵卖贱买。当然这里有前提,必须都是好的物品,也就是前面讲的山东出什么,山西出什么,不是好的物品也不能取。其实这句话中,暗含一句投机格言:"卖出要快,买进要慢慢来。"

> 财币欲其行如流水。

货币的五大功能,主要是流通功能。英语中 currency 是货币,也有流通的意思,真是密合。流动性过剩引发泡沫,货币发行多了,要回收一点。

> 修之十年,国富,厚赂战士,士赴矢石,如渴得饮。

把这套理论修了十年,修就是经营,也就是刚才二十、八十这些治国之道,可以上通管仲的"轻重"之术。修了十年,国家富强起来。用经济手段来调动士兵的积极性,士兵在打仗时非常拼命。

> 遂报强吴,观兵中国,称号"五霸"。

"遂报强吴",报复了强大的吴国。"观兵中国",中国是刚才讲的中原一带,吴越当时还在大舞台的边缘。"观兵"是在中原地区检阅军队,耀武扬威。"称号'五霸'",完成了强国梦。这套理论是计然提出的,具体执行的人是范蠡、文种。这样的理论不可能完全自创,应该有其渊源。而计然本人没有应用这套理论,可能是因为他年龄大了,只能做老师了。也可能是他不求闻达,在精神上有着更高的追求。真正第一流高手也可以是不做的,自己看明白就行了。

> 范蠡既雪会稽之耻,乃喟然而叹曰:"计然之策七,越用其五而得意。既已施于国,吾欲用之家。"

范蠡已经看明白,在胜利以后,不能再跟越王共事下去了。于是下决心走,文种不愿意走,那么就让他留下来。(参见拙稿《〈史记·越世家〉中的范蠡》)"计然之策七,越用其五而得意。"我用了一部分在治国上,就已经达到了目的,想来用在治家上也一样啊。

这句话在《汉书·货殖传》中写成"计然之策十,越用其五而得意",一般认为是抄错了。抄错了也可能,因为在古文里边七和十字形很相似,一横当中断掉是七,看上去很像扁扁的十。根据王叔岷的《史记斠证》,《史记》中七、十互误有六十几处之多(《中央研究院历史语言研究所专刊》之七十八,1982,第5页)。但即使是抄错,也可能有一点道理。因为《史记》是通史,司马迁看到战乱比较多,所以大部分用在国上,少部分用在家上。《汉书》是断代史,班固看到和平比较多,那么国和家一半对一半。

> 乃乘扁舟浮于江湖。

这真是从骨子里透出来的潇洒,在外国人中是没有的。上一次讲毕达哥拉斯,他也乘了一艘小船离开萨莫斯,sailed away,但还不是扁舟啊。这条扁舟打动了古今多少人,像李白《宣州谢朓楼饯别校书叔云》说,"人生在世不称意,明朝散发弄扁舟"。为什么要散发?就是不要被头上这顶乌纱帽套牢呀,一旦套牢发就散不下来了。什么是"扁舟"?有两种解释,一种是特舟(《集解》),一种是轻舟(《索隐》)。特舟是单独的小船,轻舟是负担少,速度快。中国古代文化强调简单直截,不需要的东西越少越好,传说中达磨的"一苇渡江",原来指的也是小船(用《诗经·河广》的成语),但在以后逐渐演变成了神话。

扁舟有文学色彩,江湖也有文学色彩。《国语·越语下》写越王勾践灭吴回来,到了五湖,范蠡就不跟他回去了,"遂乘轻舟,以浮于五湖,莫知其所终极"。《国语》的"五湖"是地理或山水概念,《史记》的江湖是社会或文化概念。司马迁的改动有其思想性,语出《庄子·大宗师》:"泉涸,鱼相与处于陆,相呴以湿,相濡以沫,不如相忘于江湖。"江湖泛指天南地北、五湖四海,也暗示与朝廷庙堂的对立,包含对规则的不同理解和争执。也就是这样的江湖概念,启发了后来的武侠小说。

对于武侠小说的写作,武功怎么打都是细枝末节,而要紧在于后面驱动的思想。有人问金庸,古今中外你最佩服的人是谁?金庸不假思索地回答,古人是范蠡,今人是吴清源(见《天外有天:一代棋圣吴清源传》金序,北京燕山出版社,1996)。"江湖"描述的是社会的广阔、复杂、多层次,如果用西方的观念来比拟,最接近的是哈耶克的"大社会"(the Great Society)。古龙说,有人的地方就是江湖。甚至还可以进一步说,人心就是江湖。

变名易姓。

为什么要改名换姓?就是担心越王还来找他,担心当年的战友和部下还来找他。你带过部队,这些人跟你熟,有什么事情跟你来商量,你不能说我不在位就可以不谈。所以不得不"名可名非常名",以此摆脱羁绊,没有办法。

适齐为鸱夷子皮,之陶为朱公。

鸱夷子皮是一个人的名号。鸱夷是酒囊,一般是用皮做的。这个放酒的口袋能大能小,用的话可以装很多酒,不用的话可以卷起来,《论语·卫灵公》称"邦无道,则可卷而怀之"。范蠡估计即使离开了,还会有人认出他来,于是换了一个名字再换一个名字,换了一个地方再换一个地方,逃避追踪,好比在演出情景戏剧。

朱公以为陶天下之中,诸侯四通,货物所交易也。乃治产积居,

到四通八达的大都会,再开始做生意。

与时逐而不责于人。

这是他体会计然的理论,总结出来最要紧的一句话。做生意的第一义是要与时代争胜,而不是跟具体的人较长短。"乃乘扁舟"是骨子里透出来的潇洒,"与时逐而不责于人"是骨子里透出来的第一义,做生意根本的竞争就是时间,跟人去竞争已经是第二义了。第一义就是自己跟自己竞争,完完全全就是怎样认识你的时代,怎样认识你自己。世界首富的象都跟时代有关系,保罗·盖蒂是石油,比尔·盖茨是电脑软件,抓住一个时代最重要的物质或者最先进的科技。

"与时逐而不责于人",最要紧的是跟时代竞争,跟别人的关系不是最重要,甚至可以根本对人没有要求。一旦你得到这个关键,自然而然会有人来配合你,也用不着所有地方都预先计划好。这句话来自道家以及兵家,《老子》七十九章"执左契而不责于人",《孙子·势篇》:"善战者,求之于势,不责于人。"《史记》"与时逐而不责于人"应该从这里化出来。对于这句话,也有人把它标点成"乃治产,积居与时逐,而不责于人"(见泷川资言《史记会注考证》)。这种理解我以为还不够透

彻，正解应该是"乃治产积居，与时逐而不责于人"。大富就是与时代竞争，小富当然也要努力，抢时间争取领先一点。

> 故善治生者，能择人而任时。

把生意做得好的人，要选择好干部队伍，而且也要研究时间。一般认为"择人"应该写成"释人"（《史记会注考证》），也就是上文的不要求于人。如此"择人"可以看成笔误，但是我觉得写成"择人"也很好。刚才讲"与时逐而不责于人"是第一义，完全是天上的象，经常想一想，对你会有极大的启发。然而具体做起来，你不一定能达到第一义，那么就要选择好部下和助手，培训好营销人员。第一流的人什么都可以不要，随随便便拉几个人就行了，自然而然会有东西来凑他，因为他已经抢到了时代的先机。但是你做不到就得做第二义，而且即使是第二义的择人，你还是不能忘记，自始至终要重视时。所以如果做到第一义，当然也会重视第二义。而做到了第二义，还要回过头来重视第一义。只是到了第二义的兢兢业业，第一义的潇洒基本上是没有了。而第三义以下大概只能是微利或者保本，想赚钱大概是谈不上了。

> 十九年之中三致千金，再分散与贫交疏昆弟。

十九年这个数字虚虚实实，不一定是真的，或对应十九年七闰的历法。《庄子·养生主》写庖丁解牛，"十九年刀刃若新发于硎"。我觉得对范蠡这样第一流的人来说，懂了周期后，几乎遍地都是钱，只要捡起来就是了。对他来说，钱也并不是特别重要，得到以后就散给"贫交疏昆弟"，贫困的朋友和远房的亲戚。资助社会上的弱势群体，尤其是贫寒的读书人，把钱花在这方面最值得。

此所谓富好行其德者也。

呼应上文"故君子富,好行其德"。

后年衰老而听子孙,子孙修业而息之,遂至巨万。

衰老后自己不管事,让子孙接手打理产业。范蠡是道家人物,所以在聚财以后,还跟着有散财的思想。他的子孙达不到这样的境界,不知道散财,只是成为一方的大富。

故言富者皆称陶朱公。

这就是范蠡的象,第一等的大商人。最要紧有两句话,一句是"乃乘扁舟浮于江湖",另一句话是"与时逐而不责于人"。"与时逐而不责于人"怎么强调也不为过,我觉得可以把它当作口诀念,反反复复体会,太精彩了。对于从古到今做生意的人来说,这是第一义,不会有比它更好的理论了。当然如果还能补充第二义,那就更好了。

子赣既学于仲尼,退而仕于卫。

第一个范蠡是道家人物,第二个子贡是儒家人物。他学了孔子的一部分思想,回到卫国做了官。《史记·仲尼弟子列传》:"端沐赐,卫人,字子贡。少孔子三十一岁。""故子贡一出,存鲁,乱齐,破吴,强晋而霸越。子贡一使,使势相破,十年之中,五国各有变。""子贡好废举,与时转货赍。喜扬人之美,不能匿人之过。常相鲁卫,家累千金,卒终于齐。"孔子去世后,他守墓六年。

废著鬻财于曹、鲁之间。

废著(《仲尼弟子列传》作"废居")就是上文的积聚,可以看成货殖的两方面。积聚是善于买,废著是善于卖。一个是先买进再卖出,一个是先卖出再买进。人的天才不一样,善于买和善于卖不一样,两件事是阴阳两端的乘除。

七十子之徒,赐最为饶益。

孔子学生中,子贡最有钱,日子过得最滋润。

原宪不厌糟糠,匿于穷巷。

原宪是孔子弟子中最穷的一个人,这里引出他来作为对照,令人深思。原宪对粗劣食物没有感到不能吃,隐居在穷巷里不引人注目,然而他还是有着自己的立场和理想。

子贡结驷连骑,束帛之币,

好比开最名贵的轿车,有最豪华的排场。

以聘享诸侯,所至,国君无不分庭与之抗礼。

和诸侯平起平坐,礼尚往来,国君纷纷接见他。子贡可以看成后来战国纵横家之祖,但纵横家是没有原则的,子贡是有原则的。

> 夫使孔子名布扬于天下者,子贡先后之也。此所谓得势而益彰者乎?

孔子扬名天下,子贡的努力推动也有作用。"得势而益彰",呼应前文"富者得势益彰,失势则客无所之,以而不乐"。一个人本来就有才能,如果再有财富的陪衬,更加引人注目。

《史记会注考证》引崔述批评司马迁,他说孔子如此伟大,怎么让司马迁一说,好像成了子贡把他推出来似的(《洙泗考信余录》卷一:"谓子贡以富故能显之,岂圣人之道亦必藉有财而后能行于世乎?")。我觉得当然不是有了子贡,孔子才伟大,孔子本身就是伟大的。孔子的伟大在于,他不但能包容原宪,而且能包容子贡。对于孔子来说,这两边是无碍的。不是学生有钱就能把老师炒起来,也可能炒得起来一时,但十年、二十年以后,三十年、五十年以后,以至一百年以后,这位老师还能站得住,一定有他极其特殊的地方。

子贡本人是明白的。《论语·子张》有人问子贡,在我看来,你比你老师好多了,"子贡贤于仲尼"。你有这么大的才能,经济条件这么好,各国诸侯又摆得平,难道没有超过你的老师吗?子贡说,那是因为我的墙太低,所以你一眼就看见了。孔子的墙太高,一般人不得其门而入,无法看到"宗庙之美,百官之富"。《论语》中有两段是学生赞老师,一段出于颜渊之口(《子罕》),一段出于子贡之口,赞得好极了。我们现在做学生的人,被称为列于门墙,就是从这段话里来的。因为有了子贡,才让人知道原来他的老师这么厉害,也就是孔子的伟大感应了子贡。

> 白圭,周人也。

范蠡是道家人物,子贡是儒家人物。白圭跟道家和儒家没有关系,是后来生意人的真正祖师。如果用不完全恰当的比喻,在范蠡和子贡那里,是"道亦有盗"。货殖也是人生的一部分,而且是不得不考虑的一部分,在儒、道思想中有经济活动的地位。在白圭那里正好反过来,是"盗亦有道"。他运用儒道一部分思想,组织进他的生意理论,可见"盗"也不是贸贸然能做的。他的思想已经多少有些变味,跟前面的哲人形象不一样。

古希腊哲人中也有人做过投机生意,比如哲学家的祖师泰勒斯。有一年他预见到橄榄丰收,就租下了所有的榨油坊,从而积累了一笔财富(第奥根尼·拉尔修《名哲言行录》,马永翔等译,吉林人民出版社,2003,17页)。他大概想表明,自己也是懂得如何赚钱的,只不过不想把精力用在这方面罢了。

> 当魏文侯时,李克务尽地力,而白圭乐观时变。

"务尽地力"是发展农业,"乐观时变"是发展商业。李克致力于基本面,白圭研究技术面。李克就是李悝,《汉书·食货志》记李悝"为魏文侯作尽地力之教",把农业发展起来,国家也变富强了。

> 故人弃我取,人取我与。

大众放弃的时候买进,大众争抢的时候卖出,渗透在《货殖列传》中的根本思想是相反理论。当然相反理论还有几个限制,也不是知道了理论就能发大财。

> 夫岁孰取谷,予之丝漆;茧出取帛絮,予之食。

丰收的时候收购谷子,把丝漆卖出来。等蚕茧出的时候就收购帛絮,把粮食卖出来。

> 太阴在卯,穰;明岁衰恶。至午,旱;明岁美。至酉,穰;明岁衰恶。至子,大旱;明岁美,有水。至卯。

还是在五行生克的坐标系中研究变化,只是进一步细致化。不但看三年总的变化,而且看三年中每一年的变化。明岁衰恶或明岁美的岁,应该包括两年,那么已经说了三年的情况。一开始是太阴在卯,然后至午,至酉,至子,兜了一个圈子再至卯,这样完成周期。这里给出坐标系,如果具体运用,相关因素都要重新考虑。

> 积著率岁倍。

他做生意的利润一年可以翻一倍。这个收益率高得不得了,远远超过巴菲特。巴菲特年收益百分之二十五,已经不得了。为什么会有翻倍那么多?大概是牛市多赚点,熊市再赔些进去,削峰填谷。

> 欲长钱,取下谷;长石斗,取上种。

"欲长钱,取下谷",薄利多销,周转快,做大数量,所谓跑量。如果想让钱多起来,那么把下谷大量收进来,而且越便宜越好,只要卖出价格比买入价格高一点就行。"长石斗,取上种",买来要放上一段时间,一定要可以做良种的谷子,收获才可能多。前者就是短期的投机,后者就是长期的投资。一个买的是垃圾股,买进后只要价格高一点就卖出,一年周转七八遍甚至更多。一个买的是优质股,耐心收集筹码,并不很快卖出去,等着它慢慢成长起来。无论投机还是投资,根本目的都在于赚钱。两种方法运用起来有矛盾,一般人很难同时驾驭。白圭交替使用这两种方法,达到"积著率岁倍"。

能薄饮食,忍嗜欲,节衣服。

他对自己有严格要求,做生意要做好吃苦的准备,不可以先考虑享福。你看他伙食差一点也不要紧,衣服穿得破旧点也不要紧,虽然也想放纵享受,但眼看跟经济利益发生冲突,那就再熬一熬。你去看电影中那些经营山西钱庄的人,穿着像土老老,对欲望有所节制,成本才可能降低。第一代做生意的人都是很朴素的,这样才能开创出家业。他们的子孙往往就奢华了,于是又一点点衰落下去。

与用事僮仆同苦乐。

做领导的人要身先士卒,跟部下同甘共苦。如果你高高在上,摆出一老板的架子,别人不会有动力去奔走。

趋时若猛兽挚鸟之发。

一旦看到机会到来,反应异乎寻常地快,好像形成了动物本能。狮子追猎物有多难,猎物也会拼命地跑,你要比它还快,否则就得饿死。猛兽挚鸟,地下跑天上飞。短线追时间,非常快,有爆发力。

故曰,吾治生产,犹伊尹、吕尚之谋,孙吴用兵,商鞅行法是也。

于是白圭作了总结,这里"治生产"是做生意的意思,也有人说"产"是衍文(《考证》引《汉书》无"产"字)。"伊尹、吕尚之谋",大政治家的谋略。"孙吴用兵,商鞅行法是也",孙吴军事,商鞅刑法,都达到极高的水平。

> 是故其智不足与权变,勇不足以决断,仁不能以取予,强不能有所守,虽欲学吾术,终不告之矣。

"智不足与权变",只有达到权变才是智慧,不是执著死的原则,临时要能够变通。"勇不足以决断",扭扭捏捏的人,不敢承担风险。"仁不能以取予",钱锺书对这句话有解释:"以取故予,将欲取之,则姑予之;《后汉书·桓谭传》所谓'天下皆知取之为取,而莫知与之为取'是也,非慈爱施与之意。"(《管锥编》第一册,中华书局,1986,385页)因为要从你这儿多拿点,于是先给你一点,予是取的手段。我觉得,如果把取予两边平衡起来,可能更符合白圭的思想。仁就是人际交往,仁从二人,是互动的关系。"仁不能以取予",拿得起放得下,非常爽快。在人际互动关系中,不能每一笔交易都考虑得失。当然他还是有其经济目的,但在局部没那么直接。"强不能有所守",必须有所坚持,有的地方需要苦熬,最终拼的是长久的毅力。"虽欲学吾术,终不告之矣。"可见他的门槛也不低。没有这些素质的人,即使要来跟我学,我也不收你为徒。

这些是他入门的基础,这些基础已经变化了。"伊尹、吕尚之谋,孙吴用兵,商鞅行法",还有智、勇、仁、强,这些都是治国方略或者人生美德。这些方略和美德本身都是大学问,可是到白圭这儿,他作了实用性的解释,已经不再是原来的意思。白圭把天上的东西应用到地下来,只是多少还包含着天上的影子。等而下之的人连这些影子都没有,那就是完全的唯利是图。

> 盖天下言治生祖白圭。

白圭是一切从商之人的祖师。

> 白圭其有所试矣,能试有所长,非苟而已也。

试指有所行得通,《论语·子罕》孔子说"吾不试,故艺",因为到处碰壁,反而把本事练大了。白圭的才能有所体现,有所发挥,不是随随便便的啊,它也是一套学问或者技艺。

四

《史记·货殖列传》禀承的投资理论是相反理论。这是最古老的投资理论,也是最古老的投机理论。传中此类语句不一而足:"物贱之征贵,贵之征贱。""旱则资舟,水则资车。""贵上极则反贱,贱下极则反贵。贵出如粪土,贱取如珠玉。""人弃我取,人取我与。"相反理论是古典投资理论的精髓,现在看来也差不多是对的。在市场牛熊循环的转换中,在事后也往往能够看见,有一些秉承相反理论而成功的人。

相反理论听上去简单易行,实际上并不容易。这里必须注意两个方面。一个方面,相反理论发生在比较长的时间周期中,但是无法判断这个时间周期有多长。《货殖列传》在"计然"处描述了三个周期:第一个周期,"岁在金,穰;水,毁;木,饥;火,旱",三年一个阶段。第二个周期,"六岁穰,六岁旱",六年一个阶段。第三个周期,"十二岁一大饥",十二年一个阶段。此外在"白圭"处还描述了第四个周期:"太阴在卯,穰;明岁衰恶。至午,旱;明岁美。至酉,穰;明岁衰恶。至子,大旱;明岁美,有水。至卯。"把三年的阶段细化到一年。传中出现的四个周期,可以组合成一个周期,总的来说没有超过十二年。十二是一个特殊的神秘数字,在英语中,一打(dozen)就是十二。构词法从 one 到 twelve 有其一致处,然后从十三开始新的序列。

这里有一个问题,在《货殖列传》看来,没有超过十二年的周期。因为传中的人物是投资家,和哲人不一样。投资家的周期不能太长,相传凯恩斯有名言,从长期来看,我们都是要死的。投资家就是要在这一生成功,而哲人不一定要在这一生成功。像尼采宣称有的人到死后才出生,他心目中大概是自己吧。有的哲人在一生很晚的时候才成功,比如说叔本华,但是生前还看得见,而最大的哲人生前是看不见的。孔子生前没有取得什么看得见的成功,一直到死后才一点点两样了,真正起比较大的作用是在几百年以后,当然那也是进一步被误解的时候。哲人研究的学问,比如说岁差,七十多年过一度,几乎一生都未必能看到一度的变化。投资家或者投机家的周期,一般不超过十二年,最多二十四年,不会太长,太长就不看了。

看一个循环周期十二年,如果你要看明白,大概至少要看两遍,这就需要二十四年。因为你在第一次看到时,会以为是纯粹偶然的现象,寻找不出其中的规律。第二次在完全不同的形势中,你会看出来不一样中有相同的东西。要了解这样的两个周期,需要二十四年。即使是绝顶聪明的人,一般也要到第二个周期过了一半以后,才能大体看明白。那么十二年必须再加上六年,至少要十八年。这样说来,要对十二年的周期大致有一个把握,差不多二十年过去了。"岁在金,穰"这套投资理论,计然本人应该是看明白的,就算他绝顶聪明,要对周期相对有一个把握,一般二十年就过去了。而二十年过去以后,一个人的好时光也差不多过去了。所以说,计然这个人只能做老师,不能自己来"三致千金"了。信奉这套理论的实行者,那就是范蠡。我判断下来,在吴越争霸的时候,范蠡一定还是青年,在越王那儿前后有二十多年(前494?—前473?),"十年生聚,十年教训"。那么驾一叶扁舟出走的时候,也不过是四十多岁的壮年。这样以后"十九年之中三致千金",才大致能摆平。

"岁在金,穰;水,毁;木,饥;火,旱。"这十二年的过程也不是死的,具体变化还需要另外判断,不应该是机械的一套。其中"岁在木,饥"可能有错误,可以从几个方面推论。第一,根据"岁在金"云云,只有三年收成好,九年都有灾害,这和"六岁穰,六岁旱"不合。第二,《越绝书》卷四《计倪内经》于金穰、水毁、火旱均相合,但是作"三岁处木则康"。康是小丰收,可以相当于"穰"。第三,白圭说"太阴在卯,穰",卯为东方木,也相应于处木则康。但是即使将"木饥"改成"木康",从"明岁衰恶"来看,这三年也不是年年都好,所以"木饥"也未必错。而且从十二年整体来看,有相当部分的年成是不好的。这里的思想应该来自《易经》,传统有所谓"忧患学《易》"(《系辞下》:"《易》之兴也,其于中古乎,作《易》者其有忧患乎")。在判断客观的形势时,需要对坏的可能考虑多一点,有时还应该准备对付小概率的极端情况。事实上也是这样,尤其在没有思想准备的情况下,遭遇坏的情况肯定要比好的情况多。这也符合现在讲的一句话,"熊长牛短"。人生好的时间很少,社会上好的时间也很少,你在坏的地方都能够立足,做事情才可能获得成功。

另外还有一个方面,"贵上极则反贱,贱下极则反贵",这个"极"无法判断。前面讲周期有多少长,是时间无法判断,这里讲什么地方是极,是空间无法判断。往往在一个升势中,升了还要升,在一个跌势中,跌了还要跌。如果你主观认为到极了,贸然进出,会亏损得很厉害。理解这个理论,单单认识极是不够的,用《周易》思想来补充,就是"六七八九"四个数,也就是"体七体八,用九用六"。七是阳变阳,八是阴变阴，这是趋势的维持。而九是阳变阴，六是阴变阳，这就是趋势的改变，也就是极。七八阳变阳或者阴变阴，其实也已经变了，但是不容易看出来。所以用《周易》的四象解，比单单用两极解，内容要丰富。当然判断还是可能出错，最后的判断，需要高度的智慧，还需要高度的经验，而且免不了有幸运的成分。说到底还是需要生意眼，《论语·先进》称"亿(億)则屡中"。其实"億"也可以看作数量词，对于大的数量来说，子贡也只是"屡中"，没有也不可能百发百中。

所谓极就是阴变阳和阳变阴，在转变的时候，会有很明显的指标。在事后看来非常清楚，但在当时看不出来。在下判断的时候，同时用几套方法互相验证，还要知道可能会出错，自知其无知，大概才不会自以为是，发生无法弥补的亏损。这个古老的投资理论，现在也应该适用，当然其中还有许多曲折。在整个周期中有很多相对的地方，用老子"道可道，非常道；名可名，非常名"来描述更为准确，可以包含无数的变化。《史记》没有复杂到这样的程度，司马迁就抓住两个极点，对还是对的，可能比较简单化。

前一次讨论中，还提到古典作品的意义和经济人假设。有一种观点认为，司马迁讲了半天，不就是讲了一个经济人假设吗？那么还需要读古典作品干什么？我的尝试解释是，读古典作品目的是研究古今的联系，探索的是人心和人生，是爱智慧的活动，这和经济人假设之目的在于应用有所不同。为什么对经济人假设既承认又有保留呢？我有一个观点，最珍贵而最容易忽略的就是人心和人生，而理财的精髓在于认识自己的精力分配。应该把经济人假设看成人类思想成就的一部分，也是探索整体人性的一部分，这才是明心见性或者认识你自己。对于人来说，真正想获得的还是幸福，经济活动不过是途径和手段。那么经济是不是获得幸福唯一的路，获得幸福还有没有其他的路，这些都值得深入研究。

经济人假设的提出者亚当·斯密是一位伦理学教授,研究经济学如果达到极致,必须关注伦理学的领域。对于人生的整体来说,经济、政治、哲学,彼此之间是不能割断的。《独立宣言》宣示人的生命权、自由权和追求幸福的权利。经济人只是相应了基础部分的生命权,还有政治人相应自由权,还有道德人或者伦理人相应追求幸福的权利。当然道德人或者伦理人还不够,甚至还可能有哲学人或者宗教人,可以有不同的选择。古典作品的内涵比较深厚,它涉及人性的多方面内容,经济人假设不过是其中一方面,如果认为人性除了这个部分没有其他,对人生必然会造成伤害。当然经济人假设还有一些变化,比如说人的一些利他行为也可以纳入自利的范围来看。虽然也未尝不可,但是跟原来经济人假设的物质性自利行为,已经两样了。

再回到《货殖列传》。讲到第三次,我觉得基本上精华已尽,最好的东西讲完了。前面都是上古传下来的经验,而后来就是汉代的事实。以下的内容虽然不太重要,无论如何还是有少量营养。一刀切完以后,再捡回来讲一点。

> 猗顿用盬盐起。

猗顿是陶朱公范蠡的弟子。当时有两种盐,一种是内陆的盐,一种是海盐。盬盐是内陆盐池里的盐,现在青海、甘肃一带还出产此类盐。山西运城有盐池,在古代很著名,我还和朋友去看过。

> 而邯郸郭纵以铁冶成业,与王者埒富。

一个做盐成功,一个做铁成功,于是富甲王侯。盐铁是当时主要的经济命脉,以前主要民营,汉武帝时改官营。后来桓宽写了一本《盐铁论》，记录汉昭帝时一场大辩论。贤良、文学站在民间一边，主张不要扰民，反对垄断。桑弘羊站在中央一边，坚持由国家专营。官营比起民营来，容易滋生腐败，通常效率低一些，但是国家运作需要财力支持，尤其边境上还有匈奴的侵掠，这样做可以增加收入。后来的小说中，也有相关的情节。《隋唐演义》中程咬金是贩私盐出身，因为盐的成本非常低，国家卖很高的价钱，于是走私就可以发大财。贩私盐要用武力保护的，国家不允许，当然有暴利在驱动。

乌氏倮畜牧，及众，斥卖，求奇缯物，间献遗戎王。

乌氏是县名，倮是人名。这个人把马啊牛啊繁殖多了以后，全部卖出。然后搜求珍贵的丝织品和其他宝物，寻找机会送给少数民族的首领。"间"是等候机会，悄悄地，没人知道，在他可以接受的时候。"遗"读 wèi，赠送。

戎王什倍其偿，与之畜。畜至用谷量马牛。

他得到十倍的回报。给他的马啊牛啊不是一头一头的，是满山满谷的。真有钱的人不数钱，马牛多的人也不数马牛，满山满谷地送。

秦始皇帝令倮比封君，以时与列臣朝请。

秦始皇给予他和封君同样的待遇，允许他和其他臣子去觐见。封君指领受封邑的贵族，乌氏倮因为富裕，可以跟有地位的人平起平坐。

而巴寡妇清，其先得丹穴。而擅其利数世，家亦不訾。

还有一个巴邑的寡妇,她的祖先得到丹穴。于是专营这个矿点好几代,家里的钱多得没法数。

清,寡妇也。能守其业,用财自卫,不见侵犯。

寡妇通常是很穷困的人,因为失去丈夫的经济支持。但是她能守住祖上传下来的产业,用金钱来保护自己,没有人敢于冒犯她。

秦皇帝以为贞妇而客之,为筑女怀清台。

因为寡妇清有钱,秦皇帝以待客之礼对她,为她筑了怀清台。

夫倮鄙人牧长,清穷乡寡妇,礼抗万乘,名显天下,岂非以富邪?

一个乡下管牛羊的人,一个穷乡僻壤的寡妇,他们凭经济实力,受到皇帝的尊重。乌氏倮、寡妇清这些人和前面的范蠡、子贡不能比,相差好几个档次。"子贡一出,存鲁,乱齐,破吴,强晋而霸越",差不多等于现在大跨国公司的董事长,与一般国家的国君"分庭抗礼",也没有感到低人一等。到秦始皇的时候,乌氏倮、巴寡妇这些人再了不起,"礼抗万乘",也只能居于臣列。这就是一统天下以后的变化,春秋时代的气概没有了。

汉兴,海内为一。开关梁,弛山泽之禁。

由秦到汉,重新统一。关是关隘,梁是桥梁,开关梁,互通有无。山泽是虞的领地，过去禁止进入。现在政策宽松了，允许普通人自由开采。

是以富商大贾周流天下，交易之物莫不通，得其所欲，

过去打仗的时候，道路不通行，现在通行了。大家做生意，所有的东西都买得到。只要有钱，想买什么就能买什么。

而徙豪杰诸侯强族于京师。

汉初因为中央的控制力还不够强，担心六国的豪杰、诸侯、强族在地方上成为不稳定因素，于是迁徙到京师看管起来。其中最要紧的一件事，是把齐国的田氏一族搬到京师来，造成从汉代开始的《易经》的流传。

先秦时代《易经》的流传，大都是朦朦胧胧的传说，不完全靠得住，也没有确切的证明。而齐国懂《易经》的田何到了京师以后，后边的流传清清楚楚。由谁传给谁，以及这些人的大致生卒年，都可以考得清楚。其中有一支传于太史公，也就是《太史公自序》的"受《易》于杨何"，杨何传于司马谈，司马谈传于司马迁。所以说，《史记》有着明明白白的易学传承。在中国古代要作出创造性贡献，跟《易经》完全没有接触是不可能的。司马迁也懂一点易学，否则《史记》这本书写不出来。

正文的连续讲解到此为止。以下有选择地跳着讲。

由此观之，贤人深谋于廊庙，论议朝廷，守信死节隐居岩穴之士设为名高者安归乎？归于富厚也。

这是《史记》提出的经济人假设。贤人在朝廷里殚精竭虑,讨论军国大事,这是朝。还有一部分人隐居于山林,把自己的名声炒高,这是野。两件事统一在哪儿呢?都脱离不了各自经济目的。

> 是以廉吏久,久更富,廉贾归富。

"三年清知府,十万雪花银",做官的时间长了,各项收入积累起来还怕少吗?如果做贪官就做不长,平衡下来还是不合算。但是一般人尝到甜头后会上瘾,于是往往控制不住了。"廉贾归富",好比薄利多销,虽然赚得少一点,而一旦有了品牌效应,还是会更富有。

> 富者,人之情性,所不学而俱欲者也。

企图占有更多的财富,是人的天生本能。

> 此有知尽能索耳,终不余力而让财矣。

司马迁前面举好多例子,这里是一句总结,有千钧之力。在商场上竞争,如果他输给你,那肯定是智慧和能力用完了。索,也就是尽。如果还有一点点多余的力量,绝对不可能藏着不用。

> 谚曰:"百里不贩樵,千里不贩籴。"

因为运输成本太高。把粮食千里迢迢运到京城去,自己在路上就要吃掉一大半。

居之一岁,种之以谷;十岁,树之以木;百岁,来之以德。德者,人物之谓也。

停留一年要种粮食,停留十年要种树木,百岁则要"来之以德"。对于德司马迁有自己的解释,人物是人再加上物,而不是空谈的道德。人,包括人所依附的经济条件,也就是前文的"富贵之门而仁义存焉"。贤人的"贤"从贝,有钱财的意思。

今有无秩禄之奉,爵邑之入,而乐与之比者,命曰"素封"。

虽然没有做官,却可以获得同样的享受,称为"素封"。张守节《正义》:"言不仕之人,自有园田收养之给,其利比于封君,故曰素封也。"素封是经济和政治的关系,相对于素王是哲学和政治的关系。素封是做臣子,因为经济抬不过政治。而素王是思想,而政治其实脱离不了思想。哲人在根本上有其危险性,跟王存在着竞争,无论如何不肯接受流行的意识形态。

封者食租税,岁率户二百。千户之君则二十万,朝觐聘享出其中。

封指的是吃租税,比方说千户侯,千户的租税就归于他。每一户出二百,那么千户侯的收入就是二十万。朝觐是朝见天子,春曰朝,秋曰觐。聘是诸侯相互往来的礼节,享是祭祀和宴请。"朝觐聘享出其中",千户侯的开销都是从这里来。

庶民农工商贾,率亦岁万息二千,百万之家则二十万,而更徭租赋出其中。

一般老百姓也可以达到这种程度的收入。"率亦岁万息二千",一般来说,一万每年有二千的利息。古代的利息比较好算,一般就是20%。下边还会讲,如果利息在20%以下,这单生意就不做了。如果生息资产达到一百万,也有二十万的利息。"而更徭租赋出其中",朝廷要来收赋税之类,这些开销可以用来买断社会义务。比如说服兵役,如果不出人,可以出钱代替。

衣食之欲,恣所好美矣。

想吃什么想用什么,都可以达到目的。一个人有广泛的享受选择,几乎不受限制。

此其人皆与千户侯等。然是富给之资也,不窥市井,不行异邑,坐而待收,身有处士之义而取给焉。

千户侯也只不过是这点出产,有财富也可以有这点出产。既有丰富的物资供给,又有处士的名声,做官不再有优越性。这就是《史记》为"素封"所描画的美好图景。这是在和平环境下,也许有空想的成分吧。政治和经济真有可能各安其位,彼此没有冲突吗?

若至家贫亲老,妻子软弱,岁时无以祭祀进醵,饮食被服不足以自通,如此不惭耻,则无所比矣。

家中贫困,双亲衰老,妻和子有待抚养,过年祭祀时没有钱上供品,吃饭穿衣也成问题。在这种情况下，你如果还不感到羞愧，那也就没什么话可说了。

  是以无财作力，少有斗智，既饶争时。

  没有钱的人卖力气，稍微有些钱的人斗智力，更有钱的人抢时间。财富来自对时间的认知，"既饶争时"，呼应前文的"与时逐而不责于人"。

  此其大经也。今治生不待危身取给，则贤人勉焉。

  这是大体的框架。现在列出两条治生的道路，一条不待危身取给也就是经济的道路，一条危身取给也就是政治的道路。危身指这条道路上存在致命的风险，取给指获得经济收入。曾经有一段时间，官员没有退下来的路，不仅仅是思想道德的问题，还有经济基础的问题。当年华盛顿不愿意继续做总统，不仅仅因为他个人的品行高尚，也因为有一群读书人盯着他，不允许出现独裁的苗头。此外还因为他在经济上有退路，从政多么累，而回去有老婆孩子和庄园。如果退下来没有田地，那么就是一个无拳无勇的糟老头，甚至丧失安全的保障。所以怎么肯放弃权位呢？这也是政治斗争异常严酷的原因之一。

  是故本富为上，末富次之，奸富最下。

  本富是农业，末富是商业。中国古代提倡崇本息末，就是崇尚农业，抑制商业。本富是生产领域，末富是流通领域，奸富是欺诈领域，比如说卖假货，以及毒奶粉地沟油之类。

> 无岩处奇士之行,而长贫贱,好语仁义,亦足羞也。

没有岩处奇士的行为,喜欢空谈仁义道德,不感到难为情吗?"长贫贱"不是长时间的贫贱,而是以贫贱为长,觉得这是优点。司马迁在这里留下了余地,有岩处奇士之行就可以。比如说,伯夷、叔齐就可以,这是流传千古的人(《史记》置于列传之首)。又比如说,颜回、原宪也可以,原宪对学问的理解足以和子贡抗衡(参考《韩诗外传》卷一之十),更不用说颜回了。前文批评"户说以眇论",眇论其实还是有作用的,但那是对少数人,"户说"当然行不通。没有伯夷、叔齐的品行,你要模仿或伪装,那还不如直接去赚钱。司马迁讲的都是对的,但还有一丝悲愤情绪没有消除。《史记》的文章跌宕起伏,其中的弦外之音,推广起来,还是会有一点问题。

> 凡编户之民,富相什则卑下之,伯则畏惮之,千则役,万则仆,物之理也。

编户之民也就是普通老百姓。你和我彼此不用话多,大家亮亮财力就好了,谁份额大谁占上风。你比我大十倍,我就自感比你低下。百倍,我看到你就害怕。千倍,你就可以差遣我。万倍,你侮辱我也可以接受。如果还在小人的阶段,那肯定不会错,就是这个规律。

> 夫用贫求富,农不如工,工不如商,刺绣文不如倚市门,此言末业,贫者之资也。

怎样比较快地脱贫达到富裕,"农不如工","工不如商"。而"刺绣文"做针织品,不如卖笑"倚市门"。"倚市门",也就是上文的"今夫赵女郑姬,目挑心招"之类。做这些行业,当然不是最佳选择,但是没有办法,贫困到一定程度,只能以此谋生。

> 贪贾三之,廉贾五之,此亦比千乘之家,其大率也。

有一种解释,做一笔生意,贪贾取三分之一的利,廉贾取五分之一的利。还有一种解释,贪贾能取得十分之三的利,廉贾能取得十分之五的利。贪贾对利润的要求太高,容易错过机会,而廉贾薄利多销,实际上赚得并不少。

> 佗杂业不中什二,则非吾财也。

如果其他杂业的利润没有达到百分之二十,这笔生意就不做了,因为成本核算下来赚不了。当时利息的水平是百分之二十,那么从事其他杂业的利润应该不少于百分之二十。

> 贫人学事富家,相矜以久贾,数过邑不入门。

对于社会阶层的风气转移来说,往往是上层的生活习惯依次向下层传递。穷人也想模仿富人致富,但是赚钱哪有那么容易,于是只能互相比较谁做生意的时间长。家里要是看不见这个人,长期在外跑单帮,说明他有出息。"数过邑不入门",就是白居易《琵琶行》的一句诗:"商人重利轻别离。"

> 皆非有爵邑奉禄弄法犯奸而富,尽椎埋去就,与时俯仰,获其赢利,以末致财,用本守之,以武一切,用文持之,变化有概,故足术也。

没有政治的支持,也没有触犯法律,这些都是合法致富。"尽椎埋"可能是写错了,一般认为应该是"尽推理"。"推理"不是指形式逻辑的推理,而是看情势而动,测算、思考、判断。"去就"是买进卖出。"与时俯仰",随时间波动而低买高卖。"获其赢利",由"货"而"殖",取得利润。"以末致财,用本守之",通过商业而快速致富,然后从流通领域投资于生产领域,做规矩生意,把钱洗白。"以武一切,用文持之",前者不管不顾一刀切,看准机会,先做了再说。后者很细心地一点点清理,不能马虎大意。这一经济观点,似乎取象于汉代的政治。《郦生陆贾列传》陆生曰:"居马上得之,宁可以马上治之乎?且汤武逆取而以顺守之,文武并用,长久之术也。"从投机得来的钱,如果一天到晚再去投机,时间长了必然会输回去。所以中国几千年来的风气,赚了钱就往往买地,到现在房地产还是支柱产业。"变化有概",货殖活动没有死道理,但有活道理,虽然有变化,还是能够摸索出大致的规律。"故足术也",所以值得称述(术通述)。

> 若至力农畜,工虞商贾,为权利以成富,大者倾郡,中者倾县,下者倾乡里者,不可胜数。

农(畜)、工、虞、商(贾),也就是前面所说的四民。"为权利",权和利是两个字,权是政治利益,利是经济利益。现代的"权利"一词和古代同形,但意义不同,古代有两个意思,现代只有一个意思。同时还应该分清两个意义近似的词,一个是权力,一个是权利。前者用于征服他人,后者用于保护自己,此消而彼长。各种各样发财的人,有其档次和级别,大的可以在地区称富,小的只能在乡里称富。

> 夫纤啬筋力,治生之正道也,而富者必用奇胜。

一切物品的最终价值都来自劳动,而致富的人剑走偏锋,不断寻找新的未经开发的领域,另外走一条独特的道路。

田农,掘业,而秦扬以盖一州。掘冢,奸事也,而田叔以起。博戏,恶业也,而桓发用富。行贾,丈夫贱行也,而雍乐成以饶。贩脂,辱处也,而雍伯千金。卖浆,小业也,而张氏千万。洒削,薄技也,而郅氏鼎食。胃脯,简微耳,浊氏连骑。马医,浅方,张里击钟。

田农虽然看上去笨拙,也能做到富甲一方。掘业是拙业,不是掘矿的意思。盗墓虽然不是正经生意,由于挖到财宝,也有人靠它发了财。赌博是不良产业,有人凭它致了富。做生意跑单帮,算不上男子汉建功立业,有人获得了成功。贩脂大概指卖油,不是光彩的行当,有人赚足了千金。卖汤水豆浆之类,不过是小生意,有人也许经营连锁店,成了千万富翁。磨刀打剑,这是平常的技艺,有人从事它过上了好日子。胃脯可能是牛肉干、猪肉脯之类,很不起眼,有人因此坐上最豪华的马车。兽医并不需要很高的医术,有人获取了富贵的生活。

此皆诚壹之所致。

那些人的成功并不是偶然的。做一件事需要非常地专心致志,才能真正发挥出创造力。"三百六十行,行行出状元","出状元"就是打破均衡,在本行业做到领先。《货殖列传》记载了很多人发财,非常吸引人,我想提出的质疑是"而今安在哉"(语出苏轼《前赤壁赋》)?天下的财富在根本上就是聚散不定的,每一代都有人往上走,但同时也有人往下走,这些都是变化的象。不可能有一个行业保持长期领先,也不可能有一个家族保持长久富裕,读书人关注时间,应该看到更高的境界。

由是观之，

总结陈辞。

富无经业，则货无常主。

从事哪一个行业就能致富？没有确定的行业。货者，活也，本来是变来变去的。

能者辐辏，不肖者瓦解。

能人来这个场所显身手，而不肖者在此遭遇崩溃。

千金之家比一都之君，巨万者乃与王者同乐。

家里如果有这么多的财富，和这个地方最有权势的人可以并列。财富真的达到某个数量级，那就差不多和国王一样获得了相对的自由。

岂所谓"素封"者邪？非也？

最后再一次强调素封，这是本传的关键词汇。素封就是用经济系统来对抗政治系统，素王就是用哲学系统来对抗政治系统，这三个系统是相通的。

《五灯会元》讲记：无著文喜

有一些问题不值得花脑筋，在佛教看来可以归于戏论。值得花脑筋的问题是有的，比如说《五灯会元》卷九的无著文喜章次。这篇文章中的"前三三后三三"，我觉得可以考虑一段时间。什么是"前三三后三三"？有很多人探讨过，没有得出统一的结论。据说千年以来也没人知道这句话讲什么，我想可能是夸张了。但是确实有人考虑了十几年或者几十年，甚至考虑了一生，都没有考虑出结果来。禅宗的问题往往没有答案，其实有答案没答案随你讲，最终还是有对有不对。曾经有人想去老师那儿问答案，他问了第一个老师，这个老师说我今天累了，你去问第二个老师。问第二个老师，他说我今天头痛，你去问第三个老师。问第三个老师，他说我也不会。最后回到第一个老师那里，第一个老师说，那两个家伙原来是这样啊，还是没有给你答案。

禅宗的教学方法，有时候就是这样，把人三角短传式地踢来踢去，有的人还是被蒙在鼓里，有的人就此开悟了。好比参加考试，你必须交出答卷，却没有标准答案。这个答案全在老师手里，他说行就行，他说不行就不行。在禅宗的全盛时期，最难通过的人之一是石头希迁（700—790），他写过一篇佛教的《参同契》，还留下一句有名的话"石头路滑"。"石头路滑"可以比拟《奥义书》的"刀锋"，你走不过去，上去就滑一跤。他不会让你轻易通过的，你想编个理论来糊弄他，但是糊弄不过去。糊弄别人也许可以，但是老师糊弄不过去，自己的内心也糊弄不过去。如果遇到石头希迁这样的老师,我大概也会害怕,决不可能开得出口。这里只是初步的解析,真的想理解禅宗,还必须另外找一条路。

> 杭州无著文喜禅师,嘉禾语溪人也。

嘉禾在今浙江。

> 姓朱氏。

这是俗家姓。

> 七岁,依本邑常乐寺国清出家剃染。

他幼年就出家了。"剃染",剃头发,换衣服。"染"是把素衣换成缁衣,也就是把俗家衣换成出家衣。

> 后习律听教。

出家后"习律听教",是后来变化的基础。没有基础自然不行,但是不是最终的地方呢?还有下文。

> 属会昌澄汰,反服韬晦。

这就是有名的"会昌法难",会昌是唐武宗的年号,总共有六年,时间为公元841—846年。"澄汰",大量的清洗淘汰。唐王朝在总体上是信佛的,"会昌法难"是破坏佛教的一场大行动。在这场行动中,寺庙被毁四千六百余座,二十六万人还俗。"反服",穿回俗家的衣服,也就是还俗了。"韬晦",韬光晦迹,收敛起锋芒和踪迹。他内心深处的想法没有改变,但外表上不谈佛教了。

"会昌法难"是"三武一宗"禁佛活动之一,在中国历史上有大影响。唐代前半期的佛教八宗,经过这一场"法难",其他宗派都难以复兴,只有禅宗异峰突起而有大发展。"会昌法难"破坏佛教的前因之一,跟唐宪宗元和十四年(公元819年)韩愈的《谏迎佛骨表》有关系。这个佛骨一般认为就是1987年在陕西法门寺发掘出来的佛指舍利,国家列为一级文物,曾经到台湾、香港和韩国巡回展出,引起轰动。当时的唐王朝相信得不得了,前后"七迎佛骨"。皇家求福延寿,把佛骨迎到宫里来供养,排场非常奢华。韩愈坚决反对,于是触怒皇帝,把他贬成潮州刺史。韩愈《左迁至蓝关示侄孙湘》:"一封朝奏九重天,夕贬潮阳路八千。"说的就是这回事,以后还附会了八仙之一韩湘子的传说。

韩愈的政治立场在于儒家,《原道》提出了道统说。从尧传之舜,舜传之禹,禹传之汤,汤传之文武周公,文武周公传之孔子,孔子后来传之孟子。此外还有两个人,荀子和扬雄,"择焉而不精,语焉而不详"。他对佛教的否定态度,实际上是"会昌法难"的前驱。《原道》有名言:"人其人,火其书,庐其居。""人其人"把和尚变成平民,"火其书"烧毁佛教的经书,"庐其居"把寺庙改回居所。这其实是非常严厉的制裁,对佛教可以说是釜底抽薪。钱锺书《管锥编》说,佛教的人不怕理学家和他辩论,怕的就是韩愈之类的直接辟佛(《增订》引《阅微草堂笔记》卷一八,第五册,116页)。

韩愈上《谏迎佛骨表》那一年,柳宗元死。会昌二年,刘禹锡死。唐代有很多诗人,生活在这样的背景之中。韩愈是文学家,我不完全赞同,但是他在"谏迎佛骨"这个局部是对的。实际上"迎佛骨"真是迷信,根据统计,唐代皇室的七迎佛骨,有五次结局是不好的。迷信真的用不着,但人的崇拜心理没办法。多数皇帝迎佛骨以后也未能善终,"武则天二次迎佛骨,当年即让位于李显并病死";"中宗以发代身送还佛骨,同年便被妻女毒死",这是太平公主的时候。"肃宗迎奉佛骨次年驾崩";"宪宗迎奉当年误吞金丹,死于非命",这是韩愈的时候。"懿宗亦于迎奉三个月后去世。其后三十年,唐朝便灭亡了。"(陈洁《话说唐代七迎佛骨》,《大地》2001 年第 25 期)事实说明,迎佛骨跟国家的福祉没有关系。佛家有深刻的内容,但是皇帝不懂,就是喜爱华丽的排场。韩愈拼命反对,于是撞到枪头上了。韩愈谏迎佛骨在公元 819 年,其实说得早了些。只不过差了二十二年,这件事情就实现了。用现在的话来说,韩愈在宪宗时候是"政治不正确",到"会昌法难"的时候是"政治正确",以后再过多少年又是"政治不正确",这里有一个时间差。

"澄汰",其实就是淘汰。天地不仁,圣人不仁中有一点东西,这点东西是淘汰不了的。"天地悠悠,过客匆匆","浪淘尽千古风流人物"。这个淘汰天地之间一直在进行,根本就是无情的,没有人留得下来。在历史中真正站得住的人,比如说老子、孔子、庄子,才是真正的了不起。在禅宗里南泉斩猫儿,也是真正的了不起。那时候透出来的一道光明,一直到现在还有力量。如果讲一句话能留下来,千百年以后的人看了,还是有感发,那也是了不起。中国人讲"立德,立功、立言","修辞立其诚",要立这个东西。

大中初,

会昌六年以后,唐宣宗即位,换了皇帝,佛教全部恢复。大中元年是公元 847 年。

例重忏度于盐官齐峰寺。

"例"就是按例,要履行手续。"重忏度",重是重新,忏度是忏悔超度,也就是重新登记,回归组织。"于盐官齐峰寺",盐官在海宁,以观潮而闻名,在杭州边上。

后谒大慈山性空禅师,空曰:"子何不遍参乎?"

他遇到性空禅师,真是幸运。这个人讲了一句话,对他起了关键作用,真是一语惊醒梦中人,否则一生就空过了。单单"习律听教"没有用,你应该到别处去走走,看看世界怎么样,听听别人怎么说。"会昌法难"以后,禅宗为什么反而能盛行?因为它是不依靠书本的。在当时的条件下,你没法去研究理论,书差不多都烧了,一时恢复不起来。

师直往五台山华严寺,至金刚窟礼谒。

文喜实际上也有自己的智慧。为什么呢?性空禅师一讲他就听进去了。根据我多年来的观察,一般来说,没有人能听得进别人的劝告。如果别人的劝告能听进去,一定程度上就是他自己有相应的想法。文喜从小就出家,还过俗,再返回。几次反复,心里有问题,一直没有放弃。正好性空禅师说了一句话,他就听进去了。不但听了进去,还要超上一层。性空禅师教他遍参,他没有照着做,而是直接往五台山去了。要去就去最好的地方,也不再到小地方绕弯子。老师提醒得好,他自己也有见识。

《华严经·菩萨住处品》:"东北方有清凉山,文殊菩萨与其眷属众,常在其中而演说法。"后世以为清凉山就是五台山,相传那里是文殊菩萨的道场。五台山佛教走的是显密圆通路线,文喜否定遍参而直往五台山,不知道有什么东西在召唤他。华严寺,据说澄观(737—838,一说738—839)在那里作《华严疏抄》,因此而得名。金刚窟在五台山的中路荒僻处,正因为传说此处发生了故事,后来才取了金刚窟的地名(《碧岩录》三五:"只是空谷,彼处后来谓之金刚窟")。以义理而言,华严可以说是显教的极顶,金刚可以说是般若会通于密。

遇一老翁牵牛而行,邀师入寺。

牵牛是禅宗的象,禅宗有牧牛图,比较流行的至少有三种以上(李岳勋《禅的牧牛图》,见《禅宗典籍研究》,396—397页。张曼涛主编《现代佛教学术丛刊》十二,大乘文化出版社,1977)。如果要理解禅宗,一定要读《牧牛图颂》。牵牛就是要管住这头牛,管住这个能量,管住这个无明。《遗教经》二:"譬如牧牛之人,执杖视之,不令纵逸,犯人苗稼。"牛是不大肯服帖的,牛脾气,不肯听人管。老翁牵牛而行,人和牛之间大概已经和谐了吧。

翁呼均提,有童子应声出迎。

随着这一声呼喊,立刻进入神奇的世界。学佛的人都知道,"均提"是文殊菩萨的侍童,好比"善财"是观音菩萨的侍童。日思夜想的天上人,忽然出现在眼前,到底是怎么回事?均提是大有名气之人,谁还会喊他的名字,而且一喊就马上回应?反过来看,照应出主人就是文殊。

翁纵牛,引师升堂。

把手上牵着的牛一放,这也是禅宗的象。牛会走到什么地方去呢?放一放又怎么样呢?修行在开始要牵牛,后来就要纵牛。牛如果你管不住它,它肯定会去吃草,吃吃吃吃,就去吃庄稼了。老翁牵牛牵到后来,把绳子一放,牛鼻子不用牵了,于是就和谐了。牛走着走着,不见了,到三界之外去了。文殊这样等级的菩萨,他做的任何动作,都合乎道理,可以深入想一想。老翁把牛放了,但在放牛之前他是牵着的。

牧牛是禅宗一个很大的话头,一般要考虑很长的时间。陆游《送辛幼安殿撰造朝》:"十年高卧不出门,参透南宗牧牛话。"(《剑南诗稿》卷五七)南宋大诗人和大词人的相应,就在牧牛的话头,可见当时的流行状况。"引师升堂",老翁带着他升堂入室,要谈深入的问题了。

堂宇皆耀金色,

真是神话的色彩,明晃晃的,满堂金色。

翁踞床指绣墩命坐。

"踞床"是古代的一种坐姿,大概是伸开腿坐,比较随便自在。"绣墩"是当时的坐具,形状可能类似沙发墩。在唐代椅子还没有流行,宫廷里也许有少量椅子,都是从西域传进来的。五代宋以后椅子才比较多,在以前都是床。这个不用椅子的传统,在日本还有部分保存,在我们这儿已经变化了。

翁曰:"近自何来?"师曰:"南方。"翁曰:"南方佛法如何住持?"师曰:"末法比丘,少奉戒律。"

"住持"这个词,用名词来讲就是方丈,管理寺庙的负责人。"人能弘道,非道弘人"(《论语·卫灵公》),用动词来讲,有佛法永住的含义。不是看一个人读过多少书,而是看他是否理解佛法。如果还有人理解,佛法就住持了。老翁问:"南方佛法如何住持?"就是问:"你们那儿是怎么修行呢?"文喜回答说:"末法比丘,少奉戒律。"这个时代不太好,我们也学得不怎么样,幸运的是,戒律方面还没有完全荒废,原来就是上面讲的"习律听教"。少奉的少,是 a little,不是 little。这是一句非常客气的话,在谦虚之中,多少包含着骄傲。

> 翁曰:"多少众?"师曰:"或三百,或五百。"

问:"有多少人呢?"答:"大概有三百到五百人吧。"

> 师却问:"此间佛法如何住持?"

回答了以后,文喜反问:"那么你们这儿是怎么修行呢?"

> 翁曰:"龙蛇混杂,凡圣同居。"

这句话气象非常大,人群中有好人有坏人,好人和坏人没法分清楚。其实到现在也是没法分清楚,潜规则甚至是逆淘汰,越是不好的人越是居上位。"龙蛇混杂,凡圣同居。"永远如此,有极好极好的大德,也有普通人,你不知道这个人是大德还是普通人。

> 师曰:"多少众?"翁曰:"前三三,后三三。"

那么有多少人呢？老翁的回答，给出一个千古之谜："前三三，后三三。"什么是"前三三，后三三"？以后在禅宗被当作话头参。老师用这句话来考学生，不知道有多少人在这句话上开悟了，也不知道有多少人在这句话上卡死了。这个"前三三，后三三"，我郑重推荐，大家可以想一想，看看能不能回应。这是中国文化极深的地方，极高明而道中庸。什么都要靠"前三三，后三三"透过去，最后落到非常平实的地方。

翁呼童子致茶，并进酥酪。师纳其味，心意豁然。

老先生叫侍童来敬茶，再给他点心——酥酪。他品尝到酥酪的味道，心里就亮堂了。在法国小说家普鲁斯特（1871—1922）那里，这就是小玛德莱娜点心，《追寻逝去的时光》中有名的段落（周克希译，上海译文出版社，2004，49—52页），真的是一模一样。普鲁斯特的描写，过去被渲染得有多么神奇，但是和本文比较，我觉得不过如此。原来他一直在这个境界里兜圈子，品味啊，回想啊，以为了不起。其实没什么了不起，禅宗的境界还要再深入好几层呢。"追寻逝去的时光"，追寻有研究的意思。普鲁斯特在半途停住了，中路取证，虽然已经很精彩了，其实还能再深入。

翁拈起玻璃盏，问曰："南方还有这个否？"师曰："无。"

老翁拿出来玻璃杯给你看，这就是破掉心意豁然再深入的地方。唐代的玻璃杯很少，即使有也是宫廷里使用的。玻璃杯用得比较普及，大概要到宋元以后。有两种说法，一种说法是中国原有的，出土文物中类似于瓦罐的东西，可能就是玻璃的原型。另一种说法是从外国传入的，因为制造玻璃需要高温，在唐代还很稀罕。

老翁问,我们北方有玻璃杯,你们南方有什么呢?近代以来西方文化进入,你们中国文化有什么呢?你要相应拿东西出来,有什么拿得出来呢?"拈起"用得好,使人想起有名的"拈花微笑"(《五灯会元》卷一释迦牟尼佛章次)。

翁曰:"寻常将甚么吃茶?"师无对。

你没有玻璃杯,那么平常拿什么吃茶?运水搬柴,无非妙道,就在寻常日用之间,这是禅门真正的工夫。老翁的语气虽然平淡,然而有很大的力量。把所有戒律都翻出来,就是没有拿什么吃茶这一条。真的没法回答,遇到了高手,不能不缩手缩脚。他的器物也比你先进,思想也比你先进,讲的内容你根本不明白。文喜被他逼一逼,讲不出话来,懵掉了。以前学那么多东西,到了这时候全然无用。

师睹日色稍晚,遂问翁:"拟投一宿得否?"翁曰:"汝有执心在,不得宿。"

看天色将近黄昏,差不多可以退堂了吧。文喜问老翁,我在你这里睡一晚,行吗?想来他从杭州来到五台山,一路上就是这样借宿而行的。一天一天地这样过,心里想着终究还有明天,以为永远有地方可以睡。"汝有执心在,不得宿。"毫不留情地拒绝了。我不供养你,要在这里睡一晚,你的程度还不够。再说这里讲的是神话,在空中你根本上不去。

师曰:"某甲无执心。"

某甲是文喜的自称。我没有执著的心,否则来这里干什么。如果执著于习律听教,我在杭州过得蛮好的,来五台山多辛苦啊。1998年我到五台山去,一路上火车乘了好长时间。唐代的交通没有现在好,从杭州去一趟五台山不容易。其实这个不执著就是执著,自己执著了还不知道。

翁曰:"汝曾受戒否?"师曰:"受戒久矣。"翁曰:"汝若无执心,何用受戒?"

一定要把你的根本拿掉,如果没有执著的心,又何必受戒。这里类似房子和家的关系,你能找的只是房子,问题是怎样使房子安顿成为家。你学的戒律也是房子,而要找的家不在这里。反过来说,真的不要戒吗?那也很难说。因为你执著这个戒,所以非要反掉不可。真的没有戒,那就是另外的禅机了。所以要注意,这里不是主张戒律荡然。

师辞退。翁令童子相送,师问童子:"前三三,后三三,是多少?"童召:"大德!"师应诺。童曰:"是多少?"师复问曰:"此为何处?"童曰:"此金刚窟般若寺也。"

碰了大钉子,不能不告退了,另外找地方投宿。老翁让童子送送他,文喜不敢问老翁,于是转身问童子。老师的话太深听不懂,学生的话总归通俗一点吧。也许他情不自禁,想从童子那里偷一点机呢。那么,"前三三,后三三,是多少?"童子召唤他:"大德!"他回答了一声:"哎!"童子问他:"是多少?"这里就是禅机,一声"哎"是多少呢?标准答案已经有了,只是过程是怎样来的,要靠你自己去搞清楚。文喜没有懂这声"哎",于是再次转换问题,又问:"这里是什么地方?"童子回答:"此金刚窟般若寺也。"据说现在还有这个地方,在东台和北台之间的楼观谷中。当年我到五台山开会,曾经起意想去找一找。五台山其实也是很俗的地方,我没看出来有什么神奇。只是感觉那个地方的水很清,下午躺在旅馆的床上,窗外有哗哗的流水声,听着真是舒服。

师凄然,悟彼翁者即文殊也。

文喜心下冰凉,觉得此生无望了。"悟彼翁者即文殊也",明白了刚才看到的人就是文殊。以后还会遇到跟文殊一样的人吗?不会了。Gone with the wind,永不再来。这个人永远失去了,这个机会永远失去了,不会再回来。好像有一个无比珍贵的瓶子,全世界独一无二,结果怎么当心地捧在手上,还是不知道如何,手一滑掉地下摔碎了,再也拼不起来。这个感觉就是"心下凄然",遗憾至极,一生没法弥补。

在禅宗的故事里,有一个达磨和梁武帝交流的公案。梁武帝谈的佛法,达磨全盘否定,然后转身走了。后来宝志来见,梁武帝问刚才讲话的是什么人,宝志说,那是个圣人啊。梁武帝赶快派兵追,但是再也追不回来了。雪窦《祖英颂古》:"阖国人追不再来,千古万古空相忆。"他走了,根本不会再见你。机会曾经在我手边,但是我没有把它抓住,这个禅机就过去了。虽然在更大的循环中也可能重复,不知道多少劫以后还会再来,但是在这个局部看不到了。其实后来文殊还是来了,机会失去了还是有机会的。一直到机会来了都不要了,那才是两样了。

不可再见,

不会再看到了,高手过招,一击不中,便飘然远引。他不会跟你纠缠,一下子就解决了,不会婆婆妈妈,天天给你辅导。他讲几句话,你懂了就懂了,不懂他也不再来了。你自己去想,想不通也就算了。

即稽首童子,愿乞一言为别。

你再送我一句话吧。机会难得,抓紧尾巴,总归是那边来的消息。

童说偈曰:"面上无瞋供养具,口里无瞋吐妙香。心里无瞋是珍宝,无垢无染是真常。"

童子讲的话,这回听得懂了。"面上无瞋供养具,口里无瞋吐妙香,心里无瞋是珍宝",然而,容易懂不等于做得到,面上和口里无瞋已经做不到了,心里无瞋就更做不到了。把身口意的瞋化去了,"前三三后三三"就显出来了,"无垢无染是真常"。

言讫,均提与寺俱隐,但见五色云中,文殊乘金毛师子往来。

金毛师子是文殊的坐骑,师子就是狮子。禅宗起初从牵牛开始,牵牛就是管住自己的想法,管住自己的气,管住自己的能量。然后再把这个能量放出去,一点一点,一点一点,逐步逐步地漫长起来,不知道有多少长,过了三大阿僧祇劫,牛变成了金毛师子。

忽有白云自东方来,覆之不见。

非常美的电影镜头啊,真是很好的画面。忽然来了一阵白云,全都遮没了。原来这个场景也不能执著，令人深思。

> 时有沧州菩提寺僧修政等至，尚闻山石震吼之声。

为了证明以上经历是真的，旁边还安排了目击证人。在《庄子·逍遥游》中，大鹏从北冥飞到南冥，蜩与学鸠看见了，发表一通议论："像我们这样在近处蹦跶几下不也蛮好吗？为什么要飞九万里那么远呢？"我觉得很有趣，好比表演缺少不了观众。日本的动漫在描写两个高手大战的时候，旁边肯定有人在看："哎呀，他使出这一招啊。""他使出那一招啊。"这个场景到底是真还是假，还是无所谓真无所谓假？对于信仰宗教的人来说，那一定是真的。对于我们普通人来说，还是把它当作故事看吧。"尚闻山石震吼之声"，那就是传说中的狮子吼啊。

> 师因驻锡五台。

经过这场转折性的事件，文喜就留在五台山不回去了。可以推想，他此时的修持已经转向华严和般若了。

> 咸通三年至洪州观音参仰山，顿了心契，令充典座。

唐懿宗咸通三年是公元862年，比大中初差不多又过了十五年。在十五年中，他一点一点地积累，把心结一个一个地解开。禅宗并非听一句话就懂了，有多少踏实的工夫化进去。六祖慧能悟道之后，据说潜修了十六年（王维《六祖能禅师碑铭》，柳宗元《赐谥大鉴禅师碑》）。可见无论是悟前修还是悟后修，终究还是需要时间的。文喜"习律听教"一定很优秀，才会遇到文殊从另外的角度启发他。而文殊启发他了以后，他又修了十五年,才遇到了仰山(807—883)。仰山又是了不起的人,他是"一花五叶"沩仰宗的创始人之一,被称为"小释迦"。在唐末五代,禅宗大师辈出,精彩至极。"顿了心契",这时候他才把以上的故事搞明白了,什么是"前三三后三三",完完全全、清清楚楚地知道了。当然也可能他在自己搞明白以后,编一个故事来觉他。

"洪州观音参仰山",语句似乎不太通,查核《景德传灯录》卷十二,可知"观音"后省略一个"院"。"令充典座",那就做一个部门负责人吧,干一些具体的杂活。典座在寺庙中主管大众床座及斋粥等,大致相当总务科长之类。

> 文殊尝现于粥镬上,师以搅粥篦便打,曰:"文殊自文殊,文喜自文喜。"殊乃说偈曰:"苦瓠连根苦,甜瓜彻蒂甜。修行三大劫,却被老僧嫌。"

刚才不是说文殊不来了吗?不可再见。然而就在你心死以后,文殊又来了。佛教喜欢讲神通变化,他就来神通变化。粥镬是什么呢?镬是烧东西的大锅子,有足为鼎,无足为镬。文殊来到粥镬边上,形状大概像《格列弗游记》中的小人。文喜拿起搅粥篦就打,你是你,我是我,彼此不相干,我不需要你。于是文殊说偈子,其实是称赞:"苦瓠连根苦,甜瓜彻蒂甜。"这里连用根蒂两个字,彻蒂就是彻底。"彻蒂甜"是说连根上都是甜的,不是半青半黄,上面好下面坏。"修行三大劫,却被老僧嫌。"修行三大阿僧祇劫,修成一个佛,却被老和尚讨厌了。用禅宗的话来说,就是如来禅变成祖师禅。文喜当时是老和尚了,已经不是青年了。

> 一日,有异僧来求斋食,师减己分馈之。

有一天，一个相貌奇特的道人来求斋食，文喜把自己的份额分给他。唐代的毁佛跟经济状况有一定关系，因为养不起这么多人。在全盛时期，多几个人在庙里习律听教，问题不大。安史之乱以后，社会供养不起了，大家都谈玄说妙，谁还愿意劳作呢？"减己分馈之"，损己利人，把自己的食物分出一部分给他。这不是讲好听的话，而是实质性的付出。

仰山预知，

这个老师非常厉害，他能预知，当然也可能是事后追述。

问曰："适来果位人至，汝给食否？"师曰："辍己回施。"仰曰："汝大利益。"

刚才来了一个有果位的人，真是不得了。我想在现今的佛门中，即使是非常有名气的人，大概都称不上有果位的人。可能会有几个善知识，他们传播的佛法有益于世人。"汝给食否？"你给了吗？"辍己回施"。辍己是舍弃自己，回施是把别人施给我的施回去，出家人称众生为施主。"汝大利益"，大利益有两种，一种有阶梯，一种没有阶梯。《四十二章经》之十一："佛言：饭恶人百，不如饭一善人。饭善人千，不如饭一持五戒者。饭五戒者万，不如饭一须陀洹。饭百万须陀洹，不如饭一斯陀含。饭千万斯陀含，不如饭一阿那含。饭一亿阿那含，不如饭一阿罗汉。饭十亿阿罗汉，不如饭一辟支佛。饭百亿辟支佛，不如饭一三世诸佛。"从须陀洹、斯陀含、阿那含、辟支佛一路相乘上去，都是有果位的人，最后到达三世诸佛。然而佛还不是最高的，"饭千亿三世诸佛，不如饭一无念、无住、无修、无证之者。"这才到了阶梯的顶端，而阶梯的顶端是无阶梯的。

这个求食的异僧,我以为就是前面的文殊。你用文殊的面貌出现,我打走你。你用普通人的面貌出现,我回施你。前面文殊不是讲过吗?"汝有执心在,不得宿。"而这里的损己利人,辍己回施,正是对当年教诲的报恩。而且一个拒绝宿,一个不拒绝食,恰好对应。所以研究过这个人以后,大家如果看到文殊来,或许还可以马虎对待。但如果看到普通人来,那千万要当心,谁知道他是不是文殊的化身呢?终于老师对他应许了,"汝大利益",真正彻底了,文喜的教育完成了。

后旋浙住龙泉寺。

仰山在今天的江西。经过这一事件以后,文喜转回了家乡浙江。住应该指住持,住持也就是主持,他可以独当一面了。对于文喜来说,以前是学习阶段和漫游阶段,此时开始为师阶段。

僧问:"如何是涅槃相?"师曰:"香烟尽处验。"

"如何是涅槃相?"涅槃是什么样子?"香烟尽处验。"香烟在这里比喻人的生命,香烟尽处就是死。要知道什么是涅槃的情状,到了死的时候才可以检验。这就是庄子的"薪尽火传",也就是佛教的了生死。有形体的生命,终究是要完结的。这一枝香烟点点点,点到后来总有穷尽,要想想自己的香烟尽处。

问:"如何是佛法大意?"师曰:"唤院主来,这师僧患颠。"

什么是佛法大意,是禅宗的大问题。此问题的答案很多,庭前柏树子啊,干屎橛啊,麻三斤啊。"这师僧患颠",好比现在说"这个人脑子进水"。这个问题不回答,要靠自己想出来。

问:"如何是自己?"师默然,僧罔措。再问,师曰:"青天蒙昧,不向月边飞。"

如何是自己?刚才问"前三三后三三",童子招手喊他:"大德!"师应诺,"是多少?"现在又照应起来。师默然,正是《维摩诘经·文殊师利问疾品》的"维摩默然"。他沉默了,不响了,无言了。再问,文喜说:"青天蒙昧,不向月边飞。"大光明的天如果暗淡了,不要看到有光的地方就急着飞过去。以易学而言,此当由阴而阳,不可由阳而阴。这里的文辞很美,修养到了火候,文学自然也会好。

钱王奏赐紫衣,署无著禅师。

在唐末五代时,杭州一带在吴越王钱镠治下,有着相对安定的环境。两件事都发生在唐末,并不同时。据《景德传灯录》记载,前一事发生在唐昭宗大顺元年(890),后一事发生在乾宁四年(897)。这时候离开会昌法难,差不多已经有五十余年,文喜成了受人尊敬的高僧大德。"奏赐"是钱镠上报朝廷,然后得到了唐王朝的奖励。"无著"是文喜的号,也就是无执心,从化解"有执心不得宿"而来。吴越王钱镠称王在公元908—932年,那时候已经进入了五代。"钱王"是东南一带钱氏的祖先,像钱穆啊,钱锺书啊,都是从这一路而来,认祖宗就认到这里。

将顺寂,于子夜告众曰:"三界心尽,即是涅槃。"

"将顺寂",将死的时候。"于子夜告众曰",在子夜的时候走,这也是厉害。他对大家说:"三界心尽,即是涅槃。"这是对前面"香烟尽处验"的回应。于佛教观念而言,三界的层次甚为繁复,你的心到底想什么,只有你自己知道。其实大部分人的心思,都仅仅相应于欲界中某一个小的局部。知道欲界里其他的天相应的是什么,你的思想才可能广阔一些。而明白了欲界所有的天,才能进一步明白色界和无色界。色界、无色界还在三界里边,要渐渐寻出三界之外。然而小乘出三界,又是不对的,真是没法对。"三界心尽,即是涅槃",是文喜用一生体验出来的结论。这个结论好极了,虽然做不到,可以想一想。

言讫,跏趺而终。

他是坐着去的。据《景德传灯录》,这一年是唐昭宗光化二年,也就是公元899年。

白光照室,竹树同色。

那是传说中的显神通,走的时候很光明。

塔于灵隐山之西坞。

这些都是真人真事啊,虽然其中有很多神话,但是具体这个人绝对是靠得住的。这是一个了不起的人,真是值得尊敬,他在一生中把佛教弄清楚了。

天福二年宣城帅田頵(于伦切)应杭将许思叛涣,纵兵大掠,发师塔,睹肉身不坏,爪发俱长。武肃钱王异之,遣裨将邵志重加封瘗,至皇朝嘉定庚辰,迁于净慈山智觉寿禅师塔左。

这又是后来大乱的时候。天福二年(937)已经是五代后晋,《景德传灯录》作天祐二年(905),那么还在唐末。从上下文情理来推断,当以天祐二年为是。"宣城帅田頵应杭将许思叛涣,纵兵大掠","叛涣"即"叛换",恣睢放纵,横暴凶残。"发师塔,睹肉身不坏,爪发俱长。"在禅宗算是玩神通,死了就死了,死了以后还长指甲头发,干什么呢?"武肃钱王异之,遣裨将邵志重加封瘗。"可见钱镠对文化人的尊重,后世对此人有较好的口碑,并非偶然。"至皇朝",进入了宋代,"嘉定庚辰"是南宋宁宗嘉定十三年(1220)。《五灯会元》成书要稍晚一些,如果以普济题词于淳祐壬子为准,那就是南宋理宗淳祐十二年(1252),距离此一事件不过三十余年。无著文喜是唐末人,把这段故事完完整整地讲出来,就已经是宋末了。

"迁于净慈山智觉寿禅师塔左。"把墓换了一个地方,我估计现在也没有了。但是这一段故事还是留了下来,其中的"前三三后三三",至今还有着启发意义。在我看来,"前三三后三三"是昭然若揭的,处处都有呼应,就是没办法讲出来。这个问题要靠自己想通,最终从自己的心里找出答案。

附:"前三三后三三"的提示

有同学写文章,讨论"前三三后三三"。我觉得,对同学们来说,最好的做法是把问题存放在心中,不必急于作出答案。等到十年、二十年以后,日久岁深,人生的阅历渐渐丰富,足够幸运的话,或许会自然显出答案。即使到时候还是得不出,想起自己年轻时考虑过这样的问题,也不失为美好的回忆。如果过于急切地找答案,可能会引起躁急之火,反而不利于成长。

关于"前三三后三三",最具有相关性、最准确的提示还是在《五灯会元》本文之中。无著文喜遇见文殊菩萨的故事,不见于《景德传灯录》,可能出于后人的编撰。然而故事本身极精彩,其中关键性的提示,一共有三处。这三处表述形式不同,内容完全相等,可以稍加琢磨:

翁曰:"近自何来?"师曰:"南方。"翁曰:"南方佛法如何住持?"师曰:"末法比丘,少奉戒律。"翁曰:"多少众?"师曰:"或三百,或五百。"师却问:"此间佛法如何住持?"翁曰:"龙蛇混杂,凡圣同居。"师曰:"多少众?"翁曰:"前三三,后三三。"

这是第一处,提出"前三三,后三三",来自文殊菩萨。对照文殊和文喜的回答,两者有天壤之别。文喜的回答"末法比丘,少奉戒律","或三百,或五百",都是事实的陈述。而文殊的回答,似回应非回应,引导进一步上升。"龙蛇混杂,凡圣同居",是对人类社会的极深洞见。"前三三,后三三",更是千古参究的话头,玲珑剔透,不可方物。

师辞退。翁令童子相送,师问童子:"前三三,后三三,是多少?"童召:"大德!"师应诺。童曰:"是多少?"

这是第二处,阐述"前三三,后三三",来自文殊的侍者均提。可以想见,这位童子也是完全明白的。师问童子:"前三三,后三三,是多少?"童子招手喊他,师应诺,童曰:"是多少?"这个反问本身,可以看成答案。

对话中包含四项：一、"前三三，后三三，是多少？"二、"大德！"三、师应诺。四、"是多少？"彼此完全相等。

即稽首童子，愿乞一言为别。童说偈曰："面上无嗔供养具，口里无嗔吐妙香。心里无嗔是珍宝，无垢无染是真常。"

这是第三处，还是来自均提童子。如果当下相应"是多少"，那就是顿门。然而，文喜此时不可能领悟，于是留下另外一条路，那就是偈子指引的渐门。把身口意的嗔化除了，"无垢无染是真常"，"前三三后三三"就显出来了。事实上，文喜走的是后一条路，他在五台山修行了十五年，在另一位禅门大德仰山慧寂的启发下，"顿了心契"，通晓了所有的一切。

这三处提示，如果以文殊菩萨的"前三三，后三三"为经，"龙蛇混杂，凡圣同居"为自注，那么均提童子的回答就是传。抄录几节古人的答案，作为进一步研究的参照。《五灯会元》卷七雪峰义存章次：

师问长庆："古人道前三三，后三三，意作么生？"庆便出去。〔鹅湖别云："诺。"〕

雪峰义存（822—907）和无著文喜（821—900）是同时代人，可见"前三三，后三三"当时已在流传，或许两者有更早的共同出处（参见《五灯会元》卷四灵云志勤章次）。长庆指长庆慧棱，事迹见《五灯会元》卷七。鹅湖指鹅湖云震，事迹见《五灯会元》卷十五。"庆便出去"，是极精彩的又一解。文喜"师应诺"，和鹅湖"诺"不同，文喜彼时不明，而鹅湖此时已明。

最后，再抄录宋代的一首诗，作者是五家七宗之一的杨岐方会

（992—1049），可见古人的感受：

> 前三后三是多少，大事光辉明皎皎。回头不见解空人，满目白云卧荒草。
>
> （《杨岐方会语录·前三三后三三》）

《五灯会元》讲记：兜率从悦

> 隆兴府兜率从悦禅师，赣州熊氏子。

隆兴府在今江西南昌市。兜率指兜率院，是地名，从悦是法名。院是僧居之所，为寺中别舍。赣州在今江西赣州市，由赣江而得名。熊氏是出家前俗家姓，佛教是出世间法，也有世间法的基础。

> 初首众于道吾，领数衲谒云盖智和尚。

当年从悦在出家人中是领头的，有一回带了几个僧人去参访云盖智。首众，担任首座。道吾指道吾山，在今湖南长沙浏阳市北。衲是僧衣，指代僧人。云盖智即云盖守智，曾参访法昌遇、翠岩真，后嗣黄龙南，事迹见《五灯会元》卷十七。云盖智早年在道吾山说过法，以后才转往云盖山。云盖山在今湖南长沙善化县西。今天这些人又从道吾来到云盖，两地之间可能有些渊源。本来这只是例行的参访，没想到遇上了高人。

> 智与语，未数句尽知所蕴。

仅仅交谈了没有几句话，云盖智就完全了解他的想法。所蕴，也就是所藏,包括判断的依据以及隐秘的念头。一个人的所蕴通常不暴露于外,但是对高手来说完全透明。杨度曾经说,在中国精神界、学艺界,有两件事绝对不能勉强。一个是围棋,一个是禅学。在围棋中若高一着,在禅学中若高一层,其低一格者即永远不能相敌。由高视下,无所不知,更无一丝可以欺蔽。而高者心中境界,低者永无从测知,有如酒量不可强齐(《除习偈序答畸道人》,《中国佛教思想资料选编》第三卷,第四册,中华书局,1990,129页)。此绝对有其可能性,实属无可奈何。虽然从悦的学习很优秀,否则不可能成为首座,但对于真正的高手来说,他还没有入门呢。

> 乃笑曰:"观首座气质不凡,奈何出言吐气如醉人邪?"

在任何一个时代中,气质不凡的人往哪个领域流动,正是那个领域兴旺发达的标志。而对于大乘佛教而言,气质不凡,正是禅宗的根器。唐、五代、宋禅宗大发展,把一大批气质不凡的人吸引走了。

出言吐气如醉人,来自临济宗"四宾主"之"宾对宾":"倚门傍户犹如醉,出言吐气不惭惶"(参见《五灯会元》卷十一临济义玄章次,又涿州纸衣章次)。醉人指扶得东来西又倒,理学有相似的说法。程颢、程颐《二程集·河南程氏遗书》卷十八:"与学者语,正如扶醉人,东边扶起却倒向西边,西边扶起却倒向东边,终不能得佗卓立中途。"朱熹(1130—1200)将此语收入《近思录·为学》:"与贤说话,却似扶醉汉,救得一边,倒了一边,只怕人执著一边。"

> 师面热汗下,

知耻乃进道之阶梯,面热汗下是生理反应,也是觉悟的因缘。耻从耳止,心里一动,耳朵根就会有反应,所谓面红耳赤,说的就是这类现象吧。所以无耻是很严重的斥责,人之为人,怎么可以缺乏这一机制呢?

曰:"愿和尚不吝慈悲。"

极度诚恳,才有可能获得救药。

智复与语,锥札之,

云盖智又从不同角度试探几下,看一看他是否有可能明白。从佛家的观念来讲,每个人心中都有一片大光明,只是给客尘烦恼(包括知识概念)障蔽了。锥札之,是尝试性的捅破或者挑明,看一看能否把心中的光明开发出来。

师茫然,遂求入室。

果然没有反应,内心一片迷茫。于是求为弟子,想跟着云盖智学习。虽然此时从悦还没有懂,但在朦胧中知道虚心求教,可谓福至心灵。

智曰:"曾见法昌遇和尚否?"

云盖智推举了两个人。法昌遇就是法昌倚遇,是当时的名僧之一。此人出于五家之一的云门宗,事迹见《五灯会元》卷十六。

师曰:"曾看他语录,自了汉也,不愿见之。"

原来从悦并不是一个完全没有见识的人,这也可照应上文的气质不凡。禅宗以大乘为基础,自了落入小乘,所以不愿见之。

智曰:"曾见洞山文和尚否?"

洞山文就是宝峰克文(1025—1102),也就是下文的关西子、真净,也是当时的名僧之一。他是七宗之一黄龙的弟子,事迹见《五灯会元》卷十七。

师曰:"关西子没头脑,拖一条布裙,作尿臭气,有甚长处?"

拖泥带水,也不能满意。

智曰:"你但向尿臭气处参取。"

云盖智真是一个好的引导人,给从悦当场指出一条明路。禅宗语云:"见过于师,方堪传授。见与师齐,减师半德。"(见《五灯会元》卷三百丈怀海章次,又卷七岩头全奯章次)一个人如果没有自己的见地,固然不值得教。但如果自己的见地完全是对的,那也用不着来学了。

云盖智的校正,大致有三种可能:一、其中一人确实要比另外一人修行高;二、两人都是大师,其中一人有缘,一人无缘;三、两人都是大师,由于初学者预先有分别的想法,所以随顺方便而指定一人,让你收心。这样认准一条路摸索进去,一旦到达目的地,最终自己会明白。不过根据各种材料来判断,云盖智讲的应该是第一种情况。

师依教,即谒洞山,深领奥旨。

还是同一个老师,原来是因为没有信心,所以并不觉得好。一旦有了信心,再听就听出深入的东西来了。禅宗有时会这样,你自以为懂的一句话,去问老师,老师说不对。那么到底怎样呢？老师把同样的话重复一遍,于是恍然大悟,这才真正懂了。原来同样的话,从师徒不同的口中讲出来,所含的能量不同,意义也不同。

洞山奥旨有几方面内容,这里不作追究。而上文的尿臭气,可当其中之一。《五灯会元》卷十七宝峰克文章次:"洞山门下,有时和泥合水,有时壁立千仞。你诸方拟向和泥合水处见洞山,洞山且不在和泥合水处。拟向壁立千仞处见洞山,洞山且不在壁立千仞处。拟向一切处见洞山,洞山且不在一切处。你拟不要见洞山,鼻索又在洞山手里。拟瞌睡也,把鼻索一掣,只见眼孔定动,又不相识也。不要你识洞山,但识得自己也得。"此节意旨,可参考《碧岩录》四十三:"曹洞下有出世不出世,有垂手不垂手。若不出世,目视云霄;若出世,便灰头土面。目视云霄,即是万仞峰头;灰头土面,即是垂手边事。有时灰头土面,即在万仞峰头;有时万仞峰头,即是灰头土面。"

　　复谒智,智曰:"见关西子后大事如何？"

理解洞山奥旨以后,再回头去见云盖智。禅宗的教学就是这样,走过来走过去,其间一点点换气,吸收并消化获得的能量。大事,指参禅大事,生死大事。

　　师曰:"若不得和尚指示,洎乎蹉过一生。"遂礼谢。

对引导人表示感恩,同时把加持的能量,变成自己的能量。洎乎,几乎。

师复谒真净，

再依师，再印证。就这样在来来回回中，证量渐渐巩固。这是第一回合。

后出世鹿苑。

鹿苑在湖南长沙的岳麓山上，亦即麓山寺，又名慧光寺、鹿苑、万寿寺，寺前为清风峡。因为位于南岳衡山延伸到长沙的山脚，所以称为岳麓山。麓是生长在山脚的林木，引申为山脚。山下有岳麓书院，为后来的理学四大书院之一。从历史沿革而言，首先有麓山寺，以后才有岳麓书院。麓山寺在唐时出了一个摩诃衍，据说是神会的法嗣。此人后来入藏，有吐蕃僧诤（792—794）的大事（参见《吐蕃僧诤记》，[法]戴密微著，耿昇译。甘肃人民出版社，1984）。出世，指智德兼备之人，受推举而住于大小寺院，好比佛世尊出现于世，其实就是学成出来以觉人。

有清素者，久参慈明，

以上都是正常的发展，没有什么稀奇。至此横出一枝，另外来了一个人，出现一条新路。在人一生的境遇中，如果出现这样的机会，千万不要错过。如果只是正常的发展，往往能量不够，可以成为人才，不一定成为出类拔萃的人才。

慈明，亦即石霜楚圆（986—1039），此人中兴临济宗，在某种程度上也中兴禅宗。禅宗的发展在五叶开出以后，再也没有大的创造性。只有石霜楚圆有所重振，在他门下分出杨岐方会（996—1049）、黄龙慧南（1002—1069）二派，形成禅门的五家七宗。

临济义玄一系，由兴化存奖（？—924）、南院慧颙（？—952）、风穴延沼（896—973）、首山省念（926—993）、汾阳善昭（947—1024）至石霜楚圆，共有六传。又由石霜楚圆至翠岩可真（事迹见《五灯会元》卷十二），亦曾启发云盖智。清素为又一人，在《五灯会元》中未见，卷十九中有九顶清素，非此人。

寓居一室，未始与人交。

好比《天龙八部》中少林寺的扫地僧。未始与人交，修密行也。王国维《人间词话》引稼轩词云："众里寻他千百度，蓦然回首，那人却在灯火阑珊处。"

师因食蜜渍荔枝，偶素过门，

机缘凑泊，机信相感。

师呼曰："此老人乡果也，可同食之。"

此句不太明白，有人翻译为："长老，这是我家乡的荔枝。一块来吃点吧。"也就是这一点内在的善良，成就了从悦。如果他自以为了不起，摆出高僧大德的架子，这个机缘就断了。两人在这里的巧遇，看似偶然，并非偶然。

素曰："自先师亡后，不得此食久矣。"

若有意，若无意。

师曰:"先师为谁?"

追问一句,而此时正需要这一问。

素曰:"慈明也。某忝执侍十三年耳。"

道出慈明,原来此人的辈分极高。忝,辱也,指有愧于,是谦辞。

师乃疑骇,曰:"十三年堪忍执侍之役,非得其道而何?"

《奥义书》(Upanisad)梵文原义是近侍,《庄子·庚桑楚》"老聃之役有庚桑楚者,偏得老聃之道"。长期堪忍执侍之役者,有可能得真传。

遂馈以余果,稍稍亲之。

肃然起敬,把剩下的果子全送给老人。稍稍亲之,说明以前并不注意他,这时逐步改变态度。于佛学而言,这就是亲近善知识,可参考《论语·学而》"而亲仁"。

素问:"师所见者何人?"曰:"洞山文。"

从检查传承着手,问究竟是谁给你开发的,亦即你从哪条路上来。洞山文,师父。

素曰:"文见何人?"师曰:"黄龙南。"

黄龙南,师祖。查了三代出身,来历清楚了。

素曰:"南匾头见先师不久,法道大振如此。"

匾头,也就是扁头。这样亲密的绰号,只有在要好的同伴间才可以称呼,可见两人关系的不一般。清素是黄龙南的同辈,也就是从悦的叔师祖。法道大振如此,指跟从他学法的人多。黄龙南在禅宗史上有大名,以后还衍出了佛道斗法的传说。《醒世恒言》第二十二卷《吕洞宾飞剑斩黄龙》,把《五灯会元》卷八的黄龙诲机改成黄龙慧南,也许是因为后者名气更响吧。

师益疑骇,遂袖香诣素作礼。

以这种口气讲话,还从来没有听到过。本来以为师祖已经是古人了,谁知来了一个和师祖有密切关系的人。于是他在袖中笼了香,作礼准备拜师。

素起避之,曰:"吾以福薄,先师授记,不许为人。"

起避之表示不敢当。授记是关于成就的预言,这里指老师对未来的嘱咐。不许为人指得法后可以自修,但不可以教授学生。《孟子·离娄下》称"人之患在好为人师",确实不大敢做老师呀,因为遇到程度高的学生会折了你。

师益恭,

更加恭敬谦谨,这是求学的态度。

素乃曰:"怜子之诚,违先师之记。子平生所得,试语我。"

你的诚心感动了我,说说看你的参究心得。

师具通所见。

把自己的见地,完整介绍了一遍。

素曰:"可以入佛,而不能入魔。"

川端康成 1968 年获诺贝尔文学奖,在得奖感言《我在美丽的日本》中引用日本禅僧一休宗纯(1394—1481)所书条幅,反复感叹:"入佛界易,入魔界难。"可参照此节。然而此为禅家至深关键之一,揭示绝不能过早,且无人可有把握。即使一休宗纯本人,似乎也尚未透彻,更不用说川端康成了。

师曰:"何谓也?"

又一次听不懂了。

素曰:"岂不见古人道,末后一句,始到牢关。"

禅宗有三关,初关、重关、末后牢关。牢关是最后一关,所谓迷悟之境界,坚牢之关门。《景德传灯录》卷十六乐普山元安章次:"末后一句,始到牢关,锁断要津,不通凡圣。"

如是累月,素乃印可。

清除最后的微细障碍,用几个月时间不算多。

仍戒之曰:"文示子者,皆正知正见。然子离文太早,不能尽其妙。

特殊的上上根器以外,一般人得法后,仍宜依止师以保任之。清素执侍了十三年,从悦只反复来回了几次,时间确实短了一些。

吾今为子点破,使子受用,得大自在。

点破关键,原来死的东西活了。参考《西游记》第二回:"说破源流万法通。"

他日切勿嗣吾也。"

尊重原来的师承,互相保全,但也决不是乡愿。

师后嗣真净。

这是第二回合,真是了不起。禅宗文献,一般可分为二段。一段是学习和漫游阶段,一段是为师阶段。歌德写出了威廉·麦斯特的学习和漫游年代,而终究未写出为师年代。大概是因为此境至高,难以企及吧。

僧问:"提兵统将,须凭帝主虎符。领众匡徒,密佩祖师心印。如何是祖师心印?"

提兵统将和领众匡徒,有其相似性。帝主虎符,走的是外王路线;祖师心印,走的是内圣路线。此以外王譬喻内圣,虎符、心印,谓其关键处。内圣、外王两边的关系,可以追溯"师"之两义:一、传授知识的人,二、军队的编制。按《说文解字》:"二千五百人为师(师),从𠂤,从帀。𠂤四帀,众意也。"𠂤的意义是陆,陆的四周是人,可以比较古希腊的城邦。师的基本意义是众,也就是人群,它是生活集体,也是政治集体、军事集体,同时也是教育集体。其中的首领既是政治领袖,又是军事领袖,又是宗教领袖,也就是古代理想中的哲人王。在众人中领头的就是师,师的变体就是"帅"。还可以参考民族的"族",从方从人从矢。方是旗帜或图腾,代表人群的凝聚力,矢是军事力量,代表人群的竞争力。前者是软实力,后者是硬实力,也可以相应"师"之两义。匡,相应于范围,指纠正(correct),帮助,甚至拯救。"善则赏之,过则匡之"(《左传》襄公十四年),"一匡天下"(《论语·宪问》)。

师曰:"满口道不得。"

昭昭如在目前,但是讲不出来,如哑子吃蜜。

曰:"只这个别更有?"

此外还有没有呢?问是不是到了最后。

师曰:"莫将支遁鹤,唤作右军鹅。"

取阳而不取阴。支遁鹤,见《世说新语·言语》七十六:"支公好鹤,住剡东岇山。有人遗其双鹤,少时翅长欲飞。支意惜之,乃铩其翮。鹤轩翥不复能飞,乃反顾翅,垂头视之,如有懊丧意。林曰:'既有凌霄之姿,何肯为人作耳目近玩?'养令翮成,置使飞去。"又有支遁马,见《言语》六十三:"支道林常养数匹马。或言:'道人畜马不韵。'支曰:'贫道重其神骏。'"右军鹅,见《晋书·王羲之传》:"山阴有一道士,养好鹅,羲之往观焉,意甚悦,固求市之。道士云:'为写《道德经》,当举群相赠耳。'羲之欣然写毕,笼鹅而归,甚以为乐。"支遁鹤、支遁马和右军鹅,是天然的属对,鹤与马,乾象也。

问:"如何是兜率境?"

此语含多重双关。一、佛教于兜率天,有兜率内院,弥勒菩萨于此处讲经。参考《华严经》卷七十九弥勒楼阁之象:"尔时善财童子,恭敬右绕弥勒菩萨摩诃萨已,而白之言:唯愿大圣,开楼阁门,令我得入。时弥勒菩萨,前诣楼阁,弹指出声,其门即开,命善财入。善财心喜,入已还闭,见其楼阁广博无量,同于虚空。"二、寺院名。三、人名。这是问:"你的境界是怎样的呢?"

师曰:"一水挼蓝色,千峰削玉青。"

你看看眼前的山水美景吧,原来弥勒的兜率境界就是此地,而此地就是我。挼,揉搓,起皱,风行水上之象。山是青山,玉为白色,在山顶上还有积雪。

曰:"如何是境中人?"

景色是天地,人呢? 参考阿伦特《历史的概念》之发问:"何者不朽?"境、人之间的辩证,亦即临济宗的"四照用"。

师曰:"七凹八凸无人见,百手千头只自知。"

人在多维空间中之象。七凹八凸,可当多维空间投影。于《易》七八当卦之体,凹凸为阴阳。百手千头,加上时间一维,就能看出来。

上堂:"耳目一何清,端居幽谷里。秋风入古松,秋月生寒水。衲僧于此更求真,两个猢狲垂四尾。"喝一喝。

僧问是问答,上堂是独白。"耳目一何清"四句,情景交融,乃原初的状态。更求真,犹探求真我。真是肖像画,也涉及真人的真(修持),真假的真(理论)。有真必有假,于是太极生两仪。两个猢狲,一是实像,一个是虚像,参考《西游记》的真假美猴王。四尾,犹两仪生四象。喝一喝如同用咒语,是对语言的加持和消毒。分下去没有底,喝一喝重新收回,在分的同时还可以合。

上堂:"兜率都无辨别,却唤乌龟作鳖。不能说妙谈真,只解摇唇鼓舌。遂令天下衲僧,觑见眼中滴血,莫有翻嗔作喜、笑傲烟霞者么?"

虚实两境的辩证,亦即庄子之齐物。鳖,甲鱼,似乌龟而非乌龟。说妙谈真犹真谛(于古希腊当哲人或哲学家),摇唇鼓舌犹俗谛(于古希腊当智术之师或智者），都无辨别，乃两谛俱遣。天下衲僧是一般的出家众，或普通的信仰人。觑见眼中滴血，贪恋此境，引动人心。翻嗔作喜、笑傲烟霞，识破其象而走出来，亦即得大自在。

良久曰："笛中一曲升平乐，算得生平未解愁。"

"笛中一曲升平乐"，悟后之景象，一切和谐。"算得生平未解愁"，消解人最内在的隐秘心事。参考临济宗四照用之"人境俱不夺"："一片月生海，几家人上楼。"由"四宾主"之"宾看宾"，到"四照用"之"人境俱不夺"，达成升华。

上堂："始见新春，又逢初夏。四时若箭，两曜如梭。不觉红颜翻成白首。

生命如白驹过隙，少年之人，不久成为老翁。四时，指四季。两曜，指日月。

直须努力，别著精神，

赶快努力办道，更加抖擞精神。又，直可比拟教下，别可比拟宗门。

耕取自己田园，

认识你自己，照顾你自己。

莫犯他人苗稼。

此出《遗教经》之牧牛喻，亦为禅家的基本修持法。《五灯会元》卷三石巩慧藏章次："一日在厨作务，马祖问作甚么，曰：'牧牛。'曰：'作么生牧？'曰：'一回入草去，蓦鼻拽将回。'祖曰：'子真牧牛。'石便休。"又卷四长庆大安章次："师问百丈：'学人欲求识佛，何者即是？'丈曰：'大似骑牛觅牛。'师曰：'识得后如何？'丈曰：'如人骑牛至家。'师曰：'未审始终如何保任？'丈曰：'如牧牛人执杖视之，不令犯人苗稼。'"

既然如是，牵犁拽耙，须是雪山白牛始得。

语出《法华经》卷二《譬喻品》。天台、贤首诸师以羊车比喻声闻乘，以鹿车喻缘觉乘，以牛车喻菩萨乘，而以大白牛车比喻一佛乘。三车是界内三乘方便权教，以门外露地之大白牛车喻界外一乘真实法门（参法藏《华严五教章》卷一）。又《楞严经》卷七："佛告阿难，若末世人愿立道场。先取雪山大力白牛，食其山中肥腻香草。此牛唯饮雪山清水，其粪微细。可取其粪，和合栴檀，以泥其地。若非雪山，其牛臭秽，不堪涂地。"

且道鼻孔在甚么处？"

会三归一，仍为教下。而于雪山白牛，尚需另寻其鼻孔，此方为宗门。

良久曰："叱！叱！"

建立以后，仍需洗去。

上堂："常居物外度清时，牛上横将竹笛吹。一曲自幽山自绿，此情不与白云知。

"常居物外度清时"，超然物外，度过清平时节。"牛上横将竹笛吹"，禅宗有牧牛图，竹笛横吹乃和谐景象。钢琴小品《牧童短笛》（贺绿汀作曲），或可映照此句。"一曲自幽山自绿"，参考王籍《过若耶溪》："鸟鸣山更幽"，钱锺书《写在人生边上·一个偏见》称"一种有声音的寂静"（参见《管锥编·毛诗正义·车攻》论"有闻无声"）。"此情不与白云知"，白云无心，人也无心，白云不知人之无心，而人知人之无心与白云同。此禅家之情，虽难言而已言。（参见杜甫《江亭》："水流心不竞，云在意俱迟。"）

庆快诸禅德，翻思范蠡漫泛沧波，因念陈抟空眠太华，何曾梦见？浪得高名。

以前人范蠡、陈抟作铺垫而翻上一层，自认为已达成解脱。庆快，庆幸喜悦。禅德，禅宗大德。

实未神游，闲漂野迹。

神游乃自由境界。若最后未解决，寄情于山水，也不过是逃避而已。

既然如此，具眼衲僧，莫道龙安非他是己好！"

具眼衲僧,指理想的读者或听众,此时未必在堂下,故只能孤芳自赏。"莫道龙安非他是己好!"不是我要批评别人肯定自己,本来就是这样。龙安,地名,也就是从悦本人。非他是己,一般是错误的,也就是佛教的"我慢",但此时已经翻上一层,为禅门之当仁不让。

上堂:"无法亦无心,无心复何舍。要真尽属真,要假全归假。"

"无法亦无心,无心复何舍。"层层消释,犹如百合心。"要真尽属真,要假全归假。"破立两端,出入无方。

平地上行船,虚空里走马。九年面壁人,有口还如哑。参!"

仍是多维空间之象。参考傅大士偈语:"空手把锄头,步行骑水牛。人在桥上过,桥流水不流。"(《五灯会元》卷二双林善慧大士章次)。九年面壁人,指达磨。传说达磨从海路入华,然后由南入北,在少林寺面壁九年,乃创立禅宗。有口还如哑,就是上文的"满口道不得"。

上堂:"夜夜抱佛眠,朝朝还共起。起坐镇相随,语默同居止。欲识佛去处,只这语声是。"

这也是傅大士偈语,八句中用了六句。未用的是第五、六两句:"纤毫不相离,如身影相似。"

诸禅德,大小傅大士,只会抱桥柱澡洗,把缆放船,印板上打将来,模子里脱将去。

前面是呵佛,这里是骂祖。"抱桥柱澡洗,把缆放船",看好安全了,才走下一步。印板模子,只会照猫画虎,缺乏创造性。

岂知道本色衲僧,塞除佛祖窟,打破玄妙门,跳出断常坑,不依清净界。

真正的修行人另外走一条路,跳出三界外,不在五行中。

都无一物,独奋双拳,海上横行,建家立国。

单刀直入,无中生有。

有一般汉,也要向百尺竿头凝然端坐,泊乎翻身之际,舍命不得。

百尺竿头,应当更进一步。有一般汉表面上也在参禅,但关键时刻翻不过身来,还有种种保留,不敢跳跃。百尺竿头之喻,见《五灯会元》卷四长沙景岑章次:"百尺竿头不动人,虽然得入未为真。百尺竿头须进步,十方世界是全身。"

岂不见云门大师道,知是般事,拈放一边,

云门文偃(864—949,一说881—966),云门宗的开创者,事迹见《五灯会元》卷十五。知是般事便休(《五灯会元》卷十九杨岐方会章次),而拈得起也就是放得下,放得下才是拈得起。引语全文如下:"上堂:'举一则语,教汝直下承当,早是撒屎著汝头上也。直饶拈一毫头,尽大地一时明得,也是剜肉作疮。虽然如此,汝亦须是实到这个田地始得。若未切,不得掠虚,却须退步向自己根脚下推寻,看是个甚么道理?实无丝毫许与汝作解会,与汝作疑惑。况汝等各各当人有一段事,大用现前,更不烦汝一毫头气力,便与祖佛无别。自是汝诸人信根浅薄,恶业浓厚,突然起得许多头角。担钵囊,千乡万里受屈,作么?且汝诸人有甚么不足处?大丈夫汉阿谁无分,独自承当得,犹不著便,不可受人欺谩,取人处分。才见老和尚开口,便好把特石蓦口塞,便是屎上青蝇相似,斗咳将去,三个五个,聚头商量,苦屈兄弟。古德一期,为汝诸人不奈何,所以方便垂一言半句,通汝入路。知是般事,抬放一边,自著些子筋骨。岂不是有少许相亲处?快与快与,时不待人。出息不保入息,更有甚么身心别处闲用?切须在意。珍重!'"

　　直须摆动精神,著些筋骨。

亦即前文直须努力,别著精神。著些筋骨,来自云门"自著些子筋骨"。

　　向混沌未剖已前荐得,犹是钝汉。

即使已达到先天气,还不是,最上一乘于此尚须化去。

　　那堪更于他人舌头上,咂啖滋味,终无了日。

何况玩弄文本语言,探讨啊,研究啊,只不过是拾取唾沫。

　　诸禅客,要会么?剔起眉毛有甚难,分明不见一毫端,风吹碧落浮云尽,月上青山玉一团。"

剔起眉毛,振奋精神。动静之间,不许一毫渗漏,最终达成证悟。

喝一喝,下座。

用棒喝总结,收工。

从悦讲了一大套,不是不出色,读来总有自拉自唱的感觉,缺少台下人的热烈呼应。不是问题到了,自然相应出答案,而似乎想用答案引出问题。虽然这也是老婆心切,但已经多少有衰落的迹象。

一日,漕使无尽居士张公商英按部过分宁,请五院长老就云岩说法。

漕使,负责水陆粮食运输,是掌握物流的大官。无尽居士,张商英之号。张商英事迹见《五灯会元》卷十八,又《宋史》卷三五一有传。按部,巡查部属。隆兴分宁,在今天的江西省修水县。五院长老,五个寺院的高僧,从悦属于兜率院。

师最后登座,横拄杖曰:

总结陈词。前面发言的人有东林常总(1025—1091)的弟子玉溪慈。常总与宝峰克文(洞山文)是师兄弟,相当于从悦的师叔,事迹见《五灯会元》卷十七。横拄杖可能是临济家风,拄杖应该是竖的,这里横过来,那是把它当剑使了。参考"四宾主"之"主看主":"横按莫邪全正令,太平寰宇斩痴顽。"

"适来诸善知识,横拈竖放,直立斜抛,换步移身,藏头露角。

使尽周身解数。

既于学士面前各纳败阙,未免吃兜率手中痛棒。

四院长老全成了铺垫,只是也未免恭维了达官。败阙,犹如破绽。

到这里不由甘与不甘。何故?见事不平争忍得,衲僧正令自当行。"

一发动即阻不住。临济正令,即上文的虎符、心印。

卓拄杖,下座。

由横而竖,犹《庄子·养生主》"善刀而藏之"。以豹尾作结,收工。

室中设三语以验学者:"一曰拨草瞻风〔瞻,清藏本、续藏本均作"担"〕,只图见性,即今上人性在甚么处?

此云见性。拨草瞻风,窥测方向,探头探脑。

二曰识得自性,方脱生死,眼光落地时作么生脱?

此云脱生死。眼光落地,指死。

三日脱得生死,便知去处。四大分离,向甚么处去?"

此云知去处。

元祐六年冬,浴讫集众,说偈曰:

元祐六年是公元1091年,据此推算从悦的生卒年是1044—1091。我认为元祐六年有可能是元祐九年之误,那么从悦的生卒年应该是1047—1094,其详另考。

"四十有八,圣凡尽杀,不是英雄,龙安路滑。"

圣凡尽杀,通出前三三后三三来。不是英雄,指不是英雄不要来走这条路,盖学佛乃大丈夫事,非王侯将相所能为也。龙安路滑,指不肯轻易放人过去。此语来自"石头路滑",见《五灯会元》卷三马祖道一章次、卷五丹霞天然章次。

奄然而化,

四大分离。

其徒遵师遗诫,欲火葬捐骨江中。

把骨灰散在江河湖海中,持彻底的不保留态度。

得法弟子无尽居士张公遣使持祭,

即使公务繁忙,本人走不开,仍然专门派人前来祭祀。张商英(1043—1122)后来死于宣和四年,终年七十九岁。从悦仅四十八岁而死,可见悟道与世寿没有必然关系。张商英岁数应该比从悦大,可见传法和年龄也没有必然关系。

> 且曰:"老师于祖宗门下有大道力,不可使来者无所起敬。"

张商英这样做是弟子的礼节。起懦立顽,可以感发后人。

> 俾塔于龙安之乳峰,谥真寂禅师。

得到寂灭的真谛。

余　波

张商英的悟道因缘,以及他和从悦的交往,别见《五灯会元》卷十八,丞相张商英居士章次。此章比较繁复,需要另作解说,暂且按下不表。然而从悦的故事还有后文,可当其余波。此事记载于《五灯会元》卷十七清凉慧洪章次。慧洪也就是洪觉范,与从悦同为宝峰克文法嗣:

> 崇宁二年,会无尽居士张公于峡之善溪。张尝自谓得龙安悦禅师(兜率从悦)末后句,丛林畏与语,因夜话及之,曰:"可惜云庵(宝峰克文云庵真净禅师)不知此事。"师问所以,张曰:"商英顷自金陵酒官移知豫章,过归宗见之,欲为点破。方叙悦末后句未卒,此

老大怒,骂曰:'此吐血秃丁脱空妄语,不得信。'既见其盛怒,更不欲叙之。"师笑曰:"相公但识龙安口传末后句,而真药现前不能辨也。"张大惊,起执师手曰:"老师真有此意邪?"曰:"疑则别参。"乃取家藏云庵顶相,展拜赞之,书以授师。其词曰:

"云庵纲宗,能用能照。天鼓希声,不落凡调。冷面严眸,神光独耀。孰传其真,觌面为肖。前悦后洪,如融如肇。"

崇宁二年是1103年,离开兜率从悦去世应该已经有十年了,离开宝峰克文去世也已经有一年了。张商英和洪觉范两人的争辩,讨论的是从悦和克文的是非,而此末后句依然尖锐。两个弟子各自维护自己的师尊,而涉及的师尊两人也是师徒。慧洪以《石门文字禅》等书而闻名,后世论者对其禅法似有微辞。然而张商英几经转折,艰苦得来之末后句,也没有过真净、慧洪这一关,则其所得仍需商榷。若从悦和克文还在,也会像他们一样争执吗?说不定相视一笑,莫逆于心吧。

这一场讨论以后,又过了十三年,金兵入侵,发生了举国震动的靖康之变(1126)。此时张商英也已经去世,慧洪还来得及亲眼所见(死于建炎二年,1128)。禅家所争执的末后句,正在时代中经历着铁蹄的考验。

《五灯会元》讲记：丞相张商英居士

一

张商英（1043—1121）是兜率从悦的续篇。兜率从悦基本讲清楚了，还留下一点点尾巴，就是他的弟子张商英。张商英是一个官至丞相的历史人物，《宋史》卷三百五十一记录他的从政经历，是世间法。《五灯会元》卷十八记录他的悟道因缘，是出世间法。

张商英的祖先，可以上推至唐代名相张九龄的弟弟张九皋。这一世系的人，在唐末跟随僖宗避乱入蜀，于是蜀州有了新津张氏，是当地有名的望族。张商英父亲张文蔚，有"育土不如育子"的思想，他不主张多买土地，把主要精力放在教育子弟上。他有七个儿子，其中两个人，张唐英和张商英，后来成为济世之材。哥哥张唐英是宋仁宗庆历年间进士，于英宗朝逐渐得到升迁。在英宗将要去世的时候，他上书参与了推荐太子。这位太子就是后来的宋神宗，他由此得到信用，升迁为殿中侍御史。张唐英为官有政声，当年推荐过王安石，是变法的前因之一。他的才能本来可以得到更大的发挥，只是在父亲去世时他回家奔丧，因为哀毁过度，不久就去世了。

他的弟弟张商英，在英宗治平二年（1065）中进士。神宗朝王安石当宰相，他被推荐给了王安石，参与实施了"熙宁新法"。王安石死后，张商英在哲宗朝被贬,和当时的党争有一定关系。徽宗朝他和蔡京一度同朝为官。两个人开始时谈得拢,后来意见不一致,蔡京就把他贬下去了。大观四年(1110)蔡京被贬,他受重用成为宰相。蔡京当相时他被贬,他当相时蔡京被贬,他是可以跟蔡京争一争的人。政和元年(1111)罢相,再启用蔡京,他又被贬下去。政和五年(1115)大赦,复官观文殿大学士。宣和三年(1121,《五灯会元》作四年)卒,赠少保。宋钦宗靖康年间加赠太保。南渡以后,宋高宗绍兴年间赐谥文忠。

《宋史》对张商英的评价有好有坏,有些可能出于偏见,有些确实难以辩解。对这个人的历史作用要另外研究,总体上是功大于过。写《宋史》的人有道学思想,对北宋的改革有所非议。王安石变法一味地主张富国强兵,有些政策的动机是好的,但到了执行的官吏手中,反而成为盘剥百姓的手段。施政者如果对人情没有透彻了解的话,一些看起来利国利民的措施,也可能有副作用。

我估计很多人第一次听到张商英,一般只有研究历史的人才知道他。张商英是在名人背后低一级的人,正好给名人遮蔽了。他旁边的王安石是人人知道的,蔡京是人人知道的,而知道张商英的人比较少。在《宋史》和《张商英传》同卷的《侯蒙传》中,还记有:"(宋)江以三十六人横行齐、魏,官军数万无敢抗者,其才必过人。今青溪盗起,不若赦江,使讨方腊以自赎。"这就是当时动荡的时代背景,也是后来《水浒传》的根。这次讨论非政治的内容,是张商英的思想变化。

> 丞相张商英居士,字天觉,号无尽。年十九,应举入京,道由向氏家,向预梦神人报曰:"明日接相公。"凌晨公至,向异之,劳问勤腆。乃曰:"秀才未娶,当以女奉洒扫。"公谦辞再三,向曰:"此行若不了当,吾亦不爽前约。"后果及第,乃娶之。

开篇仿佛是旧时的戏曲故事，很温馨，很浪漫。这个故事发生在应试途中，引出了一段婚姻佳话。这个向氏很有意思，好像英国奥斯汀小说《傲慢与偏见》，一般养女儿的人家，当女儿稍稍长大了一些，做父母的人往往就有些说不清道不明的心事了。日有所思，夜有所梦，于是感应真的来了。新津张氏多青年才俊，在周围地区有一点名气，向氏也可能事先隐约有所耳闻，于是在梦里就显出来了。

"劳问勤腆"，"劳"是慰劳，"问"是嘘寒问暖，"勤"是殷勤，"腆"是丰厚。他看到有这样一个应试的人来，就把逢年过节的好东西都端出来招待他。这个姓向的思忖着自己总有一天会当老丈人，当他看到一个英气勃勃、长身玉立的青年站在眼前，怎么能不心生欢喜呢？这里的英气勃勃、长身玉立不是我编造出来的，《宋史》本传中这样描写他："长身伟然，姿采如峙玉。负气俶傥，豪视一世。"当时张商英年方十九岁，看到这样一个好青年，有女儿的人怎么会心里没想法呢？

于是向氏跟他说："秀才未娶，当以女奉洒扫。"要是你还没有结婚，那么就让我女儿来给你料理家务吧。这是一句谦虚的话，也就是说，让我女儿来做你妻子吧。"公谦辞再三"，不行不行，你们女儿是千金小姐，而我是否考得上还在未定之天。"此行若不了当，吾亦不爽前约。"向氏给他吃了一颗定心丸，即使你考不中进士，我也会把女儿嫁给你。我看中的是你的人，不会违背作出的承诺。

旧时的戏曲往往是相公考上以后把小姐遗弃了，这里反过来，即使考不上我也不遗弃你。所以说，这是一户有教养的人家，没有世俗嫌贫爱富的想法。在下文还可以看到，这位小姐也是知书达理的人，有相当不凡的见识。为什么要用"了当"这个词，就是要把考试这件事结束掉。因为当时的社会中，在一般人看来，这是年轻人实现自我的唯一途径，是人生必须做的一件事。这真是千军万马走独木桥，比现在高考的录取比例不知道要低多少。古代像李时珍、蒲松龄、吴敬梓这些人，一生没有考中进士,社会上对他们压力多么大,他们自己也终究有一块心病。"此行若不了当,吾亦不爽前约",这是很大的许愿。

社会上读书人多了,而实现自我的途径太狭窄,不是好的现象。一个社会应该有各种各样的成功形式,比如说像比尔·盖茨中途辍学,也能开拓出一片天地。在社会不同阶层之间,应该保持相对的流动性(social mobility),如果只有一条路可走,确实会出现问题。所以好的社会应该提供更多的途径,分散这条独木桥。

再看《宋史》本传,张商英中进士是在二十二岁,不是十九岁。可见他第一次没有考上,也是后来才考上的。"后果及第,乃娶之。"应举入京和及第之间,有三年的时间差。当时的男女之间也不一定能见面,可能会通书信或者传话,相当于现在谈恋爱的气氛,让彼此有一个心有所属的时间。二十二岁的人考中进士,真是春风得意马蹄疾,要知道还有多少四十、五十岁的人没有考上哪。

> 初任主簿,因入僧寺,见藏经梵夹,金字齐整,乃怫然曰:"吾孔圣之书,不如胡人之教人所仰重。"夜坐书院中,研墨吮笔,凭纸长吟,中夜不眠。向氏呼曰:"官人,夜深何不睡去?"公以前意白之:"正此著《无佛论》。"向应声曰:"既是无佛,何论之有?当须著《有佛论》始得。"公疑其言,遂已之。

中进士以后,开始步入仕途。从低级的事务官做起,刚开始做主簿,大致相当于现在的秘书。有一次在庙里,他看到了佛教的经典。藏经指大藏经,是汉文佛典。梵夹指贝叶经,用板夹着,是印度佛典。"见藏经梵夹,金字齐整",有大量佛教文献庄重地置放着。于是他不开心了,怫然是不悦之貌。"吾孔圣之书,不如胡人之教人所仰重。"孔子的书和佛教的书有争执,哪一套学问更对,今天称为"诸神之争",

"吾"表明了他的立场。从东汉末年佛教传入中国算起,到宋代差不多已经一千年了。当时士大夫的思想往往出入佛老,但张商英还只知道流行的意识形态。

"研墨吮笔,凭纸长吟,中夜不眠",是旧时读书人的酸腐习气,如果是现在,那大概就是敲敲键盘,写写博客吧。"中夜不眠",也是古代很多人的习惯。同时代人苏轼(1037—1101),比张商英大六七岁,有《记承天寺夜游》:"元丰六年十月十二日夜,解衣欲睡,月色入户,欣然起行。念无与为乐者,遂至承天寺,寻张怀民,怀民未寝,相与步中庭。庭下如积水空明,水中藻荇交横,盖竹柏影也。何夜无月,何处无松柏,但少闲人如吾两人者耳。"清代黄仲则(1749—1783),有《绮怀》:"似此星辰非昨夜,为谁风露立中宵。""研墨吮笔,凭纸长吟,中夜不眠",也因为是青年,身体吃得消,晚上不睡觉没问题。

向氏呼曰:"官人,夜深何不睡去?"既是她关心丈夫的健康,也是隐约的情感表示。"正此著《无佛论》。"我在干一件卫道的大事呢,就是正经。张商英把自己的想法直接告诉妻子,可见夫妻的文化程度接近,可以相互沟通,可以算一段美满婚姻了。"既是无佛,何论之有?"张商英此时并不理解佛教,而是同世俗观念一样,把佛当成胡人之神,所以要写文章来反驳。这样做在逻辑上有悖论,没有的东西你驳它干什么?驳之反而坐实了。这位夫人肯定有值得敬重的地方,说得他一愣。"公疑其言,遂已之。"张商英一生跟禅宗的关系,是从怀疑开始的。

怀疑是一件大事情。从思想史角度来看,禅宗是印度思想和中国思想的结合。印度思想到最后,用的方法是信,《华严经·贤首品》"信为道元功德母,长养一切诸善法"。中国思想到最后,至少其中有一支,用的方法是疑。这一支来自庄子,庄子思想综合孔老,非常特殊。印度最厉害的信和中国最厉害的疑相结合,出来一个禅宗,在中国佛教中大放异彩。

在《庄子》书中，疑的进路出现于《大宗师》。南伯子葵和女偊探讨道论，深入、复杂而又精细。最后一个人讲完了，另外一个人还有好奇心，追问你的思想从哪里来？这个人交代自己的进路，一共推衍了九层。一开始是"副墨之子"，从书上看来的。那么书上的东西又从哪里来？书上的东西是听人诵读得来，而听人诵读的东西又是从辛苦锻炼得来，等等。这样一层、一层又一层，到了第八层的时候，"闻之参寥"，来自三和一的象数变化。最后还要追问一句，参寥又是从哪里来？于是讲出了振聋发聩的结论，"参寥闻之疑始"，怀疑这个开始，怀疑这个大前提。"疑始"就是中国的乾元上出，庄子得到了《易经》的真精神。印度最后主张信的佛教，得到了中国创造性疑的思想，才真正地大放异彩。当然佛教允许理性的探讨和研究，也是可以不用先相信的。

张商英给妻子向氏一问，发现自己原来以为天经地义的思想，存在着明显的漏洞。虽然还没有想明白，但是文章停下不写了。也就是这一疑，对他的生命产生了转折性影响。

后访一同列，见佛龛前经卷，乃问曰："此何书也？"

"后访一同列"，应该是不久以后。"同列"这个词，一般解释是同朝为官者。张商英刚才还在做主簿，这里不大像指他做主簿时的同事。结合《宋史》本传的记载，可以判断他已经非常快地升迁了。我估计这时候他已经在地方官属下，担任了部门的主管。张商英是后来做到宰相的人，"自古英雄出少年"，这样的人会在青年时期非常快、非常频繁地升迁，以令人目眩的速度达到令人目眩的高度，否则一生做不到宰相。这种情形可以用"职业上升期"来形容。每个时代、每个领域都有这样非常快升迁的人，这种升迁既出于自身的品质，也出于种种机缘的凑合。当然这不是每个人能遇到的,有些人升了一段就不升了,有些人一辈子也没有升。在职业上升期结束时会遇到自己的瓶颈,比如说张商英做到宰相就不能升了,因为他不可能做皇帝。每个人其实都会遇到自己的瓶颈,因为世间法总会碰到瓶颈。怎么认识自己的瓶颈,这里的学问很深。为什么张商英不但在《宋史》有传,而且在《五灯会元》还有传呢?因为他还有出世间法。即使你做到了宰相,如果没有出世间法对世间法的理解,那么从佛教的角度来看,你这一生算是白过了。如果你把出世间法理解透的话,即使一辈子做小人物也无所谓。当然出世间法也有根器的问题,也有升华的过程。

张商英在佛龛前接触到一本佛教经卷。佛龛原指在山崖石壁上挖一个洞,然后把佛像安置进去。后来,一般信佛的人家会做木橱或石橱供奉佛像,这就是佛龛。"此何书也?"他对这本书产生了好奇心。张商英前边看到的是"藏经梵夹",对中印文化的整体交流有所感受,这里又遇到了一本具体的书作为入口。

同列曰:"《维摩诘所说经》。"

《维摩诘所说经》现存三种译本。一种是三国支谦的译本,一种是南北朝鸠摩罗什的译本,还有一种唐代玄奘的译本。支谦译本比较质朴,不够显豁。玄奘译本重视忠实,有些生涩。而鸠摩罗什译本,文质相宣,流行很广。张商英看到的是鸠摩罗什译本。

公信手开卷,阅到"此病非地大,亦不离地大"处,叹曰:"胡人之语,亦能尔耶?"

他随手翻到一个地方,正好读到一句话。从所有的佛经,然后到某一本特殊的佛经,然后到某一句特殊的话。信手开卷,随便翻翻,此中有触机,应当注意前因。"此病非地大,亦不离地大",这句话出于《文殊师利问疾品》,也就是中卷的开头部分。他翻到了全经的三分之一处,对这个地方有所感觉。现在回想起来,在2003年SARS流行的时候,我讲过《文殊师利问疾品》。在SARS声势最盛的那几天中,机关关门,学校停课,所有人在家中不敢出来。朋友们熬了一段时间以后,闷坏了,几个人约出来碰个头,在徐家汇一家咖啡馆中,当时讨论的就是这一品。《维摩诘经》总共有十四品,为什么选讲这一品呢?也许想在心理上抵消一些戾气吧。当时咖啡馆中顾客稀少,环境气氛非常清冷,几个人压低着声音说话,神情兴奋而专注。我还记得讲到后来,有位从事翻译的朋友差不多要睡着了。

为什么维摩诘讲这句话,"此病非地大,亦不离地大"?我曾经说过,一个人真正难以面对的是生老病死,尤其是病,甚至是死。如果遇到病或者死,会得到亲友和医护人员的很大帮助,这些帮助不可或缺,对病人是极大的慰藉和支持,但这还只是一部分。最后还有难以面对的一部分,任何人都不能代替,在生死之间,你只能独自面对。这是最厉害的东西,宗教之所以废不了,就是由于有这一部分。这是人生逃避不了的一部分,你没法得到安慰,能够得到安慰就是宗教。马克思《〈黑格尔法哲学批判〉导言》称"宗教是人民的鸦片"(《马克思恩格斯选集》第1卷,人民出版社,1972,第2页),它能够止痛。如果最后病能够好,所有人当然皆大欢喜。只是好不了怎么办?终究有好不了的时候,看过去,看别人,就能明白。真正好不了的病没法安慰,而能够好的病其实也用不着安慰。在这里除了亲情和友情,还有宗教给你支持。

维摩诘是修菩萨行的人,他看见众生为业力所困,都在生各种各样的病,于是自己也生了一场病,来让周围的人明白生病是怎么回事。这就是《维摩诘经》有名的"为众生病",让众生通过他的病来明白,或者有一个机会来明白,生老病死是怎么回事。他的生病给释迦牟尼出了难题,老朋友生病你总不能不关心吧,于是派他的弟子去探望。释迦牟尼先派小乘的弟子去,先后派了十个,弟子说我不行不行,我安慰不了他。然后派大乘的菩萨去,比如说弥勒菩萨这样的人。大乘的人也说,我够不上他,对他无话可说。当然这是表演一场戏,释迦牟尼自己去不就完了吗?只是释迦牟尼如果自己过去,大概彼此笑笑就可以了,很多精妙的说法也不会出现。最后没有办法,他只能派大弟子去,就是文殊师利菩萨。文殊师利在过去世是七佛之师,这一世来做佛的弟子。由当年的老师来做弟子,那是来捧你场的,实际上派了太老师去。文殊师利跟维摩诘的谈话,听上去根本不像在安慰病人,两个人好像在讨论谁对疾病的了解深,于是产生了一场高手之间的辩论。他们完全是直面疾病,因为维摩诘不需要安慰,就是讨论生病问题,讨论生死问题。这是一场难得有机会听到的高层次辩论,多少菩萨、多少弟子跟过去旁听,这就是《维摩诘经》的戏剧性。

维摩诘这句话,"此病非地大,亦不离地大",疾病既有它的物质性成分,或者说有医药可以管的成分,应该包括中医、西医两种不同的方式。也有非物质性成分,就是现代科学不承认或者不理解的成分。"此病非地大",它不是唯物的。"亦不离地大",但也不是唯心的。我生的这个病,甚至可推远至任何一个病,不是生理上的问题,但也不脱离生理上的问题。这就是维摩诘的玄学思辨。

张商英看到这句话,不由感叹:"胡人之语,亦能尔耶?"外国人也能讲得这么好吗?他感到非常惊奇。要知道,唐宋时代不同于现在,那是中国人完全自信的年代。现在的中国人往往会迷信外国,所以鲁迅有一篇文章《中国人失掉自信力了吗》(见《且介亭杂文》),在张商英时代没有这个问题。儒者一般只知道六经和《论语》,比如说"丘之祷久矣","如不可求,从吾所好"之类,深得不得了。想不到外国人思想也有深意,这一下打中了他的心。

> 问:"此经几卷?"曰:"三卷。"

鸠摩罗什的译本,分上、中、下三卷。

> 乃借归阅次,向氏问:"看何书?"公曰:"《维摩诘所说经》"。向曰:"可熟读此经,然后著《无佛论》。"

于是张商英把同事的书借回家来看。妻子走过来问他:你在看什么书啊?可见他们的夫妻关系很好,对于很深的书,彼此也能交流。他说《维摩诘所说经》,妻子点了他一句:你把这本经读熟了,上次的文章就写下去吧。我对向氏有一个好感,这也是中国文化的特殊性,就是不同宗教之间能够和平相处。她本人对《维摩诘经》一定很熟,但是自己了解就可以了,也没有劝丈夫相信。丈夫和妻子的思想有所不同,并不影响他们的日常生活。如果是西方的宗教,夫妻属于两个不同的信仰,或者同一信仰中两个不同的教派,彼此的生活绝对有冲突。我觉得她读《维摩诘经》已经明白了,估计她平时也不搞那些宗教形式,烧香、磕头、拜佛那一套。这样的女性受到丈夫的尊重,如果说你快来相信啊,相信它有多少好处啊,两个人肯定就崩掉了。

> 公悚然异其言。

张商英被她一讲,毛骨悚然。从佛教思想来讲,毛骨悚然是善根的发现。儒家也是这样,仁反对的就是麻木不仁,没有感应和感受。《大阿弥陀经》讲,世间人民前世为善,今世一闻佛名,慈心喜悦,志意清净,毛发耸然,泪即涌出(《闻法因缘分》)。小乘也是如此,一闻无常言教,而毛骨悚然,当下证果。这些人的根器不同,他们一听到无常的字眼,用不着玩弄什么语义学分析,马上就有生理反应出来。柏拉图在《会饮篇》中讲,苏格拉底的言辞"像一条蛇的利牙刺入肉体一样透入灵魂"(218a)。灵魂和肉体有共通的相契关系,后来尤其是到了学院派,语词后面的直接感受没有了。熊十力也说:人的可贵就是有感触,"感触大者为大人,感触小者为小人"(牟宗三《圆善论·序》引)。一点没有感触的,麻木不仁,不是人,仁和人是相通的。

> 由是深信佛乘,留心祖道。

从疑其言到悚然异其言,是从心理到生理。张商英对佛教的态度,发生了完全的改观。深信佛乘是印度佛教,也就是教下。留心祖道是中国佛教的向上一路,也就是宗门。一般的理解,教下和宗门是两条路,教下是显教,而宗门有其特殊性。我前面讲过,宗门来自中国思想,尤其是来自庄子,庄子可以认为是孔老的结合,最后的上出是疑始。不仅如此,在我看来,孔子也是儒道相结合的人,不能完全等同于汉以后的儒家。后来儒和道分离,才发生道不同不相为谋的互绌。结合信仰和怀疑,在唐宋时代出来最厉害的一路是祖道,也就是禅宗的祖师禅。禅宗得到印度佛教的经典支持主要有两本书,一本是《金刚经》,一本是《维摩诘经》。《金刚经》有着深远的思想性,而《维摩诘经》提供很多变来变去的象。

> 元祐六年,为江西漕,首谒东林照觉总禅师,觉诘其所见处,与己符合,乃印可。

元祐六年(1091)是宋哲宗的年号,当时的背景是保守派当政,张商英大概被贬官了。漕指漕运,也就是利用水道调用粮食,是保障京城的重要供给线。因为到江西,他首先就上了庐山,去见东林照觉常总禅师。东林常总在当时有大名,他的弟子更有大名,就是苏东坡。这次讲张商英是兜率从悦的续篇,兜率从悦的老师是真净,常总是真净的师兄弟,两人都是黄龙南的弟子。

黄龙南就是在《五灯会元》兜率从悦章次中被称为"南匾头"的人。这个南匾头后来成了小说《醒世恒言》中《吕洞宾飞剑斩黄龙》中的主角,作为佛家代表和道家代表吕洞宾斗法。黄龙南的弟子是常总,常总的弟子是苏东坡。苏东坡有两首流行的诗都跟常总有关系。很流行的一首是《赠东林总长老》:"溪声便是广长舌,山色岂非清净身。夜来八万四千偈,他日如何举示人?"更流行的一首是《题西林寺壁》:"横看成岭侧成峰,远近高低各不同。不识庐山真面目,只缘身在此山中。"这首诗一方面是描写庐山的风景变化,一方面也是称赞他的老师气象博大,没有人看得清他的真面目。庐山东林寺的旁边就是西林寺,两座寺相隔很近,西林寺曾经几度荒废,这些年又重新恢复了。苏东坡在常总这儿接受禅法,张商英也在他这儿得到印可。

常总盘诘他的见地与己符合。为什么能和常总符合呢,张商英长期以来留心的就是这一路学问。已经过了很久,他不再是当年访问同列的那个小官,而是独当一面的负责人了。这时候他把《维摩诘经》读通了,很难被人问倒。常总看到他的反应头头是道,于是就印可他,算你懂了。人成长到了一定程度,很难遇到和自己见解相合的人。我们以前读《毕达哥拉斯传》也是如此,毕达哥拉斯听到有一个人在讲述他的观点,哎呀,非常高兴,马上走过去跟他交朋友。

禅宗其实都是靠自悟的,但是自悟以后,还要找一个真懂的人来印可。《六祖坛经》(契嵩本)中有一句话,"威音王已后,无师自悟,尽是天然外道。"(郭朋《坛经对勘》,齐鲁书社,1981,126页)威音王在佛教观念里是第一个佛,其前不再有佛,释迦牟尼等都是后来的佛。有了这个佛以后,传承没有断过,你要在这个传承中,才能得到印可。有个人叫永嘉玄觉(665—713),他已经完全自悟了,同伴跟他讲,六祖还在那儿,他是真懂的人,你还需要到他那儿印可一下。于是他就到了六祖那里,到了以后,他不是来找你印可的,而是来挑刺的。禅宗这些人真是气象万千,他不是说老师你来看看我对不对,而是他来检查你对不对。两个人针锋相对地谈,内容精彩极了。最后大家彼此认可了,玄觉转身就走,那真是潇洒,绝不拖泥带水。六祖说:你既然来了,还是睡一晚再走吧。结果玄觉在寺里睡了一晚,留下了有名的佳话"一宿觉"。禅宗个个都是眼高于顶的人,他不是来被老师考自己够不够资格做学生,而是来考老师够不够资格做自己老师。最后六祖通过了学生的考试,学生才把他算作了老师。永嘉玄觉后来留下一本《永嘉证道歌》,我非常喜欢。有一些人考证它是伪作,我觉得至少此书的内容不伪,当得起永嘉玄觉的气概。印可是非常厉害的,朦朦胧胧的印可,禅宗里称为"冬瓜印子",好比自己用冬瓜刻一个私章,盖上去没有法律效力。

觉曰:"吾有得法弟子住玉溪,乃慈古镜也,亦可与语。"

常总说,我有一个大弟子在玉溪,叫慈古镜,你可以跟他谈谈。他印可了张商英,然后把大弟子介绍给他。

二

公复因按部过分宁,诸禅迓之。

张商英巡查部属经过分宁,分宁治所在今江西省修水县,他已经是主持一方的大官了。诸禅就是五院长老,也就是五个有名的禅者来迎接他。

公到,先致敬玉溪慈,次及诸山,最后问兜率悦禅师。

张商英按照老师的吩咐首先向本门大师兄致敬,对他的礼数非常周到,然后再向其他山门的人致敬。他比较轻视兜率从悦,最后才附带问了他,既是问候,也是提问。等别人都讲完了才轮到兜率从悦,也给了他最后发言的机会。"谁笑到最后,谁笑得最好",最后的发言成了兜率从悦的总结陈辞。

悦为人短小,公曾见龚德庄说其聪明可人,乃曰:"闻公善文章。"

兜率从悦人很矮小,但是非常聪明会说话,"可人"指其善于理解人。由于没有什么话可讲,张商英不得已敷衍他一句,听说你文章写得好。兜率从悦确实文章好,运用典故也精妙之极。

悦大笑曰:"运使失却一只眼了也。从悦,临济九世孙,对运使论文章,政如运使对从悦论禅也。"

禅宗的人除非你完全不碰他,你一旦碰了他,只要有一丝缝隙,他的反应马上出来了。兜率从悦说,你说我的文章好,那是你的眼光不行。为什么说"失却一只眼"?因为禅宗最重要的是见地,"只贵子眼正,不说子行履"(《五灯会元》卷九沩山灵佑章次),这个关键的眼睛要开出来。说张商英没有这个眼,这是对他得到印可的打击。如果这个眼没有开,对你的其他称赞都是假的。

这句话就是说,你的话讲错了,我的文章并不好。但是反过来说,你的禅也不好。对于过去时代的人来说,一般都不直接批评人。如果一个人自以为有个特长的话,你不恭维他的这个特长,而是恭维他第二好的特长,他就觉得你是在讥讽他。像林纾认为自己最好的是古文,然后是画,第三才是翻译。如果你跟他讲,你的翻译真是影响大,他会怀疑你说话的动机。还有人知道你自诩文章好,他却故意不提起,而是说你的诗写得真不错,于是你就生气得不得了(参见钱锺书《七缀集·林纾的翻译》)。张商英考得取进士,写文章当然不会差,但是他自认为禅比文章好,然而从悦就是否定他的禅。

> 公不然其语,乃强屈指曰:"是九世也。"

张商英被他说得懵掉了,但还是不服,于是应付着抵抗了一下。"运使失却一只眼了也。从悦,临济九世孙,对运使论文章,政如运使对从悦论禅也。"从悦整段话的重点在前面一句和后面一句,当中的临济九世孙,只是带带过的论据。张商英驳不了前边一句,也驳不了后面一句,只能去驳中间稍显薄弱的地方。张商英以为自己才是临济九世孙,而你凭什么也是临济九世孙?

临济到黄龙南是第七代,到真净和常总是第八代,如果到张商英的话是第九代,然而到兜率从悦也是第九代。张商英扳着指头一代一代地算,算下来从悦没有说错,他是正宗的临济九世孙,这绝对是不能冒充的。从悦的话力量太强,张商英无论如何要反驳他,于是选了一个看上去最弱的枝叶论据去反驳。结果连这个枝叶论据也反驳不了,张商英的自信全盘溃败,于是不知不觉地转移了话题。

问:"玉溪去此多少?"曰:"三十里。"曰:"兜率聻!"曰:"五里。"公是夜乃至兜率。

他本来想去大师兄慈古镜那里住下谈谈的,玉溪离这儿有多远呢?"三十里"。那么兜率呢?"五里"。张商英当晚就到了兜率院。这就是当下的机,天造地设,奇怪得不得了。这里的机锋听出来了吗?言下之意就是说,我的地方比他近,你到那里去就是兜圈子,走远路了。聻是语气词,音ní。从悦意在弦外之音,但兜率确实比玉溪近呀,这就是有天地的机来凑你。如果兜率是三十里,玉溪是五里,我不知道他还有什么话可说。这时候就是有东西来凑你,有时候真的会出神入化,天衣无缝地密合。于是张商英跟着从悦走了。

悦先一夜梦日轮升天,被悦以手抟取。乃说与首座曰:"日轮运转之义,闻张运使非久过此,吾当深锥痛札。若肯回头,则吾门幸事。"

无论是宗教,或者是哲学,如果有重要的学生前来,对老师来说也是大事。在古希腊,有一次苏格拉底梦见天鹅飞到他膝盖上,鸣叫了几下,然后飞走了,第二天柏拉图就来了(第奥根尼·拉尔修《名哲言行录》,马永翔等译,吉林人民出版社,2003,173页)。

"梦日轮升天",对于古代梦书来讲,日轮升天的象,就是"东方红,太阳升"啊,其实也可以解释为皇帝的。但是在现实情况中,这个象不能成立,那么就是次一等,相应丞相这样的贵人。抟是鸟类向天空盘旋飞翔的样子,《庄子·逍遥游》"抟扶摇而上者九万里",形状有些像龙卷风。这个字的本义是用手捏取,从悦做了一个梦,跟上去把正在转的日轮拿住了。禅家"上与帝王同坐,下与乞丐共行",相应极其广阔的社会阶层。一般人大概只能在下边仰望，日轮升天是大救星来了。"吾当深锥痛札"，因为他的根器好，我准备狠狠地捅他几下。禅家把人看成一个封闭起来的洞窟，黑沉沉地给包围了，怎样把它捅破了，才能打开天窗看到一线光明。一般人都是给概念或名相遮蔽了，接触不到真实。

"若肯回头"，回头是岸，兜率从悦认为他从常总那儿接受的禅法是进入误区。"则吾门幸事"，这样能光大我这一流派的门楣。我对兜率从悦的批评，多多少少在这里。这也就是禅宗发展到了宋代，虽然声势越来越大，终究渐渐走向衰落的内在原因。成立一个宗教或者建立一套学说，通常都有内外两个方面。外边是宣传性的，而内部会有极少数精英，他有可能是真懂或者真信的。真信的人不用劝别人相信，而劝你相信的人，其实连他自己都不能说是相信，而是以到处拉人入伙，来掩盖自己的不自信。如果有内在证悟的人或者真懂的人越来越少的话，那么这个组织发展得再庞大，用现在话来讲就是泡沫，终究有一天要破灭的。把发展本门流派看得过于重要，虽然也不能算错，但是终究有一点问题。

刚才讲临济九世孙，可以追溯其源。从禅宗发展史来说，其基础是印度佛教的大积累，中国文化的大积累，从南北朝时候的达磨开始，产生了一个隐蔽的修持系列，里面全都是证道的人，一直到接近盛唐的时候，最后有六祖出来。这样积累的六代，就是开出的一花。一花因为积累的力量太大，余力未消，然后进一步开出来五叶。禅宗被称为"一花五叶"，五叶就是五个流派，临济是其中之一。开了这五叶以后，还有余下的力量，继续开出两张小叶子，这就是五家七宗。两张小叶子来自临济宗石霜楚圆两大弟子，一张是黄龙派，一张是杨歧派。两张叶子虽然采着了力量，但是创新势头也就渐渐消歇了。两张小叶子开于北宋年间，其中一张小叶子的第三代，就是兜率从悦。此后一直延续到南宋，还有几个比较好的人，以后的禅宗就渐渐一蹶不振了。从悦的想法还是有道理的，宗教其实也脱离不了政治。道安有句名言，"不依国主，则法事难立"（《高僧传·释道安传》）。要弘扬佛法的话，难免跟政治有所联系，宗教确实很难纯粹。可是如果只是想光大门楣，而不是一门心思做回自己，那肯定违背了当初开派祖师的宗旨。

但是禅宗的发展，还有一些力量。我讲《风姿花传》时提到，一种风体在京城不流行了，在边远地区还会流行一段时间。一个过气的演员在东京已经不受欢迎了，还能在乡下走红。到了南宋，五叶只剩下两张，一张是临济，一张是曹洞，其余三叶基本衰谢了。而且曹洞不及临济，临济一支独大，也就是从石霜楚圆传下来的这一路，其中有兜率从悦和张商英。禅宗在中国快要衰谢的时候，在南宋末年又传到了日本。日本有几个僧人来中国取经，成了日本禅宗的祖师爷。其中一个是荣西（1141—1215），另外一个是道元（1200—1253）。道元和荣西还有点关系，是荣西的第三代。荣西引入临济宗，道元引入曹洞宗。荣西写《吃茶养生记》，是日本茶道的开始。二十世纪欧美流行的禅宗从日本而来，铃木大拙（1870—1966）的禅宗著作，对美国文化有影响。

座曰："今之士大夫，受人取奉惯，恐其恶发，别生事也。"

首座是从悦身边的主要助手，这个人提出了疑问。今天的士大夫被人拍马屁习惯了，听不得不同意见，何况"深锥痛札"。我觉得一个人如果当了领导，成为"猛人"，很难突破包围知道真相（鲁迅《而已集·扣丝杂感》）。因为听不到批评意见，批评意见到了你面前，自然而然就消失了。你就是怎样地留心，别人也不会露出来。上次引用过毕达哥拉斯一句话："不要打扰大人物自以为是的傲慢。"也是这种情况。座主说：你给他亮真家伙，万一他冒了火，反而会难以收拾。我们太太平平过日子,自己研究修习,不是蛮好吗?还是不要去招惹他吧。

悦曰:"正使烦恼,只退得我院,也别无事。"

可见兜率从悦事先评估过这一事件的风险。即使这位大官不高兴了,最多也就是取消兜率院的出席资格,不会有再大的事情了。寺院也不是我们想象的桃花源,完完全全跟世间法没有关系。在这里从悦也是蛮世俗的,他评估过可承受风险的底线。

公与悦语次,称赏东林,悦未肯其说。

张商英跟他讨论禅宗,赞许东林的禅法,从悦不能同意。

公乃题《寺后拟瀑轩》诗,其略曰:"不向庐山寻落处,象王鼻孔谩辽天。"意讥其不肯东林也。

张商英题了一首诗,讽刺从悦不同意东林的禅法。这首诗写的是瀑布,同时也是禅境,含巧妙的双关。庐山瀑布天下闻名,张商英说:你这里的瀑布不怎么好,看真正的瀑布,应该到庐山去。瀑布往下落的时候,有一些水珠会倒溅。白色的水珠往上跳,好像白象的鼻孔往天上辽(撩)。瀑布中的泡沫,溅上去不过一会儿,又要掉下来,就好比象王觉得自己了不起,把鼻子对着天一通辽(撩),你还是矮小的角色在空使力。东林的禅法高得不得了,你的攻击徒劳无益,好比蚍蜉撼大树,可笑不自量。你看天有多么高,像这样的小水珠往天上溅,溅得到天吗?

公与悦语至更深,论及宗门事。

两人谈得越来越深入,一直谈到更深。这一天的日程安排,非常紧凑。白天开会,晚上走了五里路赶到兜率院,吃饭后又继续讨论。这是一个禅宗研讨会,谈宗门内部的事情,渐渐触及核心。

悦曰:"东林既印可运使,运使于佛祖言教有少疑否?"公曰:"有。"

老师既然印可了学生,就要对学生的行为负责。兜率从悦对他说:你自己想想,对佛经里和宗门祖师的话,还有疑问吗?禅宗自始至终把这个"疑"字放在头上,直到疑无可疑为止。刚才"公疑其言,遂已之",这里"于佛祖言教有少疑否",重新祭起了疑话头的法宝。张商英说:尽管《维摩诘经》我看懂了,老师也印证我对了,但是还有两段东西没有懂。

悦曰:"疑何等语?"

你疑哪些话头?

公曰:"疑香严独脚颂、德山拓钵话。"

那是两个有名的禅宗公案。"香严独脚颂",事见《五灯会元》卷九。"德山拓钵话",事见《五灯会元》卷七。这两段东西真是好极了,也确实非常难,真有找不出缝的东西。

悦曰:"既于此有疑,其余安得无邪?

既然还有怀疑,你敢说其余的话都懂了吗?

只如岩头言末后句,是有邪是无邪?"公曰:"有。"

禅宗最后的东西,所谓"末后句"到底是有呢,还是没有呢?张商英说,有。岩头末后句,也在"德山拓钵话"中。岩头确实非常厉害,差不多老师要做他的学生了。当年我读《五灯会元》的时候,岩头给过我大启发。我对禅宗的理解,有一部分来自岩头。

悦大笑,便归方丈,闭却门。

兜率从悦大笑,根本不是这回事,你原来还是外行,把他关在了门外。把这扇门闭上,就是等着他来推开,你想通了就进来,想不通就待在门外吧。在我看来,说岩头末后句有也不对,无也不对,非有非无也不对,亦有亦无也不对。不在这里边,而是另外有个东西,懂了就是懂了,不懂就是不懂。

这些天我在校改《庄子·人间世》的稿子,虽然写得还是不好,其中的内容前前后后想了十几年了。"人间世,乃此时此地一代人之存在,有其不得不面对的问题。"间为人之空间,世为人之时间,空间和时间脱离不了人,才是人间世。在人间世中,大到每一代人,小到每一个人,都有他无法解决的问题,而且不能不面对。最后的结论,我不知道写了多少遍也没写好。我现在这样写:"本篇之义,于此既有解,亦无解,而有解即在无解之中。"这句话改来改去好多年,前后差不多有十几遍,一直不大敢拿出来。认为最后有解的思想当然太简单,你肯定还没有懂无解。世界的最后就是解不了的,如果没有把无解组合进去,那还根本谈不上哲学。如果把无解作重点,真的很残酷,那么辛辛苦苦做事写文章,目的又在哪儿呢?最后的结论是有解还是无解,我现在还没有决定。是给人一些信心好呢,还是把所有的路断绝掉,判断不下来。手真的非常痒,无论如何还不能安心,就是参这个东西。

当然禅宗的末后句还要深,末后句真的参破了,不管客观情况到底怎么样,这些人主观上就自以为解决了。在《人间世》中,颜回要到卫国去,孔子和他有一大篇讨论。讨论以后去了没有呢?不谈下去了,最后的结论无解。叶公要出使齐国,孔子也讲了一大篇话,最后去了没有呢,还是没有下文。庄子妙就妙在这儿,他没有端出来固定的解决方案,讨论就到此为止了。

公一夜睡不稳,至五更下床,触翻溺器,乃大彻,猛省前话。

整整一夜都没有睡好。这一天是他生命的转折,完全都在紧张之中。这有些像基督教中帕斯卡的"激情之夜"(nuit de feu/night of fire)。帕斯卡三十二岁时有一天若有所悟,肯定自己看到了。不管你们信不信,对于我来说确切无疑,我已经解决了。这里就是张商英的"激情之夜",睡来睡去睡不好,被这些话头搞得天翻地覆,里边的东西都在变化。然后到五更下床,差不多就是早晨了。他无意中踢翻了溺器,于是全盘通了。"乃大彻",那些怀疑的东西完全清楚了。

遂有颂曰:"鼓寂钟沉拓钵回,岩头一拶语如雷。果然只得三年活,莫是遭他授记来。"

这个颂全部在解释"德山拓钵话",原来看不懂的东西看懂了,明白他们讲的是什么意思了(参见拙稿《五灯会元》讲记:岩头全豁")。

遂扣方丈门,曰:"某已捉得贼了。"

张商英果然去敲从悦的门,你开门吧,我来入室做弟子。"某已捉得贼了。"贼就是这个逃来逃去闪闪烁烁不给你看见,或者你自己逃避着不肯看见的关键。

悦曰:"赃在甚处?"公无语。

虽然已经大彻,但还是不能碰到高手。被高手一问,又问住了。那么把柄在哪里呢?又讲不出来了。

悦曰:"都运且去,来日相见。"

你先回去吧,有什么话明天再说,先缓上一缓。这样紧张的一天一夜,如果张商英的精神力不够强的话,真要被逼出病来。前面从悦无论如何不放过,讲一句他盯住一句,真刀真枪,根本不留余地。这时候你跨过了这道门槛,他就由武火开始改用文火了。用一句安慰的话缓一缓,所谓"文武之道,一张一弛"。

翌日,公遂举前颂,悦乃谓曰:"参禅只为命根不断,依语生解。如是之说,公已深悟。然至极微细处,使人不觉不知,堕在区宇。"

第二天,他把昨天的颂念给从悦听。从悦讲,参禅就是要断掉命根,否则表达的都是成见。随便听到一句话就套牢了,然后被牵着鼻子走。依我看来,先秦的古典学术还要好,禅宗已经是后来的东西了。对于命根不断,庄子有个说法是"悬解"(《养生主》、《大宗师》),腾空地解。古典学术非常精巧,好像庖丁解牛,一丝一毫地、细心地把东西解开来,解开以后就自然而然没有了。但是一方面古典学术渐渐失传,另一方面后来的人也没有耐心。禅宗无论如何首先要找到命根,然后拼命地砍断它。

"依语生解",给这些名相套牢了,没有看懂名相的背后是什么。世界上的几大古典学术,其实都是从名相分析入手。孔子有"正名",老子有"名可名,非常名",维摩诘有"净名",苏格拉底、柏拉图的辩证法,也是从名相开始追究。"如是之说,公已深悟"。如果是这些问题,你不用跟我讨论也已经明白了。你没有明白是什么地方呢?"至极微细处,使人不觉不知,堕在区宇"。其实人总是在不知不觉的地方受到限制,但是这个限制兜率从悦看得出来,张商英看不出来,那就是兜率从悦程度高。

> 乃作颂证之曰:"等闲行处,步步皆如。

你所经历的一切生活上的事情,每一步都天然吻合,妙不可言。

> 虽居声色,宁滞有无?

虽然身处的世界脱离不了声色,但不要停留在有和无两边。

> 一心靡异,万法非殊。

心如果平等,看上去不同的万法,没有什么不同。

休分体用,莫择精粗。

不要把体和用割裂开。读柏拉图的对话不能扔掉他的戏剧形式,后来扔掉戏剧形式,总结出形而上学,比如"理念论"之类,寻常日用就没有了。柏拉图的对话就是吃完饭以后,来了几个人谈谈,吃完饭以后与来的人是谁,这些都是不能扔掉的。扔掉以后总结出来一个高妙的概念性体系,体用就割裂了。

临机不碍,应物无拘。

一旦遇到机,什么进路都可以走。即使玉溪近,兜率远,他一定还有话可以说,这是天然凑泊的。

是非情尽,凡圣皆除。

是和非的感情清除,凡和圣的界限消解。

谁得谁失,何亲何疏?

没有谁得,也没有谁失,没有亲,也没有疏。

拈头作尾,指实为虚。

"拈头作尾"是头尾打通,"指实为虚"是虚实打通。炼金术的象征是衔尾蛇,头和尾连接在一起。

翻身魔界,转脚邪涂。

这就是上次讲兜率从悦的关键,可以入佛不可以入魔,这一层无论如何要参透。《西游记》第二回须菩提对孙悟空讲,"三百六十旁门,旁门皆有正果"。但是要知道,如果进入旁门,没有大力量是翻不出来的。如果有大力量能翻出来,世界上没有旁门,旁门都可以通向正果。

了无逆顺,不犯工夫。"

顺就是逆,逆就是顺,正就是反,反就是正。如果要修一个工夫,必然跟周围环境有对抗,环境也一定会千方百计来干扰。其实对禅宗来讲,修工夫也是业。只有把体打破了,工夫就是环境,环境就是工夫,才永远触犯不了。这个永远碰不上的,才是真正的工夫,而修和不修是两头语。

三

公邀悦至建昌,途中一一伺察。有十颂叙其事,悦亦有十颂酬之。时元祐八年八月也。

三年以后,张商英邀请兜率从悦到建昌去。宋代的建昌就是建昌军(军是行政区划),治所在今江西省南城县。"途中一一伺察"。伺察是大体贯通了,还要进一步注意细节。三年前不是已经开悟了吗? 还有一些深入的细节问题,就在途中用一一伺察来解决。

禅门你挑我刺,我挑你刺地交互勘验,是高手之间极其严格地寻找见地的漏洞,也是修持的漏洞。人对自己的漏洞往往找不出来,一定是由最厉害的敌人来找你的漏洞,找到了就避不开。这就是悟后修。对此也存在两种意见,一种是悟后需要修,一种是悟后不用修。在我想来,悟后大概还是需要修的,不修是修的另一种形式。

可以有几种情况。一种是来自老师的帮助,当年兜率从悦也经历了这一过程。前文"如是累月,素乃印可",即使大体对了,还有弦外之音。要知道,弦外之音都是从弦上来的,所以弦还需要调整。这就是大艺术家和一般演奏者的区别,高手和低手,就是在弦外之音上有所不同。另外一种是本人的自修,比如说慧能在五祖印可以后,自己在猎人队里潜修十六年,默默地,一个结一个结地解。后来彻底解清楚了,再出来住持说法。又比如说无著文喜,他在遇见文殊以后,改变了修持方向,十五年后再遇见仰山,才得到根本解决。当然也有在印可之前已经解决的人,我想就是永嘉玄觉,一通百通。最后和六祖印一印就走,即使还剩下一些问题,自己也会透彻。

"有十颂叙其事,悦亦有十颂酬之"。两个人互相酬唱,各写了十首诗。禅宗这些人写诗,也是当时的风气。有些诗写得真好,比如苏轼《题西林寺壁》,又比如张商英"不向庐山寻落处,象王鼻孔谩辽天"。这就是宋诗的理趣,也是唐诗和宋诗的区别之一。流传的一些有名的禅诗,比如"频呼小玉原无事,只要檀郎认得声"。这是香艳诗,也是禅境呀。小姐呼唤"小玉,小玉",这不是叫给丫环听的,而是隔壁有一个男孩子在,要他听见我的弦外之音,表达的是言外之意。又比如"金鸭香销锦绣堆,笙歌丛里醉扶归。少年一段风流事,只许佳人独自知"(《五灯会元》卷十九昭觉克勤章次)。豪华的酒宴散场后,在音乐声中喝醉归来,一个美丽的少妇,想着自己不足为人道的心事。这也是用香艳诗来表达禅境。

我自己最欣赏的禅者之一,是打地和尚,此人的事迹见《五灯会元》卷三:"忻州打地和尚,自江西领旨,常晦其名。凡学者致问,唯以棒打地示之。时谓之打地和尚。一日被僧藏却棒,然后致问,师但张其口。僧问门人曰:'将如和尚每日有人问便打地,意旨如何?'门人即于灶内取柴一片,掷在釜中。"打地和尚是唐代人,"从江西领旨",他是马祖的弟子。"常晦其名",经常把自己的名声遮掉,因为成名有可能成为障碍。人一般总是在默默无闻时,才比较容易取得实质性进步,必须珍惜这段大好时光。"凡学者致问,唯以棒打地示之"。经常有人来问他佛法,你是从江西领旨的人,请告诉我些什么吧,他就用棒头敲敲地。"时谓之打地和尚",因为他连名字都没有,当时人就叫他打地和尚。佛法是什么,敲敲地。什么是什么,敲敲地。"一日被僧藏却棒,然后致问",有一天,旁边的人把他的这根棒藏掉了,然后再去问他。"师但张其口",没有棒子了,就张开嘴"噢……噢……",还是无言。"僧问门人曰:'将如和尚每日有人问便打地,意旨如何?'"有人问他的学生,像你的师父这样,有人来问他便打地,意思到底是什么?"门人即于灶内取柴一片,掷在釜中",门人在灶头下拿了一片正在烧的柴,扔在锅子中。对打地和尚和他的学生,我欣赏得不得了。至少我相信他们究竟了,老师究竟了,学生也究竟了。

"时元祐八年八月也"。这里有一个问题。读《五灯会元》兜率从悦章次,从悦死于元祐六年,而此处他在元祐八年还有活动。我觉得可能本书的校订还不够精密,也可能在印刷上有错误。在我想来,这个"六"应该写成"九",兜率从悦应该是元祐九年去世的。

《五灯会元》校点者苏渊雷,在前代人中有大名。他是华东师范大学历史系教授,也是上海佛教协会副会长。苏先生跟潘先生是朋友,潘先生为他的《易通》写过跋。他跟钱锺书也是朋友,有一些诗文的唱和。我在二十多岁念大学的时候,有一回问他,佛经的数量这么多,应该读哪一种好？他回答说，《金刚经》。我当时心想，《金刚经》还用得着说？我是知道的。几十年过去了，现在想来，《金刚经》确实好。如果有人来跟我讨论佛教，问读什么书，我推荐的也是《金刚经》。能够向初学者推荐《金刚经》，无论如何有来自苏先生的恩惠。为什么推荐《金刚经》？因为这本经对浅的人适用，对深的人适用，对最深的人也适用，对由浅入深的人还是适用。《金刚经》就是这样一部经，你理解到什么程度，它就相应到什么程度，不但可以作为入门，也可以作为归宿。

> 公一日谓大慧曰："余阅雪窦拈古，至百丈再参马祖因缘，曰大冶精金，应无变色。投卷叹曰：'审如是，岂得有临济今日耶？'"

本文开始讲的是张商英的早年，跟从悦交流是中年，遇到大慧已经是晚年了。禅宗发展到北宋和南宋之交，最后一个自己有修证，同时也有一方影响力的人就是大慧。以后还有独自修证很深的人，但是对社会有大影响的人就少了。

"余阅雪窦拈古"。雪窦重显（980—1052）是北宋人，雪窦山位于奉化溪口，蒋介石家乡后边的山上。雪窦禅师是中兴云门宗的大师，和他有关的一件大事，就是启发了道教南宗的初祖张伯端（984—1082）。《悟真篇》中的禅宗，从雪窦那边来。此外在雪窦的时候开始流行文字禅，后来有一本《碧岩录》，根据雪窦语录改编，改编的人是大慧的老师圆悟克勤，应张商英之请。

雪窦把古代参悟的机缘拿出来启发人，分两个部分，一个是颂古，一个是拈古。颂古的部分变成了《碧岩录》，拈古的部分保存在《大藏经》中，这段内容在《雪窦语录》卷三。《五灯会元》中也有相关的故事，在卷三百丈怀海章次。张商英读到的内容是这样的：

"百丈再参马祖,侍立次。祖以目视禅床角拂子,丈云:'即此用,离此用。'祖云:'尔他后开两片皮,将何为人。'丈举拂子竖起。祖云:'即此用,离此用。'丈挂拂子于旧处,祖便喝,百丈直得三日耳聋。"

"百丈再参马祖",马祖是老师,百丈是弟子,这些人个个精彩得不得了。"侍立次",在旁边陪着站立。马祖"目视禅床角拂子",拂子就是拂尘,有点像魏晋时人手持的塵尾,杆子上有一团毛拖下来。唐代风尘三侠中的红拂女,原来就是执拂尘的侍女(杜光庭《虬髯客传》)。拂尘一开始是用来赶蚊子的,后来被用作法器。百丈说:"即此用,离此用。"就是它,又不是它。马祖说:"尔他后开两片皮,将何为人。"你太会说话了,以后都是一套一套的,还怎么可能度人呢。为人就是度人。"丈举拂子竖起",那么还可以再变化啊。马祖说:"即此用,离此用。"就是它,又不是它。同样一句话,前面是学生讲的,后来由老师来讲,意义完全不同。"丈挂拂子于旧处",那么我就息言止辩吧。"祖便喝",既是否定,又是肯定。"百丈直得三日耳聋",给他叫得三天耳边都是这种声音,马祖把能量灌进去,真是狮子吼啊。后边是雪窦的拈提:

"奇怪诸禅德,如今列其派者甚多,究其源者极少。总道百丈于喝下大悟,还端的也无?然刁刀相似,鱼鲁参差。若是明眼汉,瞒他一点不得。只如马祖道,尔他后开两片皮,将何为人。百丈竖起拂子,为复如虫御木,为复啐啄同时。诸人要会三日耳聋么?大冶精金,应无变色。"

"奇怪诸禅德,如今列其派者甚多,究其源者极少。"大家都争相归属于禅宗某一派,但是能探究源头的人非常少。"总道百丈于喝下大悟,还端的也无?"百丈其实大悟了好几回,前面已经大悟过了,这里又悟了一次。"然刁刀相似,鱼鲁参差。若是明眼汉,瞒他一点不得。""刁"和"刀"看上去非常像,"鱼"和"鲁"也很相似,只有明眼人才能辨别出来。"只如马祖道,尔他后开两片皮,将何为人。百丈竖起拂子,为复如虫御木,为复啐啄同时。"百丈的反应,到底是如虫御木,偶然成文呢,还是啐啄同时,机感相应?"诸人要会三日耳聋么?"你要真懂什么是三日耳聋,只有自己开悟,才能明白。最后的总结:"大冶精金,应无变色。"真金不怕火炼。

这段原文在《大藏经》中的《雪窦语录》卷三。我们现在看到的这段文字,虽然过了将近一千年,也就是张商英当年看到的这段文字。最后张商英发感慨说:"审如是,岂得有临济今日耶?"如果不是震得他三日耳聋,临济怎么可能这样兴旺发达呢?

> 遂作一颂曰:'马师一喝大雄峰,深入髑髅三日聋。黄檗闻之惊吐舌,江西从此立宗风。'

"马师一喝大雄峰",大雄峰就是百丈。他被喝得三日耳聋以后,最后的问题就解决了。于是离开老师,由自觉而觉他,去开创新的局面。别人请他到大雄山来居住,那里"岩峦聚集,故号百丈",所以他的号是百丈。下边还有一句话,《五灯会元》、《碧岩录》中都有:"如何是奇特事,独坐大雄峰。""深入骷髅三日聋",从修习白骨禅的角度讲,人本身就是骷髅,经过"三日聋"的震动,透彻明白了丰富的层次。所谓死和活,就是物理学和生物学的区别。

"黄檗闻之惊吐舌,江西从此立宗风。"这是另外的典故。六祖以下的禅宗世系,慧能之下是南岳怀让,南岳怀让之下是马祖道一,马祖道一之下是百丈怀海,百丈怀海之下就是黄檗希运。百丈说法的时候,对大众讲:"佛法不是小事,老僧昔被马大师一喝,直得三日耳聋。"黄檗听到这句话,不觉把舌头吐出来,"啊,这样!",他也跟着明白了。"师曰:'子已后莫承嗣马祖去么?'檗曰:'不然。今日因和尚举,得见马祖大机大用,然且不识马祖。若嗣马祖,已后丧我儿孙。'"他就问,你是不是要继承马祖呢？不是。今天因为听到你讲起这件事，我才明白马祖的大机大用。我把你的老师，或者我的祖师爷看明白了。但是我不跟他走，如果跟他走，以后"丧我儿孙"。这就是子孙禅或者儿孙禅(语出《五灯会元》卷一达磨章次引般若多罗之谶："震旦虽阔无别路，要假儿孙脚下行。"参见陈健民《禅海塔灯》)，非常厉害。"师曰：'如是如是。见与师齐，减师半德；见过与师，方堪传授。'"学生一定要比老师强，否则你没有资格做学生。黄檗的开悟主要在这一次，法就这样传下去了。有一句话"隔山打牛"，马祖的力量透过百丈传给黄檗，黄檗就是临济义玄的师父，而临济义玄开创临济宗，"江西从此立宗风"。这首偈子中，张商英追究了临济宗的源头。

后平禅师致书云：'去夏读临济宗派，乃知居士得大机大用。'

一旦到了这个程度，就会有求教的人来，有人写了一封信给他。去夏读"临济宗派"，可见当时这类书很多。

且求颂本。

把你的颂发给我看看，以便揣摩学习。

余作颂寄之曰：

张商英很得意，就回复他。

'吐舌耳聋师已晓，捶胸只得哭苍天。盘山会里翻筋斗，到此方知普化颠。'

"吐舌耳聋师已晓",黄檗吐舌,百丈耳聋。"捶胸只得哭苍天"。禅宗的书中经常有人捶胸顿足,苍天啊苍天,爹啊娘啊,有时甚至像比赛谁哭得响。这个东西不能学,学了以后就是狂禅,控制不了。"盘山会里翻筋斗,到此方知普化颠。"普化事迹见《五灯会元》卷十,翻筋斗不在普化章次中,而是在卷三他的老师盘山章次中。盘山快要去世的时候,他对下边的人说:"有人邈得吾真否?"谁能把我的像画下来。"众将所写真呈。"大家就把画呈上来。现在流行的"写真"一词,词源来自日文,而日文来自中文(《近现代汉语新词词源词典》,汉语大词典出版社,2001,286页)。他说不对不对,不是这样的。普化出来说:我描得下来。盘山说,那么你就画给我看啊,"化乃打筋斗而出"。盘山说:"这汉向后掣风狂去在。"他以后走疯疯癫癫这条路啊,于是放心地走了,他的象传到了普化身上。中国有一个家喻户晓的艺术形象济公,原型据说是宝志,也可能吸收了部分普化的因素。

诸方往往以余聪明博记,少知余者。

各方面的人都认为我聪明反应快,书又读得多。聪明博记本来是褒义词,但是在禅宗中却被用作贬义词。张商英非常想甩掉这顶帽子,他感叹没有人真正理解自己。

师自江西法窟来,必辨优劣,试为老夫言之。"

你从临济宗的大本营来,一定知道什么好什么坏,尝试为我评判一下。这个大慧就是大慧宗杲(1089—1163),他是后一代中的精英,比张商英小四十多岁。大慧的求道经历几经转折,最初归属于湛堂文准。湛堂文准事迹见《五灯会元》卷十七,这个人也是真净的弟子,政和五年(1115)去世。那么大慧可以算作真净之下第三代,也就是黄龙之下第四代。前面说过,张商英是兜率从悦的弟子,兜率从悦是真净的弟子,那么张商英和大慧,也可以算作同辈的师兄弟。

大慧为什么去见张商英,因为湛堂文准死后,要写塔铭,相当于普通人死后要写墓志铭。在当时写塔铭是大事,等于立一个传,总结死者的一生。要找地位高一点的,也能懂自己老师的人,于是找到了张商英。如果是别人也不敢去,张商英太厉害了,名气大,禅法也高,于是就派了最强的大慧去。张商英见了大慧,非常喜欢这个后辈,大慧的颖悟乐辩也为张商英所赞叹。大慧和张商英相遇过两次,第一次在政和五年(1115),第二次在宣和二年(1120)。也就是在第二次,张商英把他推荐给了圆悟克勤,圆悟克勤就是大慧后来得法的老师。大慧在前边几个老师那里得到初步的启发,而最后帮助他解决问题的人,就是这个圆悟克勤。

圆悟克勤的师承从哪里来?他来自杨歧方会。前面讲过,临济开了两张小叶子,一张黄龙派,一张杨歧派。张商英这条线来自黄龙,而黄龙和杨歧是师兄弟。杨歧方会之下是白云守端,白云守端之下是五祖法演,五祖法演之下是圆悟克勤,圆悟克勤之下是大慧宗杲。到了宣和七年(1120),大慧才把问题完全搞通,于是嗣法圆悟克勤,最终归属于杨歧下五代。宗杲写过两本书很有名,一本是《正法眼藏》,另外一本是《宗门武库》。如果空闲时逛佛学书局,应该看得到。

大慧曰:"居士见处,与真净、死心合。"

"英雄所见略同",你的见地跟真净、死心这两个大老是一样的。真净我上次已经讲了,张商英后来见过他。他想用兜率从悦的末后句去纠正真净,被真净否定了。死心即黄龙悟新,事迹见《五灯会元》卷十七。

公曰:"何谓也?"

怎么讲?

大慧举真净颂曰:"客情步步随人转,有大威光不能现。突然一喝双耳聋,那吒眼开黄檗面。"

"客情步步随人转",客情,也就是客气。在古代的客气不同于现在的客气,在古代客气指言行虚矫,敷衍人,不是出于真诚。宋明理学以义理和客气相对,前者是内心真正的透彻,后者是装给外人看的样子。为什么要装?就是因为不想暴露自己的丑陋,于是把心中的美好也遮盖了。修持就是逐步消除客气,从佛家的角度来讲,客气也就是习气。

客气这个词,出于《左传》定公八年(前502)。当时齐和鲁有一场战争,指挥鲁国军队的人是阳虎,也就是《论语》中的阳货。齐鲁之战,鲁打不过,败了下来。阳虎看到手下的战将冉猛,假装没有看到他,说:冉猛如果在的话,我们一定会打败他们了。冉猛一听,哎呀,我居然这么被信任,受到了激发,就猛然向前冲锋。然而他冲到前边一看,后边的人没有跟上来,就假装一跤摔倒了。阳虎于是评论说:"尽客气也。"原来全部是假的。

"客情步步随人转",一个人做不了主,完全跟着别人走,好比《庄子·秋水》批评的"贵贱不在己"。学问和修持,都要自己做主,也就是让自己内心的美好作主,乃至怎样认识丑陋,并且逐步化除丑陋。"有大威光不能现",每个人内心都有一个大宝藏,其实都是有大威光的,只是给种种不良习气遮住了。禅宗的人即使一辈子做主簿,也可以没有自卑,"上与帝王同坐",真有这个气概。这是绝对不能假装的,人人平等不仅仅是观念,而是通过修持内心到了这个地步。每个人都有自己的威力,但是被压抑着表现不出来,禅宗把这个大宝藏开发出来。"忽然一喝双耳聋",前面讲的百丈故事。"那吒眼开黄檗面",也就是黄檗的开悟,第三个眼睛开了。这是禅宗最厉害的一个眼,也就是那吒的第三只眼,有极其特殊的判断力。

  死心拈曰:"云岩要问雪窦,既是大冶精金,应无变色。为甚么却三日耳聋?诸人要知么?从前汗马无人识,只要重论盖代功。"

  前面引雪窦的公案,此处再次进行了讨论。唐代有云岩昙晟(780—841),事迹见《五灯会元》卷五,但是和雪窦的年代不接,此处的云岩指死心本人。死心于宋哲宗元祐七年出世潭州(治所在今湖南长沙)云岩。雪窦的话是说,因为三日耳聋,所以大冶精金,应无变色。死心把它颠倒了过来,大冶精金,应无变色,为什么要三日耳聋?这是反过来问,差一点点就回答不了。把一句话颠过来倒过去,有的是反复勘验。这就是禅宗的考试,绝不轻易放你过门。如果没有真的透彻,马上就被问住了。

  黄龙祖心就是晦堂,是黄龙南的弟子,和常总、真净都是师兄弟。黄龙祖心有两个弟子,其中一个就是黄庭坚。晦堂闻木樨花香,曰"吾无隐乎尔",是有名的禅宗典故(《五灯会元》卷十七黄庭坚章次)。黄庭坚的文学太好了,禅法相对差一些。晦堂大弟子是黄龙悟新,他的禅法非常高,这个人就是死心。晦堂死后火葬,要点火的时候,点来点去点不着。黄庭坚说:老师要等着你来点呢。于是死心过来点,火才一下子烧了起来(《五灯会元》卷十七黄龙祖心章次)。

"从前汗马无人识,只要重论盖代功。"你过去懂得再好,而眼前没有懂,过去懂的完全作废。这可以相应"文化大革命"中的流行语,"不要吃老本,要立新功"。你只有把眼前的事弄懂了,过去的事才算全懂了。只知道说祖宗有多么好,有什么稀奇。应该是我们现在好,那么祖宗也好了。

公抚几曰:

张商英对大慧的回答太满意了,拊几是非常陶醉的样子。

"不因公语,争见真净、死心用处。

你这样一讲,真净和死心的用心都显出来。

若非二大老,难显雪窦、马师尔。"

如果没有两大高手的阐发,雪窦和马祖的用心也显不出来。
他们这样地互相印证,彼此击节赞赏,好像完全都对了。但是要知道,大慧宗杲当时还没有开悟。他是在张商英去世后,到了圆悟克勤那里,才把禅法最后搞通的。虽然在没有搞通以前,大慧已经到这个程度了。可即使到这个程度,还是没有搞通呀。所以说这里的印证还有问题,还不能完全承认。

公于宣和四年十一月黎明,口占遗表,命子弟书之。

临终的时候,他写遗表给皇帝,宣和四年是公元1122年。毕竟做了一世官家的人,临死前总要给最高领导作个交代。子弟是儿子和家里人,这时候张商英已经动不了笔,但脑子非常清楚,完全没有昏聩。

> 俄取枕掷门上,声如雷震。众视之,已薨矣。

口授完以后,不一会儿,他把枕头拎起来扔到门上,声如雷震。大家回过头来一看,张商英已经去世了。这是一辈子修持禅宗的人,对于生死多少带一点自如。

> 公有《颂古》行于世,兹不复录。

他还写过好多东西,时过境迁,就不再抄录了。张商英死后,他的家人把四川新津县的老宅捐出来为寺。这座寺一直到今天还在,就是九连山的观音寺,距成都市区四十六公里。在寺中有一块碑,上面写着"宋少保张商英故里"。一九九一年当地文管所重立了此碑,碑的照片在网上还能查到。

马致远《套数·秋思》讲记

因为讲《维摩诘经》遇到一个问题,于是牵涉渔樵的象。因为讲渔樵的象还有一个问题,于是牵涉马致远(1250—1324)的《套数·秋思》。我最早看到这篇套曲是在王国维《宋元戏曲考》里,此外是在吴梅《中国戏曲概论》里,两个版本大体相似而文字不同。于是我试着去查考原文。刊载这篇套曲的地方很多,我仅仅查核了两处,一处是周德清《中原音韵》卷下,还有一处是海西广氏编(一说郭勋辑)《雍熙乐府》卷十二,可是两个版本的文字也不相同。再寻找今人的研究成果,我看到有两种校注,一种是刘益国《马致远散曲校注》(书目文献出版社,1989),一种是傅丽英、马恒君《马致远全集校注》(语文出版社,2002),但两个版本的文字还是不同。在刘益国《马致远散曲校注》中,其他散曲的校和注都是合在一起的,只有这一篇因为异文特别多,不得不把校和注分列开来。

推究这篇套曲异文多的原因,可能是因为刊载的地方多,所以容易出现异文。也可能在流传的过程中,传抄者或传唱者进行了再创造,添减衬字,甚至修改歌词。当然还可能在传出时就有不同的版本,作者在写完初稿后,又有了新的体验,于是更定几个字。下面讲的版本是择善而从综合起来的,有重要的异文另外列出。如果要探讨套曲中包含的象,大体差不多了。

马致远题名《秋思》的散曲,有两篇最著名。一篇是人人都知道的

《天净沙·秋思》:"枯藤老树昏鸦,小桥流水人家,古道西风瘦马。夕阳西下,断肠人在天涯。"有人认为作者是无名氏,但一般认为是马致远。另外一篇就是《套数·秋思》,在元明一度很流行,现在知道的人比较少。吴梅《中国戏曲概论》评论说:"《天净沙》小令,纯是天籁,仿佛唐人绝句(此句用王国维《宋元戏曲考》原文,《人间词话》也有评论:"寥寥数语,深得唐人绝句妙境")。《秋思》一套,则直似长歌矣。"在我看来,前者的内容是文学,后者的内容是史学和哲学,两者程度相差不可以道里计。

这篇套曲在艺术上历来评价很高,周德清《中原音韵》说它"韵险语俊,万中无一",王世贞《曲藻》也说它"元人称为第一,真不虚也"。王国维《宋元戏曲考》第十二章《元剧的文章》总结说:"元人之于曲,天实纵之,非后世所能望其项背也。"元曲是天放出来的东西,一个时代的文学天才全在那里,后人再怎样写也超不过了。套数是几支散曲的组合,跟杂剧有合有不合。杂剧是代言体,以角色为主。套数是自叙体,相当于杂剧的一小折。

[双调·夜行船]百岁光阴一梦蝶,重回首往事堪嗟。今日春来,明朝花谢,急罚盏、夜阑灯灭。

"百岁光阴一梦蝶,重回首往事堪嗟。""一梦蝶",有的版本作"如梦蝶"。"一梦蝶"是完全等同,"如梦蝶"是仿佛、好像,两者都强调梦幻感,"一梦蝶"的语气重一些。"百岁光阴"是一个人的一生,在佛教中称为一期报身。在中国的文学词汇中,光阴是什么意思呢?我的理解是和生命有关的时间。光阴不同于西方牛顿的绝对真实数学时间(absolute, true, and mathematical time),宇宙创造好了,然后出来一个时间箭头,跟生命或者其他东西都没有关系。光阴也不同于柏格森的主观时间(Duration),完完全全的意识流想象。光在宏观天体上是日月运行,代表物理学的时间标准,为什么用一个"阴"字呢?我觉得它暗含着还可以有一个阳。光阴是和人有关系的可测量的时间,它是时间的阴面。那么还可以有和人有关系的不可测量的时间,它是时间的阳面。要体会这个阳面,那就必须追溯时间的本源,一直到无生无死、不生不灭。

至于时间究竟是什么呢?从古到今的人都在找,还是没有找到。圣·奥古斯丁《忏悔录》讲过一句话:"时间究竟是什么,没有人问我,我以为我是明白的。有人问我,我想证明,便茫然不解了"(《忏悔录》卷十一,周士良译,商务印书馆,1963,242页)。普鲁斯特《追寻逝去的时光》(周克希译,上海译文出版社,2004),如果直接照字面翻译,也可以译成《寻找失去的时间》。逝去的时光或者失去的时间,实际上就是光阴,他找回来一点点。失去的时间相应于光阴,如果真的追溯进去,在时间的阳面中全部保存着。大家可以试试看体会一下,想象一下,把自己放开一下。普鲁斯特体验到一部分,他无意中喝了一杯茶,吃了一块点心,于是回忆啊、意识流啊都涌了出来。

我觉得中文用"光阴"这个词相当有道理,真实的时间投影在一个个具体的有限的生命上,就是光阴。而真实的时间本身究竟如何,你是不知道的。"百岁光阴",光阴保存在百岁的故事里。如果由阴而阳,打开里面的封闭,失去的时间永远失去不了,古今都是一回事。孟子总结孔子,说他是"圣之时者也"(《孟子·万章下》)。孔子至少是部分破除时间相的人,所以说每个时代都有每个时代的孔子。汉代的孔子,宋代的孔子,"文化大革命"中的批林批孔,以及现在的祭孔大典,其中的孔子形象都不一样。真孔子本身呢,他不在这个投影里面。孔子本人也是相应时间的,《论语·子罕》"子在川上曰,逝者如斯夫,不舍昼夜",他在动中看到了静止,所以说"圣之时者也"。"百岁光阴一梦蝶",就是庄子《齐物论》"不知周之梦为蝴蝶与,蝴蝶之梦为周与",人的一生就好像做了一个梦。在梦中庄周和蝴蝶,哪个真哪个假,判断不出来。为什么说"一梦蝶"和"如梦蝶"语气轻重不同呢?"一梦蝶"近乎取消了一切差别,"如梦蝶"相对还是有立场。它是先有了界限,然后再把界限取消,不是完全相对主义的。

"重回首往事堪嗟",再回头一看,往事可以感叹。人到了一定的年龄后,回顾反思,对自己作总结。因为回过头一看,其实都一样,每个人都有自己的故事。你以为比尔·盖茨有故事,或者乞丐没有故事?不是的。他们都有不同的故事,而且同样不可替代,同样精彩。这个故事如果执著了,就是自恋。把这个自恋化开,就是文学。这些故事每个人各不相同,你跟别人不同,而别人也跟你不同,这个不同之间是同的。对于这里的异和同,年轻人越早知道越好,体验的东西就会两样。为什么"往事堪嗟"呢?自己年轻时犯了好多错误,现在一点点明白了,原来都有认识上的误区。这篇套曲为什么说涉及历史和哲学呢?因为他看到的不仅仅是个人,而是整个历史看下来,人类犯了多少错误。自己犯过的错误,现在的年轻人照样犯,一点不稀奇。不仅如此,人类过去犯的错误,现在继续犯,而且将来还会犯。每个人发生在他自己身上的事情,真的像小说一样,像诗歌一样,惊心动魄。把这些惊心动魄的东西提炼出来,文学作品就有概括力了。

《庄子·德充符》有一个无趾,在老子和孔子门前兜了一个圈子的人。他犯了法,一只脚给砍了,真是堪嗟。他到了孔子那里,孔子说,你赶快改正自己的错误吧。无趾说你还没有懂我,我因为"不知务",所以被砍了脚,人还有更要紧的东西,我无论如何不能让它再碰伤了。这里"不知务"的"务"是什么?就是年轻人入世,不懂社会运行的种种规则、潜规则,在无意之中踏了线,触犯了禁忌。所谓务,不单单涉及做事情,而且涉及怎么做事情,脱离不了跟人打交道。用现在的话来讲,这个"务"字呢,就是政治哲学。我因为不懂政治哲学,只是根据自己的热情、自己的想象来做，出事情后才知道不对了。如果推原起来，我看到的原因背后还有原因，而这个原因背后还有原因，深远无比。青年一定犯错误，不犯错误就不是青年了。

"今日春来，明朝花谢"，有的版本作"昨日春来，今朝花谢"，前者很快就要过了，后者已经过了，语气还要重。时光流逝，永远是诗歌的现象。这里把季节缩短为一天，"春来草自青"，然而匆匆之间已是夏天，花已经谢了。《红楼梦》林黛玉作《葬花吟》："花谢花飞飞满天，红消香断有谁怜？"把自己的感情投射到里边，给眼前景象牵绊住了。本篇"花开花谢两由之"，语调苍劲，它本来只是自然现象，总归是这点事，不用你去拉住它。"急罚盏、夜阑灯灭"。急罚盏，就是热热闹闹地拼命劝酒，终究还是要散场。夜阑灯灭，夜渐深，灯将熄，人一生就这样过去了。我还记得当初念大学的时候，读到一首英文诗，大意是人生这杯美酒赶快喝呀，趁年轻的时候赶快玩啊。一直把这杯酒喝到最后，只剩下无味的酒渣。我还记得酒渣这个词 lees，杯子里残留的一点点。这杯美酒，你别耽误了，不喝就没有了。但是你要知道，为什么急罚盏，相互之间拼命劝酒呢，也可能是对夜阑灯灭的逃避。该来的总是要来的，快点纵欲，提前消耗完，以此来逃避散场，逃避夜阑灯灭。这个东西我不想看见它，其实你不看见它也要来。

[乔木查]想秦宫汉阙，都做了衰草牛羊野。不恁么渔樵无话说。纵荒坟横断碑，不辨龙蛇。

"想秦宫汉阙，都做了衰草牛羊野。不恁么渔樵无话说。"这就是《红楼梦》的"好了歌"："陋室空堂，当年笏满床。衰草枯杨，曾为歌舞场。"从百岁光阴到衰草牛羊野，就是从个人到历史，也就是《桃花扇》结束时那一曲《哀江南》："眼看他起朱楼，眼看他宴宾客，眼看他楼塌了。"这里气魄更大,"想秦宫汉阙,都做了衰草牛羊野"。到陕西西安一带去看看,那里是出土文物集中的地方,到现在还是这样。夸张些说,在那里随便找一个地方,稍微挖深一点,说不定就会有文物冒出来。曲中的衰草牛羊野,也照应元代的游牧民族景象。"不恁么渔樵无话说。"恁么,就是"如此"。如果没有这些变化,渔樵还有什么话可以讲呢?以后还要专门解析渔樵的象,暂且按下不表。

"纵荒坟横断碑,不辨龙蛇。"这也是大自然的消息,秦宫汉阙和住在里面的人,最终的归宿就是荒坟。荒坟里的枯骨,在当年一个个都是生龙活虎的人啊。"荒坟横断碑"是什么呢?碑应该是竖着的,应该是连着的,横断碑就是倒下来断裂的碑,年久失修,无人看顾。"不辨龙蛇",字迹模糊,看不清楚。因为碑文弯弯曲曲,留下的竖啊,横啊,撇啊,捺之类,都已经不成字了。历史学家、考古学家、古文字学家就靠这些东西吃饭,从里边寻找能量出来。在《鹿鼎记》第十八回中,也有类似这样一块碑,上面刻满了弯弯曲曲的篆文,斑驳陆离。韦小宝跟胖头陀说,这是蝌蚪文,我认识,里面有什么"洪教主万年不老,永享仙福,神通广大,寿与天齐",胡诌一通,把他蒙混过去了。初步看来,不辨龙蛇指的是字形,类似草书那样点点划划的象。然而再进一步看,即使字迹不清楚,跳过文字直接揣摩荒坟的主人,那也是龙蛇。龙是阳的一面,蛇是阴的一面,龙是成功人士,蛇是地痞流氓,各乘时代的风云而起。不辨龙蛇,分不清是好人坏人。龙和蛇生前也许有大区别,死后年代久远,就不那么清楚了。所谓龙蛇,其实就是阴阳两边的消息。

[庆宣和]投至狐踪与兔穴,多少豪杰。鼎足三分半腰折,魏耶?晋耶?

"投至狐踪与兔穴,多少豪杰。"基本规律就是二八现象。大部分人是失败的,成功的人只有二,失败的人有八,永远如此。比方说隋末农民大起义,十八路反王,六十四处烟尘,真命天子只有李世民一个。即使你投唐投对了,还可能投到建成、元吉那儿,最终还是没有用。在唐末杜光庭《虬髯客传》中,虬髯客也是有志之士,他在遇见李世民后作出判断,原来真命天子已经有了,我去海外换地方求发展吧。大部分人在当初是看不出来的,而且你没有试过搏一下,又怎么知道自己成不成呢?投的如果不是明主,最后就灰飞烟灭了,蛇都算不上。李世民是龙,窦建德是蛇,蛇以下的就是狐踪与兔穴。这些人也努力,也都是聪明人,但与时空没有相应。在李世民那里的秦琼之类,成功以后当然是"画图凌烟阁",安享富贵尊荣。而当时没有投过去的其他瓦岗寨朋友,比如留在李密身边的王伯当,投到王世充那儿去的单雄信,他们的事迹,他们的归宿,也就是狐踪与兔穴。这些人一定比秦叔宝差吗?不是的,武艺也差不多,其他也差不多。成功人士有他的风云际会,有他的机缘,依靠的不完全是能力。"多少豪杰"感慨良深,化用苏东坡《念奴娇》"一时多少豪杰"。

"鼎足三分半腰折。魏耶?晋耶?"鼎是象征国家的宝器,鼎足三分取三角形的稳定性。三国的局势其实是想稳定的,所以说鼎足三分。半腰折是不稳定的象,好比半渡而击,正是薄弱的环节。"鼎足三分半腰折",最稳定的象结合了最不稳定的象。腰折最容易联想到的解释是夭折,前者是针对器物而言,后者是针对生命而言。汉末黄巾起义,群雄逐鹿,大动乱之象。到了三国,刚刚有点稳定的意思,局势又一下子改变了。你如果读历史教科书可以看到,只要稍微稳定下来,打仗归打仗,人们在缝隙里偷一个空,赶快生产,维持生存,生产力又有所发展。然而还没有稳定下来,一下子又颠覆了。你要稳定,永远稳定不了,所以说伟大人物的事业往往是不能完成的。不要说政治人物的事业往往不能完成,即使是文化人物的事业也往往不能完成。鲁迅没有完成他的长篇小说,钱锺书没有完成《管锥编》的西文部分,潘先生也没有完成《易学史》。总是没有完成,你心中的计划完不成。"鼎足三分半腰折",好不容易似乎稳定了,马上给你断掉,天地之间,真是生生不息。"魏耶?晋耶?"这句话深得不得了,包含着尖锐的讽刺。

中国从秦汉一直到清末,实际上都是政权的更替,而不是政制的更替。清末废除帝制,五四运动引进新思想,开始了政制的更替。人的思想观念大变动,在不断地淘洗,到现在还没有完全稳定呢,所以说三千年未有之大变局。人类遗传的更替时间非常长,政权的更替也不容易。为什么是政权的更替而不是政制的更替呢,汉武帝独尊儒术以后,把儒家经学作为皇家意识形态肯定下来,起了相当的作用。然而儒家最高的理想是禅让制,而实际上施行的是皇帝世袭制,这里其实有说不圆的矛盾。禅让政治有人试过,那就是西汉末年的王莽,试图在政制上搞更替。王莽想做周公,最后失败了。如果完全贯彻儒家的思想,到了一定的时候,禅让好啊,至少比打仗好。后来有一个人学他,吸取他的经验教训,就是曹操,汉变成魏是通过禅让的。曹操学文王,自己做宰相就算了,让儿子做皇帝。王莽失败了,曹操成功了。但是机关算尽太聪明,你成功模式马上有人照抄,魏同样也变成了晋,有名的话"司马昭之心,路人皆知"。你禅让我也禅让,只不过费了几十年的工夫,一下子就被人抄过去了。魏耶?晋耶?是同呢,还是不同呢。螳螂捕蝉,黄雀在后,你费尽心计想出的东西,别人也用它来对付你。这个讽刺很深,曹操辛辛苦苦设计了一套模式,没有版权,也没有专利费,一下子被抄走了。

[落梅风]天教富,莫太奢。无多时、好天良夜。看钱奴硬将心似铁,空辜负锦堂风月。

"天教富,莫太奢",还有一个版本是"不待奢"。有两句话,在中国人思想中影响很大。一句是《论语·颜渊》中子夏的话："死生有命,富贵在天。"一句是《增广贤文》："大富由命,小富由勤。"我们都希望做到小富,量入为出啊,勤俭节约啊,这是可以努力的。大富呢,不努力不行,单凭努力还不行,因为它要遇到时代的运。比如说二十世纪六十年代,世界首富是保罗·盖蒂,然而现在已经不大听到此人了。而九十年代到现在,世界首富是比尔·盖茨。保罗·盖蒂从事的是什么?石油。比尔·盖茨从事的是什么?电脑软件。以后还会有另外的首富走出来,但是下一个是谁就不知道了。世界首富有领导时代的象,你要能够站上二三十年,而比尔·盖茨几乎是即生成就。以出世间法而言,即生成就一个佛,那是不得了。以世间法而言,即生成就一个富,那也算是不得了。这就是时代需要,你从事的行业成了应运而生的天之骄子,世界首富就出现了。当然这个行业里仍然会有残酷的淘汰,那是另外一回事。

"莫太奢",不要太浪费了。巨富的钱是花不完的,比尔·盖茨如果有一千美金掉在地上,他没有时间捡,他的一秒钟不知道值多少。"不待奢",还没有来得及浪费。在我看来,原文有可能是"不待奢"。实际上这可以写一篇文章,"财富转移论"。中国有老话,"富不过三代",我想肯定不会超过五代,一定会有转移的。什么是"不待奢"呢?比如说江苏同里有退思园。清末一个叫任兰生的官员,他花了十万两白银,建造了非常精致的园子,据说集江南园林之长。但是造完园子后,主人几乎没住过,又被朝廷召回了,没有时间住。而后来终于有时间住的人,是不可能保住你的园子的。这就是遗传的消息,创业者的后人是不会给你守业的。所以我在想,读书人如果稍微多读一些书,大概多少会有一点明白:不要留过多的遗产给孩子,否则有可能害了孩子。也许可以给他一点点财富,让他有个受教育的基础。也许可以传给孩子德,就像柏拉图强调的教孩子敬畏或谦虚(《法律篇》第五卷,729a—d)。

林则徐说,如果孩子像我一样,给他财富干什么呢。如果孩子不及我,给他财富又干什么呢。当然也要知道,鲜花烹油之盛的大家族在逐步衰落下来的时候,在后代中往往会产生艺术家,因为他全都看透了,修养也到了,比如说张爱玲。会赚钱的人有他的生意眼,不赚也不行,以赚钱体现自身的价值。像美国的巴菲特,赚了钱从事慈善事业,留给子女的只是零头。如果仅仅是因为孩子出生于富有的家庭,就向他们提供一辈子的物质支持,破坏了他所认为的社会公平。

"无多时好天良夜",优势不会永远的,好的时间往往很短,曾国藩家书有一句话:"盛时常作衰时想,上场当念下场时。"(同治元年闰八月初四日《致澄弟》)即使是比尔·盖茨,假设我们再活一百年,那首富肯定不会是他,不会某个人永远在高峰的。"看钱奴硬将心似铁",这就是一毛不拔,好比铁公鸡。为什么要赚钱呢,因为有"贫穷恐惧症",心肠不硬是不行的。你给他谈文学啊、感情啊,他肯定听不进。对于钱绝对是一毛不拔,手一松钱就流出去,要每个漏洞都堵上才能聚集起来。这样的人后来养成习惯,就成为病态,"只有偏执狂才能生存"。"空辜负锦堂风月",山水啊、美景啊,退思园自己没法享受,还是留给后人欣赏。

[风入松]眼前红日又西斜,疾似下坡车。晓来清镜添白雪,上床与鞋履相别。莫笑鸠巢计拙,葫芦提一任粧呆。

"眼前红日又西斜,疾似下坡车"。就是我们现在的状况,每天都是这样,过了中午就是晚上,过了今天就是明天,非常快、非常快地急速飞驰。"是日已过,命亦随减,如少水鱼,斯有何乐?"(《法句经·无常品》)这是生命的历程,庄子所谓"白驹过隙"(《知北游》)。普希金有一首诗《生命的驿车》,讲人生的时间分三段,其实在探讨生物钟。在年轻的时候,着急地赶着马儿快跑,越快越好。尤其做学生的时候,时间漫长得不得了,怎么还没毕业呢?真是遥遥无期。后来到了中年,人生一过高峰,时间快得你拉都拉不住,"疾似下坡车"。想拉住这匹马,让它慢一点,但是拉不住。还记得那一年,我在这里讲冬至前的气场问题,现在想来至少有四五年了。而眼下冬至又到了,四五年唰地一下就过去了,真是令人感慨。前些年大家讨论世纪末,憧憬二十一世纪,当时二十世纪还有一个尾巴。这个尾巴也很快就过了,现在二十一世纪也不大谈了,人们开口闭口都是上世纪怎样怎样了。最后一段是老年,普希金也讲了,在不知不觉中糊里糊涂地过,又慢了下来。第三段我现在还没有体验到,第二段我是深有体验。2006年都还没有怎么念熟呢,这一年差不多就要过去了,"疾似下坡车",快得不得了。这个人生高峰的界限,我觉得大概在三十五岁前后。三十五岁以前还不敏感,三十五岁一过,时间"哗"地就流下去了。

前几年有一回我走在路上,有一个小孩过来问路,开口叫我爷爷,真把我吓了一跳。我叫别人叔叔的情景还在眼前呢,怎么自己也成了爷爷了?我至今还清楚记得,大概在十五岁的时候吧,有一天朦朦胧胧地想,什么时候才可能到三十岁呢?感觉遥远得不得了。而现在三十岁早就过去了,就是最末一段睡思昏沉还没有体验,不知道普希金讲得对不对,前两段绝对正确。《欧根·奥涅金》开篇引了一句诗:"活得匆忙,来不及感受。"对人生的描绘,真是妙绝。"晓来清镜添白雪",马致远大约活了七十四岁,写这篇东西我估计在五十岁以后,也不是很晚很晚,因为很晚就不是添白雪了。李白《将进酒》"高堂明镜悲白发,朝如青丝暮成雪",那是形容快,添白雪是来一点再来一点。当年写《管锥编读解》的时候,我用过这句话,"呼吸暗积,不觉白头"。呼吸层层叠叠地积累交替,头发就一点点变白了。现在年少白头的人很多,除了遗传的因素,我觉得可能过于操劳了。"上床与鞋履相别"。这句话写得很生动,Say good night to shoes,也许他是一个人在过。现在人的平均寿命延长,六十岁还很有精神头,以为自己有一个不死的象。古代医疗条件不大好,到了这个年龄,人就自然而然地想到身后事了。形容人的晚年,过去听到老辈人讲上海话,"今朝不知明朝事,上床不知下床事"。为什么?不知道明天还见不见得到,说不定在睡梦中就过去了。

"莫笑鸠巢计拙,葫芦提一任粧呆"。鸠巢计拙来自一句成语"鸠占鹊巢",《诗经·召南·鹊巢》:"唯鹊有巢,唯鸠居之。"鸠自己不会造巢,但它会抢走鹊的巢。用现在的话来讲,就是鹊在生产力方面有特长,鸠在生产关系方面有特长。"鸠巢计拙"是什么呢?就是吴思发现的"血酬定律",它也付代价,也有成本。莫笑鸠巢计拙是旁边人的劝诱,为什么这么呆呢,你不会也去抢吗?或者别人抢你,你要反抗。你要知道,每一个单位,每一个地方,都会有人争夺资源分配权,掌握分配权的人往往多占一些。体制改革,就是要限制有分配权的人,把生产力和生产关系两边平衡好。对于旁边人的劝诱,你为什么这样笨呢?他的回答是"葫芦提一任粧呆"。

葫芦提是宋元的方言,意思是糊里糊涂,《红楼梦》有一个回目"葫芦僧判断葫芦案"。"一任"有的版本作"一就",有的版本作"一向"。在我最初看到的四种现代版本中,"粧呆"都写成"装呆",我觉得不好,无论如何有所保留。作者本来写的是人生感慨,装呆就太阴险了。我后来再去研究,在古代版本中终于查到了,这个"装"原来写作"粧"。我觉得"粧"才是对的,甚至可以说是绝妙的。因为从人生如戏来讲,你们说我笨,我就走笨笨的这条路吧。你们说我呆,那么就算我呆呆的吧。我就是这样,那又怎么样呢?你们不见得聪明,我也不见得笨。在我看来,"粧"跟性情不违的,"装"是跟性情相违的。不仅如此,"粧"还不宜直接简化成"妆"。因为"粧"还有些艺术化,还有些有机,似乎有活的气息。如果直接简化成"妆"呢,多少就有些生硬。至于"一任"、"一就"、"一向"的异文,还是以"一任粧呆"好,全都妥贴了。

[拨不断]利名竭,是非绝。红尘不向门前惹,绿树偏宜屋角遮,青山正补墙头缺。竹篱茅舍。

"利名竭,是非绝"。利相应命宫,名相应性宫。性、命也就是心理和生理,要找这些东西来滋养。当然利名不一定是最好的滋养品,但对一般人来说,只能用这个来滋养。如果把利名抽空了,那么是非也就遮断了。"红尘不向门前惹",滚滚红尘,香氛熏人,然而过门不入,保持内心的清净。"绿树偏宜屋角遮",这就是残缺美,也就是借景,中国古代的园林美学,非常独特。"青山正补墙头缺",破房子的墙角缺掉一块,那边青山就露了出来,你才能看到原来眼前就有美景。这里用了红、绿、青三色,相间相映,彼此陪衬。"竹篱茅舍",就是现在的农家乐,用来打造休闲、旅游,《红楼梦》中有一句诗"竹篱茅舍自甘心"(六十三回)。

[离亭宴煞]蛩吟罢一枕才宁贴,鸡鸣后万事无休歇。算名利何年是彻?看密匝匝蚁排兵,乱纷纷蜂酿蜜,闹攘攘蝇争血。裴公绿野堂,陶令白莲社。爱秋来那些?和露摘黄花,带霜烹紫蟹,煮酒烧红叶。人生有限杯,几个登高节?嘱付与顽童记者,便北海探吾来,道东篱醉了也。

"蛩吟罢一枕才宁贴"。我去查过,蛩有两个意思,一个是蝗虫,一个是蟋蟀,姑且认为是蟋蟀吧。听着蟋蟀的鸣声渐渐入睡,在梦中岁月静好。"一枕",有的版本作"一觉",似乎"一枕"更好一些。"鸡鸣后万事无休歇",起床以后万事没完没了。古代人也一样有事情做,哪里会在家里待着。"日出而作,日落而息",人类社会的基础来自劳作,现在的上班,就是用制度把它固定下来。为什么"万事无休歇"呢?因为利名不可能竭,永远不会停,事情做不完。你说有哪一天会空过,哪一天电视里没有新闻报道,永远不会。凡人的凡也就是烦恼的烦,海德格尔称"人生是烦"。"鸡鸣后"似乎暗用《孟子·尽心下》:"鸡鸣而起,孳孳为善者,舜之徒也。鸡鸣而起,孳孳为利者,跖之徒也。欲知舜与跖之分,无他,利与善之间也。""算名利何年是彻"。"算",大意是想来,语气委婉。一本作"争",则嫌稍稍直露。你要争名利,哪一年是个底呢?没有底。当年风行知识分子下海经商的时候,有一个认识的朋友对我说,想赚一百万回来再读书。我回答说,能赚钱很不错,能读书也很不错。但是想赚了钱回来再读书,恐怕不一定能如愿吧。现在多少年过去了,回来了没有呢?没有回来。这些年经济发展了,人的生活也发展了,一百万早已算不上什么大数目。通常钱多了就会想更多,永远如此,没有底。

"看密匝匝蚁排兵,乱纷纷蜂酿蜜,闹攘攘蝇争血"。蚁排兵就是南柯梦。道家有一个梦,邯郸梦,佛家有一个梦,南柯梦。蚂蚁和人的社会组织很相似,其中的争斗也很相似。蜂酿蜜,刀口舔蜜,犹如刀口舔血,最后还有一点点甜头,舍不得放弃。蝇争血,所谓蝇头微利,无论如何走不出来。只有少数理想中的人才可能超脱,"裴公绿野堂,陶令白莲社"。"裴公绿野堂",唐代的宰相裴度,他在晚年造了一座"绿野堂",以诗酒琴书自乐,大诗人白居易、刘禹锡都来这里作过诗(事见《旧唐书·裴度传》)。"陶令白莲社",陶令就是陶渊明,因为他当过彭泽县令,所以后世称他为陶令。白莲社是跟着庐山慧远修净土的那些人,陶渊明的朋友刘遗民等人都在内。当时修净土跟后来修净土的方法不一样,当时是观想念佛,后来是持名念佛。传说陶渊明本来也有点兴趣,但到那里以后,最后还是走开了。《莲社高贤传·不入社诸贤传》:"时远法师与诸贤结莲社,以书招渊明,渊明曰:'若许饮则往。'许之,遂造焉。忽攒眉而去。"陶令白莲社是意象的组接,现代诗歌手法所谓"意象叠加"(image superposition)。在我看来,陶渊明的思想根基在《易经》,他另外有修养的方法,所以对佛教的方法无所谓了。在文学中最大的大家,一定是对人生或哲学有特别感悟的,否则不可能成为真正的大家。文学中的创造性大体都是这样来的,就像《追寻逝去的时光》,普鲁斯特另外得到一个东西,为了用尽可能完美的方式表现出来,然后再找到了小说的形式,不是先要符合文艺理论家的标准才如此写的。

"爱秋来那些?和露摘黄花,带霜分紫蟹,煮酒烧红叶。""爱秋来那些?"秋来就是深秋初冬,那些指有特色的风景和风物。钱锺书《谈艺录》(补订本)附说九引瑞士哲人亚弥爱儿(Amiel)雨后玩秋园风物,而悟"风景即心境"(Un paysage quelconque est un état de l'âme)(中华书局,1984,55页),情和景交融。"和露摘黄花",摘下了菊花,上面还沾着露水。此句有的版本作"滴",摘字质朴刚直,滴字语意佳妙。"带霜烹紫蟹,煮酒烧红叶"。蟹蒸出来是红的,红得深了,透底处带一点黑就是"紫"。"人生有限杯,几个登高节"。人生可以喝的酒,其实终究是数得清的。《世说新语·雅量》记阮孚感叹:"未知一生当著几量屐?"你能穿坏几双鞋呢,不要太节省。所以我的理论是,浪费是不作兴的,过于节约也不必。你如果没有看出财富的来龙去脉,只是一味地节约,往往换一个手又浪费掉了。浪费是不尊重别人的劳动,因为任何一样东西到你这儿来,都有着复杂的因果。一粒米能够到了你的米缸里,然后变成一粒饭到你嘴里,必须经过你看不出来的极其复杂的劳动,浪费就糟蹋了这些劳动。要知道地球上的资源终究是有限的,现在的经济发展就是把祖宗家底拿出来用啊。石油要多少万年才形成,给你几百年就开采光了,真是"闹攘攘蝇争血"。登高节就是重阳节,王维《九月九日忆山东兄弟》:"独在异乡为异客,每逢佳节倍思亲。遥知兄弟登高处,遍插茱萸少一人。"那还是世间法,有兄弟在异地。你要真的登高思亲,有些亲人不在了,这就涉及出世间法了。在异地不要紧,现在电子通讯很发达。亲人不在了怎么办,你总不能打电话到阴曹地府吧,这里有着永远的痛。

"嘱付与顽童记者,便北海探吾来,道东篱醉了也。""嘱付与顽童记者",他想的以上这些事情,小孩子都不知道。永远有不知道的人,这就是生气。这些事情都是重复的,小孩子还会有这样的经历,不会每个人都看得破。"便北海探吾来",北海就是神游,也就是我要睡了,你到那边来找我吧。还记得《西游记》须菩提祖师说的那句话吗？神仙朝游北海,夕宿苍梧,兜了一圈又回到原地,一日之内四海都游遍。到北海那边来看我吧,我要睡了,我已经醉了。醉呢,既是因为酒醉,也是被自己的思想所陶醉。"道东篱醉了也",这个醉其实就是清醒,他自以为都看破了。东篱是马致远的号,也说明他对陶渊明的景仰,"采菊东篱下,悠然见南山",后人所辑的马致远曲集就叫《东篱乐府》。

刚才有人问,"道东篱醉了也"和曹操《短歌行》"醉酒当歌"相同吗？我的回答是曹操也是能够看透的人。但曹操身处于汉魏这个时代中,他还在创造历史,他还在中国传统社会的上升期。马致远身处于唐宋以后的下降期,一直到元明清,其实跟以前都是重复的。上升期不容易看透,这个历史我要做出来。下降期如果看透的话,小的地方有变化,大的地方没变化。看透是对的,不看透这点事情,你没法探究上层哲学。但看透以后有一个尖锐的问题,你还在这个局里边,你怎么办？马致远最后还是没办法,只能用喝酒来逃避。在他那个时代,他没有找到可以谈这个层次上事情的人,只有在酒中自己和自己谈。曹操是大作家,马致远是大读者,他把大作家的东西看出来了。大作家的能力在创造,下笔非常苍劲:"神龟虽寿,犹有竟时。腾蛇乘雾,终为土灰。老骥伏枥,志在千里。烈士暮年,壮心不已。"即使在晚年,诗的格调也是向上的。然而《秋思》在最后不是向上的,逃避终究还是有问题。

讲马致远的这首曲子先做铺垫,我的目的是为了解析渔樵的象。写《红楼梦》的曹雪芹也是看透的人,在一个大家庭衰落下来的时候,最后的选择也只能是逃避。《红楼梦》是逃避到出家里去,《秋思》是逃避到饮酒中去,最好的文学作品都没有走出来。《秋思》是元曲套数里的第一,《红楼梦》是小说里的第一。两个第一都跳不出,那还能有什么?"三千年未有之大变局",实质性的东西变了吗,没有变。再上去一个层次看,依然还是重复。《秋思》这么短的一篇东西,只有三百多字,秦汉的象也有了,魏晋三国的象也有了,《西游记》的象也有了,《红楼梦》的象也有了。四大古典小说中,有三大小说投影在上面,这是什么概括力。"密匝匝蚁排兵,乱纷纷蜂酿蜜,闹攘攘蝇争血",跟元代社会有关系。元代社会崇尚武力,特别不安定,读书人的地位尤其低下,容易产生虚幻感,所以他这样悲观。如果在康乾盛世,大家都忙着做官或者赚钱去了。

马致远的《套数·秋思》非常简洁,大量的冗余被洗刷掉了,只抓住了几个关键的象。类似于本篇的人生感慨,孔尚任《桃花扇》最后一段《哀江南》有几个乐府,也描写兴亡的家国之感,我看下来没有本篇好。此外还有贾凫西《木皮散人鼓词》,一代一代地接着讲,多少有些啰唆。马致远只抓了几个纲出来,完完全全地笼罩了历史。至少从秦到清末这段历史跳不出来,他在元代已经看到了。所以孔尚任竞争不过他,他描写的只不过是一个较短时期的变化,当然"眼看他起朱楼,眼看他宴宾客,眼看他楼塌了"是好的。在《简明不列颠百科全书》上,有一段关于德尔菲神庙的记载。德尔菲神庙供奉的是阿波罗神,在古希腊它的神谕威信极高。它后来屡遭劫掠,基督教兴起以后,就逐渐衰落了。公元四世纪的时候,曾经有一个罗马皇帝试图修复神庙,但是神谕的回答是哀叹已经失去的荣耀。在苏格拉底、柏拉图时代,德尔菲的神谕是出来一个准一个,然而时过以后,再出来的神谕也只能是哀叹了。原来连神都是在消息之中,所以《易经》上说"天地盈虚,与时消息。而况于人乎,况于鬼神乎"?苏格拉底提过一个问题,什么样的生活方式才是最好的生活方式。中国人做了一个回答,这个回答是渔樵。当然渔樵的象还可以深化,但总比逃往酒中的人好一点,逃往酒中的人已经比浑浑噩噩的人好了。马致远接受的是全真道的思想,就是王重阳的那一路,都是有基础的,否则不会自己悟出来。曲中的人生感慨也可以认为是口水话,古代经常有人思考这些问题,即使是口水话,提醒一下终究是好的。让人知道人生无常,比较容易清醒。在现代社会要用渔樵的象来洗洗自己,渔樵不会是每个人,但其中可以有每个人的影子。

渔樵象释

上一次讲马致远的《套数·秋思》，我觉得把下面这句话解清楚了。"鼎足三分半腰折，魏耶？晋耶？"这句话极妙极妙，一个象都不错的。这句话是含有傲气的，很深很深。鼎足三分是稳定，半腰折是不稳定，一个稳定要形成的象，忽然半腰折给打断了。其中有一个线索，就是魏和晋的关系。这里其实有个局，如果能看破这个局的话，可以说是整个三国时代智慧最高的人。那么检验一下，三国时代有人看破这个局吗？回答是不知道，可能有，也可能没有。如果检验几个知名的人呢，比如说诸葛亮就没有看出来，他看出了鼎足三分，没有看出半腰折。曹操和他的谋士也没看出来，他看出了"魏耶"，没有看出"晋耶"。

再回过头来，鼎足三分是所有力量合力形成的结果。为什么半腰折呢？就是合力中生出来的相反力量破坏了这个结果。有一个类似于天意的东西看出了合力的破绽，也就是此一态势的最薄弱环节，然后拦腰折断，把合力的局破坏了。这里所谓的天意，不是迷信的东西，就是合力中没有看出来的另外一方面，也是合力造成的，合力也就是恩格斯说的无数的力的平行四边形（《恩格斯致约·布洛赫》，1890年9月21日）。当时所有人的竞争态势是鼎足三分，结果形成了半腰折。半腰折事先没有想到，事后看来非人力能挽回。那么传统所谓的天意，如果把其中的迷信色彩洗刷掉，也就是对合力的描写，而这是用力其中的人没有看出来的。

汉武帝罢黜百家，独尊儒术之后，儒家成为统治阶层的主流意识形态。这里有一个根本性矛盾，就是儒家的最后主张是禅让，而它所服务的皇权是家天下的皇帝独裁。于是产生了三个变化。一个是王莽，王莽学周公没学成。一个是曹操，曹操学文王学成了。然后曹操费尽心机学成的东西，被司马昭轻轻松松地抄了去。这就是"魏耶？晋耶？"的深意。嵇康"每非汤武而薄周孔"（《与山巨源绝交书》），其实不是对孔子和儒家有意见，而是反感统治者的肆意利用，反对的是"魏耶？晋耶？"阮籍能作青白眼（《世说新语·简傲》四刘孝标注引），对具体的人是有肯定或否定的，但是"发言玄远，口不臧否人物"（《晋书·阮籍传》）。司马昭问他，他也不谈，只是不断喝酒，一直喝到酩酊大醉。阮籍内心真的没有看法吗？不是的。他登广武，观楚、汉相争处，叹曰："时无英雄，使竖子成名！"（《晋书·阮籍传》）。难道秦宫汉阙都作了衰草牛羊野，他真的不明白吗？在当时的局势下，性至慎而不言，也算是带过去了。阮籍和嵇康有所不同，嵇康是忍不过去，阮籍是借酒而隐。（参考嵇康《与山巨源绝交书》："阮嗣宗口不言人过，吾每师之，而未能及之。"）粗粗一看，三国时代没有这样存在层次最高的人。那么这个人在哪里可能有？这个人就在渔樵的脑筋中。渔樵至少可以假设一个人看破整个局，然后对这个所谓的天意防守住。不是对某个人或某件事有个防守，而是对整个局有一个防守。至于渔樵脑筋中的这个人又是怎么样的，可以再研究。

"天教富，莫太奢"有异文，一个是"莫太奢"，一个是"不待奢"。我的推想呢，也许"莫太奢"是初稿，"不待奢"是修订稿。从全曲的悲观情调看，"不待奢"更接近作者想表达的意思。为什么"莫太奢"呢？实际上是持盈保泰。我们刚刚富裕起来，不能骄傲自满，不要把取得的成绩亏损掉，要好好珍惜。美国的布热津斯基写过一本书《大棋局》，说美国的高峰很快也会过了，现在应该早做准备。这就是"莫太奢"，防患于未然,不会永远是好的。一九四四年在抗战胜利前夕,毛泽东给干部发了一本《甲申三百年祭》。我们不要再犯李自成的错误,如果一进城马上腐败,那就又走上过去的老路了。这些互相提醒的话,就是持盈保泰,就是"莫太奢"。现在正在高峰期,或正在走向高峰,"莫太奢"是事先的。"不待奢"呢,是事后回过头来想,哎呀,繁华一梦,还没有怎么开始就已经过去了。看整个套曲的思路,是马致远晚年的作品,所以应该是"不待奢",好比追忆似水年华。过去曾经有一段好时光,没有怎么珍惜,现在已经过去了。但是五十年也是过,一百年也是过,一千年也是过,泱泱帝国,多少繁华,一闪就过去了。"不待奢",还没怎么奢呢,就已经过去了。"莫太奢",还在往上爬,持盈保泰。

那一天在讲课时引进渔樵的象,是从讨论计海庆译阿伦特《历史的概念》开始的。阿伦特认为,"自然即是不朽",而人的东西是可朽的,我觉得可以再商量。在中国文化中,自然的不朽和历史的不朽是相互映衬的,两者彼此争胜,下不了定论。举一个例子,罗振玉有三个女儿,大女儿嫁给了刘鹗的儿子,三女儿嫁给了王国维的儿子。刘鹗的儿子刘大绅,是太谷学派的成员,也很有学问。刘大绅有一回写给王国维两句诗:"青山青史谁千古,输与渔樵话未休"(《新居口号》),可以作为对阿伦特的回答。"青山青史谁千古","青山"是自然,"青史"是历史,两者到底哪一个不朽,没有结论。"输与渔樵话未休","渔樵"就是中国的哲学家,或者是隐居的修行人。"输"是借给你或者送给你,死的学问中原来有活的东西。我觉得王国维最后选择了自杀,就是没有明白这个道理。因为他仅仅研究历史,而没有研究历史哲学,虽然历史研究得好,但是死在历史里面了。

阿伦特的理想是好的,"把人类的业绩,从由遗忘而生的徒劳(futility)中拯救出来"。你做出再伟大的事情,如果没有被写进历史,或者没有被人谈起,那么早晚会被遗忘淹没,和没有存在一样。其实即便写进了历史,也会被遗忘淹没,所以要从由遗忘而生的徒劳中拯救出来。还可以举一个例子,就是作为《三国演义》开场的那首《临江仙》:"滚滚长江东逝水,浪花淘尽英雄,是非成败转头空。青山依旧在,几度夕阳红。白发渔樵江渚上,惯看秋月春风。一壶浊酒喜相逢,古今多少事,都付笑谈中。"青山、夕阳还在,而英雄都没有了,他们的 deeds 和言辞,写不进历史就没有了。你去看这里的意象,把阿伦特的东西讲完了。在中国就是不下定论,青山和青史,两者互相竞争中的一股向上的气,这才是最要紧的。《历史的概念》中摆不平的两个东西,在中国文学作品中自然摆平了。

讨论《历史的概念》那一次课后,计海庆写来了一封信,为阿伦特辩护:"但是我觉得阿伦特是理解到的,正是有了人们可朽的生命,自然或者历史才谈得上是不朽的。她对希腊精神的判断是,无论历史和自然都要在城邦、在人类的政治生活中找到自己的意义根源。我觉得城邦的政治生活的含义要广一些,公民大会、审判等,还有祭祀、演讲、观赏戏剧、运动会,乃至市间杂谈等,这应该和刘大绅赠王国维的两句诗意思相近。渔樵的意象也许就是几个看完某出悲剧后促膝交谈的普通雅典公民。"我觉得把渔樵的象拍到古希腊去,把象理解成活的,多少就懂一点象了。公民大会、审判以及祭祀、演讲、观赏戏剧、运动会,乃至市间杂谈等,当然都有其政治性质。认为"渔樵的意象也许就是几个看完某出悲剧后促膝交谈的普通雅典公民",我觉得也可以。我要提出的保留意见是,这些还是渔樵之象的一部分内容,渔樵的象在深度上要超过他们。老百姓的街谈巷议,只是渔樵之象生存的末端,老百姓其实达不到渔樵。为什么?这些闲谈背后有个原因,他不知道。而这个原因背后还有一个原因,他也不知道。这个原因的背后还有一个原因,一直追溯到深处,把整个因果链条贯通了,才多多少少达到渔樵的象。

我对渔樵姑且有个定义,这个定义也是个意见,是否靠得住还要考察,如果遇到新材料,还可以再改变。渔樵是在南北朝唐以后,尤其是在宋元以后受《易经》、佛道思想影响而形成的生存形象,同时也是美学形象。单单渔不算,单单樵也不算,渔樵并提作为整体的这样一个形象,受的是《易经》、佛道思想的影响。我大致可以举六个例子。第一个例子,邵康节写过一本《渔樵问对》,内容是两个人问答谈玄,那已经初步是渔樵的象了。第二个例子,是这个象的演变,《西游记》第九回,有渔夫和樵夫的问答。一个说我打柴比你好啊,一个说我打渔比你好啊。两个人互相争辩,一首诗来,一首诗去。谈到后来谈不拢,引出了长安城里的卖卜人。龙王说你卜卦准又有什么用,我就是主管下雨的人,改了时辰和数量,于是违背天条闯祸了。第三个例子,也是这个象的演变,有一首古琴曲《渔樵问答》,出于明代的《杏庄太音续谱》,题解如下:"古今兴废有若反掌,青山绿水则固无恙。千载得失是非,尽付渔樵一话而已。"近代《琴学入门》有一段解释:"曲意深长,神情洒脱,而山之巍巍,水之洋洋,斧伐之丁丁,橹声之欸乃,隐隐现于指下。"第四个例子,是元代马致远的《秋思》"不怎么渔樵无话说",如果秦宫汉阙没有毁坏,渔樵还有什么可谈呢。参考白朴《庆东原》:"千古是非心,一夕渔樵话。"第五个例子,就是杨慎的《说秦汉》,后来被移花接木地搬到三国,就是《三国演义》开场的那首《临江仙》"白发渔樵江渚上",前面已经引过了。第六个例子,我觉得写得最好,就是刘大绅写给王国维的诗,"青山青史谁千古,输与渔樵话未休"(《新居口号》)。输就是输赢,也就是输送。为什么是输赢呢?赢就是多出来,输就是减少了。为什么是输送呢?我把这些话题送给你了,也把这些能量送给你了。渔樵之间的谈话就是 Logos,青山青史之间的不平衡,到了渔樵的话里达成了平衡。当然平衡同时也就是不平衡,"话未休"是永恒的胶着和争执,没有最终的结论。如果独断地下一个结论,肯定会出现悖论,可以永远地交谈。从这里的六个例子来看,可以提出一个问题,为什么是渔樵而不是其他?比如说一个人在希腊开完公民大会回来,然后在茶余饭后谈谈,不可以吗,为什么是渔樵而不是其他人呢?

还是要回到柏拉图的概念上来。阿伦特在《历史的概念》注9中说:"柏拉图确信:人类只是在某种程度上才是不朽的,即从时间的整体性上,把前后相继的所有代的人都算作'一起存在(growing together)'的一个整体;对作为世代相继而存在着的人类而言,时间上的先后并不构成差别:参《法律篇》(Laws)721。换言之,只有从属于人这个物种,一般人才得以分享不死(deathlessness)。但这还不是接纳哲人们居住在它近旁的永恒的永在(timeless being—forever)。参见亚里士多德《尼各马科伦理学》1177b30—35及其后进一步的讨论。"柏拉图在一定程度上消除了时间相,他把从古到今所有的人作为一个整体。但是他有一个限制性前提,就是只要人类存在。至于如果人类不存在了是不是还可以不朽,亚里士多德另外有讨论,暂且按下不表。柏拉图认为只要人类存在就可以不朽,那么人类存在的标志是什么呢?这个标志我认为可以是渔樵。一般人不会去研究秦始皇,而历史书上的记载,除了专门的人也没有兴趣。只有渔樵知道其中有个根源性的东西,跟人的生存有着重大关联。所以不是所有闲谈的人足以造成你的不朽,而是每一代人里边总有几个渔樵在,柏拉图的事情才没有白做。

那么还是要提这个问题,为什么是渔樵而不是其他人呢?为什么渔樵不仅是过去,而且是将来的存在呢?回答是渔樵关涉人类文化最基础的根源。可以举两个例子。中国的《周易》最早可以推到伏羲,再往前没有了。再往前完完全全是先天易,易还有,《周易》没有了。《周易》从伏羲造八卦开始,那么伏羲对应的是什么时代呢?渔猎时代或者畜牧时代。《系辞下》第二章"作结绳而为网罟,以佃以渔","以佃就是打猎，可以相通渔樵的樵，"以渔"就是渔樵的渔。战国时代的人对古史的认识已经很清楚，认为渔猎时代或者畜牧时代是一切文化的根。当然"以佃"还不完全是樵，那么樵是什么呢？如果不认识伏羲不要谈《易经》，伏羲就是中国的人文初祖。是不是认识了伏羲就足够呢？在他以前还有燧人氏发明火，那就是樵。在《系辞下》中伏羲是写作"庖犧"的，庖意味着熟食，已经暗含其前的燧人氏。那么渔就是食物，樵就是能量，火的能量可以取暖，可以熟食。食物和能量，提供了人类最基础的生存条件，其变化一直延伸到现在。《战国策·齐策四》冯谖曰："长铗归来乎，食无鱼"，《孟子·告子上》说"鱼与熊掌不可兼得"，可以贯通后来的所有食物，是一路的象。樵呢，火种、打柴、煤炭、石油，一直到原子能爆炸，太阳能利用，都是樵的系列。那么庖犧氏和燧人氏，中国传说中最古的两个制作者，再往前就完完全全是神话了。渔樵，就是这样的深层根源。燧人氏发现火种，伏羲造八卦，后者是文，前者是明，在中国意义上理解的文明就是这样开始了。

在希腊神话中人怎么来的？有一种传说是普罗米修斯造的。他拿来几团泥巴，造出了一个人（见《伊索寓言》，周作人译，中国对外出版公司，1999，54页）。又阿波罗多洛斯《希腊神话》，周作人译，中国对外出版公司，1999，31页）。在拉丁文中，人（Human）和泥土（humus）只有很少的差别，也可以说是同根词。普罗米修斯造了人以后，发现人根本没有竞争能力，老虎还有爪牙什么的，人赤手空拳，什么都没有，什么都不会。于是他出于怜悯心、慈悲心，来教给人文字、数字、耕种、医药以及占卜等技艺（参考埃斯库罗斯《普罗米修斯》第二场，罗念生译，《罗念生全集》第二卷，上海人民出版社，2004，109—110页）。文字、数字就是《易经》的象和数，占卜就是《易经》的应用。文字、数字、占卜，在中国文化相应就是伏羲。另外还有耕种、医药呢，在中国文化相应的就是神农。《系辞下》称神农氏以耒耜之利教天下，那是耕种。《淮南子·修务训》又有神农尝百草的传说,那是医药。然而拿来这些东西还是不够,最重要的是普罗米修斯取了一根茴香杆从天神那里偷点了一支火,给人类带来了火种(赫西俄德《工作与时日》50—52,《神谱》561—566,张竹明、蒋平译,商务印书馆,1996,2页,43页)。这样从某种程度来看,也可以认为普罗米修斯是希腊的人文初祖,在他所教的技艺中包含着渔和樵。伏羲、神农合一,这就是渔,而首先带来的是火种,这就是樵。《尚书大传》:"遂人为遂皇,伏羲为戏皇,神农为农皇也。遂人以火纪,火,太阳也。"这是汉代对中国古文化的总结之一,也可以对应普罗米修斯教给人的技艺。《尚书大传》以遂人、伏羲、神农为三皇,也许是较早的传说,和唐代小司马补《三皇本纪》以庖羲、女娲、神农为三皇有所不同。然而《三皇本纪》开篇就说:"太皞庖犧氏,风姓,代燧人氏继天而王。"仍取燧人、庖犧相继的古史序列,那么还是渔樵。

在希腊神话中,以后还有相关的传说。人有了技艺就自以为了不起,于是就出来一个打断。宙斯担心人用不着祭拜我了,于是造了一个美女出来,给人类送来潘多拉的盒子。普罗米修斯的兄弟打开盒子,疾病啊,灾荒啊全都冒出来。一着急关上盒子,结果把希望关进去了。这个传说很有意思,可以分析这个象。人类所能运用的最重要生存手段,在普罗米修斯时代已经齐全,后来再没有根本性突破,而这些生存手段实际上就是渔樵。属于伏羲的文字、数字、占卜,属于神农的耕种、医药,然后还有属于燧人氏的火,依靠这些东西,你要把关在盒子里的希望找出来。人除了维持自己的生存,最后想做的一件事情,《独立宣言》所谓追求幸福的权力,就是要把这个希望找出来。没有其他可以依据的手段了,而所有手段的最后目的,就是把关在盒子里的希望放出来,没有找到人就不能安生。宗教和哲学,在人类心理上的依据就在于此。

在古希腊悲剧中,普罗米修斯后来被解放了下来,换上去一个半人半马的东西。实际上,人的基因和马的基因很相似,《庄子·至乐》也说马生人,人类文化之间息息相通的这些象,真的很难说。当然,也可以把希望理解为一种火,那么也就是通过文要找到明。或者通过世间法的火,要找出一个出世间法的火,希望就是光明。那么施特劳斯在《创世记》中找到的这条矛盾也就可以解决了。上帝说要有光,就有了光,然而太阳是第四天造的。那么最初这个光是什么呢?可以理解为出世间法的光,不是肉眼看到的光。

这就是所谓渔樵,为什么是渔樵?中国文化有天地人三才,渔是依靠水的,樵是依靠山的,山模仿天,水模仿地,天地山水的合一于人就是渔樵,所以不能单单是渔,也不能单单是樵。从生存根源上,渔樵既是远古的,也是未来的。只要人类存在,渔樵总是缺少不了。另外渔是往下走的,樵是往上走的。古人到达不了天,只能走向高山,所以对古代人来说封禅是一件大事,而现代人也无论如何对喜马拉雅山有向往。往上走和往下走的两条路交汇在一起就是渔樵,赫拉克利特称向上的路和向下的路是同一条路(《古希腊罗马哲学》,北京大学哲学系外国哲学史教研室编译,商务印书馆,1961,24页)。

我喜欢禅宗的一句话:"高高山顶立,深深海底行。"(《五灯会元》卷五刺史李翱章次)也就是两极相通。高高的山顶,怎样才能立上去呢,那就是往下走,而且越深越好。往海底行深一步,往山顶就会站高一步,所以站的眼界要越来越高,做的事情要越来越低。在中国渔樵的思想来自《易经》佛道,渔樵用最简单的方式谋生,他没有依赖感,也不靠别人供给。陈寅恪有一回对吴宓说,我侪虽事学问,而决不可倚学问以谋生,道德尤不济饥寒。要当于学问道德之外,另谋求生之地,经商最妙(见《吴宓与陈寅恪》,清华大学出版社,1992,8—9页)。陈寅恪想研究纯粹的学问,但是谋生问题怎么解决呢?他想象的生活方式是经商。如果从经商推论下去,一直推至根源就是渔樵。渔樵就是用最简单的方式解决谋生问题,然后就是研究学问。而学问真正研究透了,如果不去写论文兜圈子,也不过是渔樵一话而已。

再回到古希腊,亚里士多德说有三种生活,一种是享乐的生活,一种是公民大会或政治的生活,一种是沉思的生活(《尼各马可伦理学》1195b,廖申白译注,商务印书馆,2003,11页)。三种生活据说可以追溯到毕达哥拉斯,也就是他说的游戏中的三种参与者,商人、竞赛者和观者(见第尔根尼·拉尔修《名哲言行录》第八卷第一章,马永翔等译,吉林人民出版社,2003,505页)。在我看来,在某种程度上也可以对应《独立宣言》的三种权利:生存权,自由权,追求幸福的权利。生存权是普通老百姓过的生活,也就是物欲的生活,因为不可能脱离物质。自由权,这是政治的生活。而追求幸福的权利呢,这是宗教的生活。用古希腊的话来讲,就是沉思的生活。三种生活的变体呢?克尔凯郭尔说人生有三个阶段,审美的阶段、伦理的阶段、宗教的阶段,也和亚里士多德有所对应,审美的是感官的,也就是享乐的。三种生活不一致,应该斟酌平衡。而矛盾的象就体现于渔樵。渔樵从彻下走到彻上,谋生的问题是解决的,他没有放弃劳动。为什么说彻下彻上,这三种权利都是贯通的。研究神学而不脱离生活的基础,不用到象牙塔里去,贩夫走卒也可以证道。三种生活复合在渔樵身上,然后再把渔樵的象破一破。

回过头来继续看这六个例子。你要知道,渔樵是一个生存形象或者美学形象,但是写这些形象的人都不是渔樵。看出来这里的矛盾了吗?没有一个人是渔樵。邵康节不是,杨慎不是,刘大绅也不是。刘大绅(1887—1955)好像是银行职员,他活到了一九四九年以后。这个渔樵的象完全是思想中的,所以刚才讲三国时代智慧最高的人在渔樵的脑筋中,而渔樵又在写这些意象的人的脑筋中。他们喜欢这个形象,自觉地或不自觉地使用这个形象,觉得这种生存方式好,把自己的理想投射上去。这个象如果拆开来,每个人身上都可以有渔樵的影子。理解自己跟渔樵有相同有不同,不同在哪里,有几个地方相同是不是可能,这样就会有上升,推广到整个生存。人类所有谋生的事情,如果从象的归类来看,都可以归到渔樵里去。而渔樵谈的那些东西,我们也时时刻刻在谈,但要达到渔樵的境界,还应该逐步推远一些。

渔樵在政治生活上处于边缘的状态,写的人都不是渔樵。真正捕鱼或砍柴的人不会关心历史,白居易《卖炭翁》"可怜身上衣正单,心忧炭贱愿天寒",他怎么有闲心来关心秦宫汉阙里的事情呢?鲁迅《南腔北调集·听说梦》:"至于另有些梦为隐士,梦为渔樵,和本相全不相同的名人,其实也只是豫感饭碗之脆,而却想将吃饭范围扩大起来。"鲁迅讽刺那些当年的名人,吃饱了饭没事干,用渔樵来打发闲愁。我看到的这些象,鲁迅全看到了,但是褒贬的态度不同。想将吃饭的饭碗扩大,没有什么错,正因为有这样的想法,所以要探讨生存的根基。其实一个象也可以用于两面,鲁迅把这些象用到反面去了,我用到正面去了。

在我看来,古希腊和中国先秦呼吸相通,这个方面我多讲一点,那个方面你多讲一点,内在的理路都是相合的。在人类生存的十万年里,其中绝大部分是非文字阶段,这里积累的传说和意象,深不可测。有些民族显示了这一部分,有些民族显示了那一部分,其中的贯通真是讲不出。渔樵的象到今天还在,你看看我们的日常生活,有哪一样东西脱离得了渔樵?一个人天天脱离不了的开门七件事,都是极其密集的象,这样把日常生活的根源,通过渔樵的象可以得到解释,你不明白就消受掉了。渔樵这个象可以推到生存根源,只要人类没有灭亡,渔樵就会存在。所以只能是渔樵,如果不是渔樵,附会不了那么多东西上去。渔樵是人类模仿向上或向下的冲动,从"鸢飞戾天,鱼跃于渊"到"鹰击长空,鱼翔浅底",人类自己上不去,看看别的生物能上去,思想也就会远一点。人的内在冲动,通过这样的象释放出来,投射上去,产生审美。

渔樵的象跟传统的"耕读传家"不一样,一个相应于畜牧社会,一个相应于农业社会,这也就是伏羲和神农,道家和儒家的变化。渔樵和耕读可以是贯通的,《射雕英雄传》三十回描写段皇爷的四大弟子,连缀了渔樵和耕读。为什么"五四"运动要打倒孔家店?就是农业社会到了末期要变化,单单靠原来的能量守不住。渔樵的象在《易经》里边有,从《易经》还能再上去。在孔子那儿,儒道的分别不像后来那么大。渔樵想远离政治中心到达边缘,其实还是一个政治性存在。说要隐居,你能隐居到哪儿去。鲁迅的讽刺最尖锐,你们说采薇,义不食周粟,然而"普天之下,莫非王土",难道你们在吃的薇不是我们圣上的吗(《故事新编·采薇》)?而这个政治性的象存在,激励庙堂中的人或者读书的人,反思自己的生存处境。不是为了扩大自己的饭碗,而是想自己饭碗的根在哪里。把生存链条的每一节贯通了,对生存根源就有一个认识。上次谈到《桃花扇》结尾处的《哀江南》,在南明灭亡后,李香君的教曲师傅苏昆生做了樵夫,说书人柳敬亭做了渔夫,两人相聚于南京龙潭湖畔,而相识的老赞礼也路过此地,于是三人各唱一套曲子以抒亡国之恨,而渔樵也就是当时人所想象的最后退路。

儒家的圣人在《庄子·天下篇》中是第四级,上面还有天人、神人、至人三级。在作者看来,要修到圣人的阶段,才能看出上面三种人存在的意义。如果是其下的君子呢,看不出上面三种人的意义,他最高只能看到圣人。至于在君子以下的人,根本没想到有这种境界,只是糊里糊涂地过。上边阶梯的人能理解下面阶梯的人,因为上面阶梯的人不需要历练往上修,他本来就在下边。同时在局里边、又在局外边的人处于最高的生存状态。那么回到本文的开头,三国时代有没有看破这个局的人?不知道,如果有也没法检查出来。这些人不会表现,因为他是不表现的,或者表现出来的都是假相,或者他隐晦教导(esoteric teaching)。

诸葛亮也可能对这个局是看破的，但是知其不可而为之，你看到的情景他没有当真。所以无法判断某个人是不是渔樵，如果时代允许的话，他会发挥应有的作用，只是这需要多么高智慧的人才能把他欣赏出来。刚才引用柏拉图这段话，消除了古今，整个人是复合的人。所以三国时代的象完全可以投射于刘大绅，甚至投射于现在。现在看破这个局也不晚，因为三国时代本来就和你没有隔阂。

《周易》就是两件事，一个是研究历史，一个是展望未来。你不把过去的东西研究透，你不可能展望未来。那么把过去历史研究透，展望未来是不是要算一个准确的命出来，用不着。为什么？其实还是明白现在，也就是你现在的生存状态。然而这个现在又是没有的，也是不可能最后解决的。既然最后不可能解决，我就放下吧，当然终究还是有保留，因为人是有局限的存在，很多东西是放不下的。但这已经是人所能做到的最大限度，达到的生存层次也相对高一些。曾经有人来跟我讨论，如何对这个时代作出反应。我觉得不一定在文章上，甚至一个动作，一个手势都可以，高一点低一点，全在里面了。尽管我能够调整的范围是有限的，这就是我的宿命。但是就在这个有限范围里，通过对渔樵生存根基的探讨，至少可以看到一条进路。

对所谓的天意看破不稀奇，而是要防守住这个局。天意就是各种力量的合力所形成的攻击，对于这个攻击本身有一个防守，这个防守是生存的尖端。我觉得"白发渔樵江渚上"还太晚，理解这些内容应该越早越好，最好是年轻时就看明白，白发的时候要明白更高的东西。刚才讲的推想，从修行角度来说，这些都是戏论。《论语·公冶长》说"子路有闻，未之能行，唯恐有闻"，孔子要讲下一句话，子路说我上一句话还没体会出来，老师你慢点讲吧。这里一句句都是踏踏实实的工夫，时时刻刻要注意，谈的东西是不是过了，是不是有实在的东西垫在下面。没有实在的东西垫着，那么谈的完全是戏论。

讲渔樵的时候，三国的象全盘清清楚楚，这个整体的局绝对把握好。"魏耶？晋耶？"深得不得了，"汉耶？魏耶？"就不通了。其实马致远也不一定完全知道，他是从审美角度看出来这个象，换一个字上去就不舒服。又比如说白发渔樵，因为杨慎想不出黑发的人可以，那只能是白发。用荣格的话来说，就是老智者（old wise man）的形象。其实我想，如果《易经》由那些打瞌睡的人来讲，总归是不行的。像《学易笔谈》的作者杭辛斋早年就是革命家，后来通过读书变成了老夫子，那是另外一回事，在少年时代都是雄姿英发的。至少这个局是能看破的，但看破了也没什么，还有上面的东西。

古希腊 nomos 有三个相关的意思，第一个是不成文的习俗，第二个是成文的宪或法，第三个就是歌。"从胸臆之中出而彻太极"（《乐纬动声仪》），真心唱的歌都是贯通肺腑的，就是你的能量达不到。京剧里面有些唱腔，声音可以达到很高很高。流行歌曲其实也就是现在的诗，它们如果能比较长久地流行，也保存了相当一部分人的思想。只是现在的流行歌曲没有人编辑研究，大量地被淘汰了，最好的会碰到一点点边。古代人随口讲出的话就跟生存根源有关系，因为他的根基厚，现在都被理论说辞弄浅了。

古代的东西我觉得生命力都还在，只是到了现代社会，有几个象要变一变，不能直接搬过来。如果在追溯中一层一层解消，从明代的王阳明，到宋代的朱熹、陆九渊，然后再到汉代的董仲舒、郑玄，然后再到孔子本人。把孔子本人的象解散，各就各位，先秦的象才会出来。把这个象复合在现代，完完全全是对的。中国先秦和古希腊的在交流中互相对话，把彼此的精彩焕然洗发出来。没有先秦比一比，古希腊的东西显不出来。没有古希腊比一比，先秦的东西也显不出来。否则农业社会的色彩不能除去，多多少少还会有些抱残守缺。孔子无论如何绕不开，真面目很难说。《诗》亡而后《春秋》作，东周时代王家文化散到民间，孔子把里面的内容保存了下来,所以《孟子·滕文公下》引子曰"知我者其唯《春秋》乎,罪我者其唯《春秋》乎"。古希腊也是城邦文化毁坏了,智者们各行其是,各讲一套。苏格拉底在民间找人辩论,想重新整理出进路来。

《风姿花传》讲记

一

《风姿花传》是日本能乐理论的代表作,也是中古时期东方戏剧理论的巅峰。此书不仅仅涉及戏剧,还涉及人生,戏剧和人生有密切关联。能乐是日本的古典歌舞剧,据说来自中国隋唐时期传入的汉唐乐舞,几经演变而流传至今,有着浓烈的民族特色。理解日本文化的特点,理解日本的民族性,可以从理解能乐入手。

能是"有情节的艺能"的意思,如果推原起来,也可以指才能、能力,其极致也可以指能本身。我听说《风姿花传》是在一九九〇、一九九一年前后,当时读到一句话:"要了解十体,更要牢记年年去来之花。"读后心有触动,感觉很美。

作者世阿弥(1363?—1443?),相当于中国元末明初时人。中国同时代的文化伟人很少,藏地的宗喀巴(1357—1419)是一个,汉地的张三丰也是一个。日本为人熟知的人物,稍后有禅僧一休宗纯(1394—1481)。

风,风体,指表演的类型,如艺风、演技、风趣等。风,从人的气息而来,好比《诗经》的风雅颂。诺斯替分灵(spirit)和魂(psyche),灵的希腊文是普纽玛(pneuma),也就是风。上帝创世,据说有两样东西不是他创的,水,和在水上的灵(见《创世记》1∶2),灵就是风。海顿弦乐四重奏

《临终七言》之七:"'我把灵魂交给你了',说着气就断了"(见《路加福音》23∶46)。这里"灵魂"和"气"在希腊文里都是普纽玛,也就是风。而在中文里,风也就是《庄子·逍遥游》"生物之以息相吹也"的息。

姿,就是李渔《闲情偶寄》中的态度,也就是《西游记》第一回"大觉金仙没垢姿"的姿。

花,姿比风高一步,花比姿更高一步。本书往往以能、花并言,能产生花,是演员的魅力,表演的精华。推广而言,花也是佛祖和迦叶的拈花微笑,也是"兰花与兰花,各自独语"(策兰《托特瑙堡》)。

传,对能之花以心相传,有人接受了,才是传。书中有一句名言,广为流行:"若能将此花,由我心传至你心,谓之风姿花传。"

此书另一名称是《花传书》(或《花传》),成书于十四、十五世纪。一直秘而不传,藏了几百年,到了二十世纪初才重现于世。

《风姿花传》较早的译文发表于《古典文艺理论译丛》第十期,翻译了其中第六、第七两篇,译者是刘振瀛,人民文学出版社 1965 年出版。完整的全文由王冬兰译出,中国社会科学出版社 1999 年出版。我们现在探讨的《风姿花传》来自王冬兰,王译还附有日语原文,有能力的人可以校核一下。《风姿花传》共有七篇,这里尝试讲解其中一、三、五、七篇的部分内容。如果想深入了解,请研读全文。

第一,年龄习艺条款篇

本篇讲述演员如何练功习艺,分为七个时期。

七岁时期

让他们自然表演为妥,切忌一味臧否。若要求过严,孩童会气馁,无意再学,便会停滞不前。

因此,勿教与他们歌唱、动作、舞蹈之外的复杂演技。过于复杂的模拟表演,即使他们能演,亦不要教与他们。

让他们唱唱跳跳,自然就很好,不要太复杂。孩子纯真天然,如果过分严格,把大人的想法强加给孩子,压力太重,会弄僵的。"模拟表演"原文是"物まね"(物真似),刘振瀛译为"状物",我认为就是惟妙惟肖。能乐试图达到的最高成就是幽玄,而具体入手是"物まね"。"物まね",我找不出好的翻译,可以用一个观念来形容,就是《西游记》中的七十二变。从通常的角度来理解,孙悟空是真实的人,"物まね"是障眼法。其实追溯到底,真实的人和障眼法的差别极微,甚至也可以说没有差别。孙悟空三打白骨精,白骨精就是来了三个"物まね",一会儿是年轻姑娘,一会儿是老头,一会儿是老太太。孙悟空火眼金睛,一眼看出来原形是什么,那是原形还没有化去啊,如果化去自己都不知道,就在七十二变之中。我有一位导演朋友谷亦安,经常跟我讨论表演理论。有一回他说,表演理论起于庄子《齐物论》,就是庄周变蝴蝶,蝴蝶变庄周,"此之谓物化也"。我说在表演上"物化"就是"物まね"。"物まね"还能找到体,"物化"把这个体化去了,就是七十二变。真正的高手没有体,原形化在模拟表演中,演什么像什么,也就是下文的"对各种风体无所不能"。

此外,不要让他们在盛大演出中的第一曲登场演出。在一天演出的中间部分,如第三曲、第四曲的适当时机,要让他们登场表演自己擅长的风体。

在表演的时候,外部环境会产生很大的压力。孩子还没有具备抵抗的能力，如果过早上场挑大梁，他会太紧张，对身心有伤害。所以不要让他在第一曲登场，而是放在中间部分，在有保护的情况下进去。表演自己擅长的风体，有助于获得信心。

十二三岁之后

因本身为童姿，所饰角色均呈美态，而且正值声音亦动听之年龄。此二因素使其"能"瑕不掩瑜，相得益彰。一般孩童演"能"，不可让他们做细腻的模拟表演。这不只与当时场合不相适，还将导致孩童将来无法长进之后果。但若演技出色，则均可饰之。

已经进入对"能"有一定理解能力的年龄，但还是太小，还比较稚嫩，不要拔苗助长。十二三岁的孩子天然漂亮，声音也清脆好听。如果演技出色，不是外加上去的，那就什么角色都可以演。

姿态、声音、演技俱佳，何尝不可？然尽管如此，此时所开之"花"，并非真正的"花"，只是"一时之花"而已。此时期所学演技简单易学，所以不能成为评价演员艺术生涯之准则。

比如说《闪闪的红星》的主角，十二三岁时候演得好，后来再演其他不行了。美国秀兰·邓波儿当童星红极一时，成年后再演其他角色就不怎么成功，终究没有小时候出彩。

此时期的学艺，应以易见成效之处为中心，以练基本功为主。动作准确无误，唱词字字清晰，舞蹈举手投足自如。

七岁时期以自然表演为主,十二三岁时期以练基本功为主。如果出现一点点好的东西不要抓住它,千万不要让"神童"说迷惑了。唐代有一个李泌,非常了不起,他辅佐了唐肃宗、唐代宗、唐德宗三朝。"安史之乱"以后,在外打仗的是郭子仪和李光弼,在内主持的就是李泌。这个人小时候是神童,非常聪明。唐玄宗下围棋,他当场咏了四句诗:"方如行义,圆如用智,动如逞才,静如遂意。"后来宰相张九龄保护他,说过早得到美名,将来会折掉的,还是不要宣扬为好(《太平广记》卷三八《李泌》)。这个人一直不肯做官,在国家遇到危难时起作用。他的学问跟道家有关系,跟禅宗也有关系。

十七八岁之后

对此时期的学艺不能抱太大希望。因处于变声期,首先便失去声音美之"花",身体长高失去形态美。在此之前声音动听,姿态俊美,所学内容简单,易学易演。而现在突然进入截然不同的另一时期,演员会失去其信心,观众再表现出觉其可笑之态,则羞怯畏缩,顾虑重重,以至不想再学。

十七八岁毛孩子真是蛮讨厌的,观众的过度反应也会把他吓退。女孩子这个时候还好,黄毛丫头十八变。很奇怪的是,一些小时候漂亮的人这时会变难看,而一些小时候难看的人这时会变漂亮。青春期变声,在京剧术语中叫"倒仓"。因为唱念做打首先就是唱,所谓"倒仓",就是比喻吃饭的粮仓倒了。

此时期的学习,即使被人指点耻笑亦不要介意,要闭门练功,在自己音域所能达到的范围之内,早晚练习发声。要立志奋起,意识到"此时定终身",决心一生献身于"能",除此之外不可多想。若在此时期退下,其"能"演技将不会再有所长进。

这一时期相称于孔子的"十有五而志于学"。要立志奋起,决心一生献身于"能",但是十七八岁的人谁会有这个觉悟,所以既需要自己下决心,也需要师父的督促和管束。从童子功练起的,这时候尤其要注意。这正是开始练功的时候,也是思想变动的时候,如果退下此生就算完了。

虽说声音高低取决于先天素质,但要用黄钟调、盘涉调发声。

起音非常重要。黄钟调是 A 音,盘涉调是 B 音,可以用钢琴试一下。起一个对自己来说最正的音,然后再一点点提高。如果一开始发非常高亢的音,那就不能持久。谷亦安说,他教演员如何发声,"思"很有意思,"死"也很有意思,诗歌的"诗"也一样,有一种渐渐消失的感觉,而红、轰、公的发声就不同了。我跟他说,"一切音声皆是陀罗尼"(一行《大日经疏》卷一:"如是音声,无非真言"),把音声琢磨透了,哪里起哪里灭,没有哪个字是没有道理的。要找到适合于自己发声的那个音,跟心和气都有关系,好比写文章找到合适的开头,写下去就比较顺了。我自己也有类似的感觉,多少多少年了。讲一篇文献,如果某句话讲得不大对,过了或不及了,喉咙口的气就不大一样。《易·系辞上》"百姓日用而不知",可以自己试试看。如果讲得不对,气就不对,要把气调节得适合自己。

若过于拘泥音调,会使姿态出现毛病,且将导致将来声音变坏之不良后果。

声音要慢慢养起来,不单单是静养。上次讲《逍遥游》,提出过在行动中养。静养不一定能养好,可以在行动中养,其中有一段是静养。好好地做事情,奉献出去,本身就是养。用不着躲起来养,但也不要透支。一个人应该奉献于社会,藏是藏不好的,而且天下哪有地方可以藏。当然每个人力量不一样,衡量自己也不能一样。《射雕英雄传》二十二回记郭靖为洪七公诵《九阴真经》:"人徒知枯坐息思为进德之功,殊不知上达之士,圆通定慧,体用双修,即动而静,虽撄而宁。"这才是上乘工法。有些人搞得自己好像有多么忙碌,实际上是找借口,真的用得着那么忙吗?明明是为了另外的目标。我再保留一下,献身也是有的,那么就要达到大乘菩萨行的境界。大乘菩萨行是利他,但自己心里是知道的。

二十四五岁时期

正因如此,观众观看其演出时会觉得很精彩,以为出现了高手。此演员亦被引起注目。竞演中,尽管对手是名人,此演员凭借当时青春之"花"的魅力,一旦战胜对手,观众会过高地评价其人其艺,演员自身亦会认为自己已成为高手。

这种情形古今中外屡见不鲜。比如说名人在走下坡路,而无名的新演员有东西出彩,于是一下子红了起来。这是新陈代谢的规律,永远如此。但要知道,这时红一下有用吗?没有用。

要注意,这对演员是极其有害的。须知,此并非真正的"花",只因演员年轻,观众感觉新鲜,故成为一时新奇之"花"而已。有鉴赏能力的观众是能够看得出来的。

观众对名人有些审美疲劳,所以看到年轻演员就感觉新鲜。但这不是真正的"花",是天时、地利给你的,不是修炼出来的。如果是有鉴赏能力的观众,一下子就看出来了,这个"花"是一时的。年轻的演员不自知,而拥有真正的"花"的人必须自知。

所以,要知道此时期之"花"只是初学时期之"花"而已,若认为自己已达到相当的程度,遂不务正业,举止随便,以大演员架势演出,则谓浅薄无聊至极。

永远会有这种人,过去有,现在有,将来还会有。那就是这本书的厉害了,世阿弥把"象"讲在了里面。斯坦尼斯拉夫斯基有一个告诫,可以引来作为药石:"年轻的演员们,警惕那些崇拜你们的人!你们可以和他们周旋,但不要和他们谈艺术。从你们最初的第一步起,便及时学会听取、了解、和喜爱批评你们的苛刻的真话。发现那些能和你们说这种真话的人,多和那些能和你们说真话的人谈你们的艺术吧。"(《我的艺术生活》,瞿白音译,上海译文出版社,2002,139页)

要懂得即使被人称赞,即使与名人竞演时获胜,亦只是一时新奇之"花"而已,应更忠实地模拟表演("物まね"),向名人悉心请教,更加刻苦地练功习艺。可以说,若将一时之"花"误认为是真正的"花",离真正的"花"则更远矣。然而人们会被一时之"花"所惑,并不知其将凋谢。

将演剧理论用到其他创作上也一样,"花"的枯萎凋谢,就是所谓江郎才尽。这是极其无情的淘汰,时代无情,大浪淘沙,好的都留不下来,何况一时之"花"还不能算好。

三十四五岁时期

此时期之"能",乃一生中最为辉煌之"能"。到此,若对以上各条款能够充分理解掌握,演技出色,定会得到天下(注:原文"天下",这里泛指京都的有识之士)首肯与承认,亦会博得声誉。若至此时期尚未得到充分肯定与评价,没有多大名望的话,无论多么优秀的演员,亦要认识到自己尚未掌握真正的"花"。若尚未掌握真正的"花",四十岁以后演技大概就会退步。

这句话说得很好:"若至此时期尚未得到充分肯定与评价,没有多大名望的话,无论多么优秀的演员,亦要认识到自己尚未掌握真正的'花'。"这就是孔子讲的后生可畏,"四十五十而无闻焉,斯亦不足畏也已"(《论语·子罕》)。如果到四十岁、五十岁还不能出名,这辈子你就很难出名了。你没有懂真正的"花",当演员终究是受年龄限制的。

是否掌握真正之"花",四十岁以后会得以验证。演"能"的上升期至三十四五岁为止,下降期自四十岁以后开始。注意,这期间若尚未得到天下的承认与肯定,便应认识到自己对"能"的演技并未掌握。

一个人真正到达什么程度,往往自己不能明白。但是到四十岁、五十岁你不能不明白了,如果不行,必须承认。三十四五岁就是但丁所谓人生的中途,他在林中遇到了豹、狮、狼,也遇到了引导他的罗马诗人维吉尔(《神曲》)。这是演员的全盛时期,也是人生的高峰。这时候对自己要有一个审视,决定是不是应该退下来,这需要自知之明。在此之前,如果你没法判断自己能不能出名,还可推诿于外界的因素,还可以等等看。到了这时候,你不要再找借口了,必须认识到不行就是不行。当然也可能有漏网的大鱼,极其出类拔萃的人,但一般来说这是规律。退出来做些其他的事情,不是也很好吗?

在此时期要谨言慎行。这一时期正值熟悉以前所学方法,领会理解今后所需方法的一个时期。这一时期对"能"若还未掌握,未得到肯定承认,以后便无望了。

你看这个上升时期,没有一个阶段不需要积累,没有一个阶段不需要练功。好不容易到达了高峰,不就是好了吗?然而已经开始走下坡路了。很奇怪,青春好像还没有过完,怎么就走下坡路了呢?真是非常残酷。谨言慎行,可以使高峰期维持得久一些,《易》称"鬼神害盈而福谦",一谦而四益。

四十四五岁时期

自这一时期,"能"表演方法变化很大。所以即使自己已为天下所承认,对"能"已经掌握,还要有一个优秀的继承人。

这就是好多演员过了全盛期以后去办学校、做老师的原因。周小燕啊,刘诗昆啊,以及谭咏麟啊,都走上这条路。

即使自己的演技并无退步,无奈随之年龄增长,演员形体自身之美及观众感觉之美都随之减退。

梅兰芳在二十世纪五十年代演的戏和拍的电影,我觉得还是好的,但是终究不如三十年代、四十年代风靡全国。梅兰芳当年访问纽约,数万人迎接,这样轰动的场景,时过已难再现。

除非特别俊美的人,即使相当不错的演员,演出不戴假面的"能"时,亦让人觉得老气,不忍卒观。所以,自此一时期始不可再演不戴假面之"能"。

要学会藏拙。哪个方面不行,自己知道。

进入此时期后,应避开身体激烈动作的演出。要选基本适合自己的风体,轻松自如地表演,要让年轻人担任主角,自己作为年轻人的陪衬角色,以不显眼为宜。即使无合适继承人,亦不要去演动作激烈的曲目。

像成龙到一定年龄后,除了演电影,还从事慈善事业。他应该兼顾自己的社会角色,展示大哥的形象。单单在电影里跌打滚爬不够,应该扬长避短。

进入此时期后,若还有"花"尚存,即为真正的"花"。至五十岁尚能使"花"不凋谢的演员,四十岁之前大概都能博得声誉。

日本人也真是的,一直要到衰败了,才能显出真正的"花",以前这些都还不是真正的"花"。如果有"花",终究会有人认识你的,怕埋没大概就是自己没才能。

有过声誉的演员,一般都很优秀,对自己有正确的认识。这种对自己的正确认识,才是真正掌握"能"的演员的认识。

无论哪个行业做到第一流的人,如吴清源啊,李昌镐啊,诺贝尔奖获得者啊,或者奥运会冠军啊,终究有其特别之处,而且都可以贯通。大概一个人博得声誉,必须对自己有正确的认识,所谓自知之明。对自己没有正确的认识,要长期领先是不可能的。

五十岁之后

到这一年龄,一般是除了什么也不演外别无他法。谚语曰:"老骏骥不如少驽马。"然而尽管如此,真正掌握"能"的演员即使能够上演的曲目越来越少,已经没什么精彩之处,但惟有"花"尚未凋谢。

没有办法了,时过了,即使是戴假面也不行了。这就是新陈代谢,真老虎来了,你的位置要让给年轻人坐坐了,不可能永远占住舞台。然而这个时候竟然还有"花",非常厉害。

先父观阿弥在他五十二岁那年的五月十九日故去。那月四日,他还在骏河国浅间神社演出了"奉神能"。他那天演的"能"异常华美,观众自下而上,皆同声称赞。那时他早将所演曲目都让给初学时期的我演,自己甚至演轻松自如的曲目也有所保留,但同时对曲中某一重要角色的表演深入揣摩精益求精。尽管他所演甚少又有所保留,但使人感觉其"花"更加艳丽。

这个是工夫,一个老人在死之前,还能这么美。守住这个气,把它集中在一点上，深入揣摩，精益求精，一旦释放出来，艳丽不可方物。能乐的"能"一般指技能，而达到技能的极致，实际上就是能量的变化。

因为这是真正掌握"能"的演员才拥有的"花"，他所演的"能"，用树木来比喻的话，即使成为枝叶很少的树，即使成为无枝无叶的老木，但仍有最具魅力的"花"开于其上，此为我亲眼目睹"老木开花"之实例。

你去看这里的七个时期，几乎没有时期完全是好的，真的很丧气。《浮士德》"真美啊，你停一停"，但这个东西是不停的。你在往上走的时候，还没到，好像刚刚掌握了一点，就已经往下走了。但是美的极致，所谓"幽玄"，就是出现在这最后的地方。枯树上面还开出娇艳欲滴的花，日本人就是留恋这个东西。日本的歌舞伎有时由老人演，他一丝一丝地熨贴到观众的心里，真是美。中国小说比如《长恨歌》中的王琦瑶，她一直保持这个东西，保持了很长时间。最后被"老克拉"破掉了，因为她动心了，一动心这个东西散了，散了以后出来一个丑陋的老妇人。王琦瑶五十岁的时候还很娇美，一般的少女不能跟她比，但是气散了就不行了。其实作者王安忆已经揣摩到这一层次了，这是她对人物形象画廊的贡献。观阿弥一直到死前还有"花"没有散，非常值得研究。我相信不是因为在儿子眼中，才觉得父亲艳丽，而是确实艳丽不可方物。把能量集中在极小的某个点上，在最后一招大放光彩，这是可能的。

第三，问答条款篇

本篇采用问答的方式，阐述关于表演的重要问题，共九问九答。

问：演"能"时,到上演之日,先视演出场所,预测演出能否成功,若何事?

答：此事极难。不懂阴阳之理之人不会明白。

开始,要观察当天的演出场所,可以发现会演好还是会演糟的前兆。此事难以用语言表达。

这个"前兆"很难说,不一定能看出,也不一定是迷信。你到演出的地方去看看,先感受一下。过去有一本书《雪白血红》(张正隆著,解放军文艺出版社,1989),讲的是辽沈战役。当时国民党军队开进东北,解放军有指挥员在前线,他用望远镜向前看,看见前面还有自己人。他已经在最前线了,前面的这个人是谁?原来就是林彪。林彪在指挥所心中不踏实,无论如何要亲自到前线看一看,获得直观的感性认识。如果只是看地图拍脑袋往前攻,搞不好就是几万人死亡啊。《旧唐书·魏元忠传》引北齐段孝玄说:"持大兵者,如擎盘水,倾在俯仰间,一致蹉跌,求止岂得哉。"林彪在指挥战役上是绝对仔细,绝对小心。然而最高指挥员怎么能冒这个险?冷枪打伤了怎么办?他无论如何要去看一看,摸一摸,这个感性认识非常重要。高考的时候,仔细的人也会先去考场看一看,上海人叫作"打样",北方有些对应的说法叫"踩点",使自己多少有些把握。

尽管如此,大体推测一下,演出"神事能"或有贵人观看演出的"能"时,往往人们聚集在一起,会场是难以安静下来的。逢这种场合,一定要等观众安静之后,并且急切地等待开演,大家都在期盼着,急得向幕后张望之时,不失时机地登场。唱出一声("能"的乐段名,一般在主角刚一登场时唱,要高声演唱。——译者注)之后,观众马上进入"能"气氛之中,观众的思维与演员的表演协调一致,剧场若进入这种静穆状态,无论演什么,都可以看出,那天的演出会成功。

好的剧场气氛是在演员和观众之间找到契合点,这个要自己摸索。你在课堂上讲课的时候,也一样是表演,也能感受到这个东西。完全没有感受,自己要乱的。感受到了,把这个东西抓住了,就能讲好了。你们将来也会坐上去呀,不会永远在下面听。

尽管如此,因"能"的演出是以供贵人观赏为本,若贵人来得早,必须马上开场。此种场合,剧场内人们尚未坐稳,而且陆续有人进场,观众此起彼伏一片混乱,大部分人还没有具备观看"能"的心情,剧场很难立刻进入静穆的演出"能"气氛。在这种场合演出第一曲"能"时,剧中人物登场后,各种动作都应比平时大,声音亦要大,踏足要踏得高,举止动作要生气勃勃引人注目。这样做是为使剧场安静下来。

第一曲就是先来的序曲,引导大家一点点进入。一场好的演出需要台上台下共同协作,观众不参与是不行的。演出的开始要引人注目,动作幅度要大一点,把观众注意力抓到台上来。

但"能"的演出只要让贵人满意即可,所以注意演出适合贵人情趣的风体是非常重要的。

这就是当时的主旋律了。在能乐中,歌舞剧"能"和对白剧"狂言"是间隔上演的,当然也可以分开上演。在日本戏剧的发展中,"能"主要适合贵人,"狂言"主要适合平民。

总之，剧场安静下来，自然进入演"能"的静穆气氛，是不会演糟的。但不懂阴阳之理之人，对剧场状态是难以作出正确判断的。

在京剧中，引导剧场进入静穆气氛的能力叫"压堂"，也就是演员一出场，台下立刻进入肃静无哗的境地。在梅兰芳的回忆中，谭鑫培有"压堂"的能力："过了一会儿，他刚上场，就听到前台轰的一声，全场不约而同叫了一个碰头好，跟着就寂静无声了。"（梅兰芳述，许姬传记，《舞台生活四十年》第一集，人民文学出版社，1957，199页）

还有一重要秘传之事，要懂得万事万物达到阴阳协调之境便会成功。昼为阳气，所以演"能"要尽量演得静，此为阴气。逢昼之阳气时，加入阴气，则为阴阳协调。值此，为"能"成功之始。值此，为观众感觉风趣之处。而夜为阴气，因此应想方设法活跃气氛，一开场就演好曲目。这样使观众心情明朗，此为阳气。在夜之阴气中融入阳气便会成功。因此，倘若在阳气之上再加阳气，阴气之上再加阴气，因阴阳不调，便不会成功。不成功怎能让人觉得有情趣呢？此外，即使白昼，不知何故有时亦会感觉剧场气氛阴暗寂寞，应知此亦为阴气，要想方设法改变这种气氛。虽白昼时会有阴气发生，但夜晚之气决不能变为阳气。

世阿弥写到纸上去了。其实真正好的演员，或者剧场监督，或者导演，他本身就对此有感觉，自己会有所调整。他会直觉地感到："上这个曲目不合适吧，还是换一个。"为什么不合适呢？这里把道理讲出来了。白昼有阳气、有阴气，夜晚只有阴气，也就是《易》"阳一阴二"之理。

问：有一很大的疑问。在竞演中初出茅庐的新手有时会将有经验有名望的老手击败，此为不解之处。

答：这正是前面所述三十岁之前的"一时之花"。在有经验的演员之"花"已凋谢，呈枯朽状态之时，新奇之"花"有时会取胜。真正具有鉴赏能力的人对此是能够鉴别的。

这个新奇之花，前面已经讲过。十七八岁的人有很多毛病，但他们自然有吸引力，大家喜欢看。而一些名人的东西，一旦时过了，谁都不爱看。现在流行的电视选秀，有的就是新奇之花。如果这些人真以为自己就是大明星，会一直红呢，那大家再看十年。不会所有人都红的，其中有些人已经不行了。有些人通过选秀冲一冲，然后再自己修炼，也可能成为大演员。成名也可能害人，事情总是有两面性。

然而，应该注意的是，在已五十多岁、"花"亦未呈凋谢之状的演员面前，无论拥有多么鲜嫩的"花"，亦不会取胜。

名人和真正的大演员还有区别，"一时之花"能取胜于名人，但不能取胜于真正的大演员。真正的大演员对演技千锤百炼，他的一招一式，一举手一投足，都牵动观众的注意力，关联整个剧院的气场。

无论多么有名的树木，无"花"之时难道有人爱看吗？即若无名之樱，每年初开之际开得一片烂漫之时，人们也是爱看的呀！想到这一比喻，自然就会理解凭一时之"花"为何在竞演中能够获胜的道理。

逢年过节走亲戚，一群人在一起，最受人注意的是小孩子，这里其实就有着天然之"花"。年轻人没有什么好,但年轻本身就是好。还可以推论得远一些,在一群人中最吸引人注意的就是那里的"花",但必须在自然的状态下。现在是设法制造许多响动,比如炒作绯闻之类,以此引起别人的注意。

成千上万的花草,尽管五颜六色千差万别,但人们觉得富有情趣的感觉是相同的。尽管掌握的曲目不多,但使某种技艺之"花"达到炉火纯青程度的,能够持久地保持所取得的名声。

这就是"一招鲜,吃遍天","鲜"就是花。什么是"一招鲜"呢,这个活儿就你会,而别人不会。你有"一招鲜"就足以存身,有好几招"鲜"那就不得了。如果有几十招"鲜"就更厉害,那就是不世出的大人物了。无论如何至少要有"一招鲜",保护你"吃遍天",也就是淘汰不了。

因此,即使自认为拥有很多"花",但若不注意在如何使观众觉得富有情趣上用心钻研,其"花"便如同远山僻野的野花山梅无声无息地开开而已。

"花"是先、后天结合练出来的,其实不是先天的。一个人先天总有动人的地方,但这个花开出来就谢了。先天的遗传加上后天的修炼,就是"认识你自己"。你认识不了自己,和观众形不成呼应,"花"开了自己也不知道,过一会儿就谢了。

此外,同样被称为优秀演员的人,程度大不一样。即使是对"能"掌握得相当深的高手、名人,若对"花"无深入研究,虽被称作

"高手",以后是不会有"花"的。而深入研究"花"的高手,即使"能"演得不如以前,但还有"花"存在,让人觉得富有情趣之处就会一直存在下去。所以,在拥有真正的"花"的高手面前,无论什么样的年轻演员,都必败无疑。

这个就是狠,"姜还是老的辣"。手边有一本书,其中谈到书可以分不同的等级,我念给大家听:"书大抵可分几类,一类是匠人之作,占多数,不过是东拼西凑,剪贴贩运,所谓天下文章一大抄,没什么思想。另一类是专家之作,比前者要少而精。再一类是权威之作,权威乃专家之专家,更少更精。最后是天才之作,天才之作应该是绝对创新的,独一无二的,言人所未言,故有伟人天才不世出之说。"(艾略特《波浪原理》,王建军译序,中华工商联合出版社,1999,7页)在我看来,到了"天才之作"还是"论",是某一领域的巅峰之作。再上面还有"经",维护人类的文明,探求不同领域的联系及其最终的根基。经是人类文化所达到的最高成就,而对不同民族的经之间的矛盾如何认识,是当今时代文化交流的大问题。

在基督教的观念中,经不是人写出来的,是神默示出来的(见《提摩太后书》3∶16)。默示(inspiration)就是神呼了一口气(theopneustos),这口气就是灵感。对中华民族来说,经的形成在先秦,六艺啊,孔子啊,老子啊,庄子啊,无论如何废不掉。这个花要开几千年,现在看来还是非常新。我们也可以反躬自省,自己写的东西是匠人之作呢,还是专家之作,权威之作,乃至天才之作呢?大概勉强可以算匠人之作吧。是不是有某一句话能达到经的程度?那才是花。

我今天讲《风姿花传》的机缘,来自十多年前读到世阿弥的一句话:"要了解十体,更要牢记年年去来之花。"这句话非常美,我当时就被打动了。在全书中这句话在第七篇,"年年去来之花",就是从小到大各种类型都能演,其中的花还保存着,否则过了年龄就没有了。钱锺书《槐聚诗存·偶见》:"而今律细才偏退,可许情怀似昔时。"二十六年过去,电谢波流,似尘如梦,已经不是年年去来之花了,但是心中还在想念,所以说"可许情怀似昔时"。诗句可能采用李清照《南歌子》:"旧时天气旧时衣,只有情怀,不似旧家时。"

我当年读到世阿弥另外一句话也很美:"人老以后初心也不能忘记。虽人生有限,而能艺无限。"人在成为大作家或大演员以后,不要忘记自己刚踏进校门时候的想法。只看见有一个非常大的殿堂啊,一点都不懂啊,这个就是初心。初心后来没有了,人就一点点老了。如果到老还有初心,那就不得了。《华严经》卷十七有"初发心功德品",初发心就有功德,非常大的功德。你到了极高的程度,还能回到少年时,有小学生刚学"人、口、刀、手"的兴致吗?这才是不世出的大作家或者大演员。我刚开始写文章投稿,发表了一篇,要高兴半天呢。第一次拿到二十几元稿费,又要买书送人,又要请客吃点心,又要孝敬老人,有五六个念头,真是不够分的。如果是婚姻的话,到成为老头、老太,还能回想起当年谈恋爱的情景吗?万一她能跟我在一起多好啊,然而在一起了又怎么样呢?

《庄子·养生主》称"刀刃若新发于硎",这把刀用了十九年,还像刚磨出来一样。那就是初心,也是保持"花"最要紧的地方。在写作的时候,每一次都不知道怎样写,有办法就不行了,成套路了。没有办法,不知道怎样,你有这份心,天会忽然开出来,做完了之后,才知道原来应该怎样做。《大学》"未有学养子而后嫁者也",没有人学会了才去结婚的,都是边做边学的,实际上就是初心。九十年代初流行歌曲《爱的代价》,起首有一句"还记得年少时的梦吗,像朵永远不凋零的花",非常打动人,也就是这个初心。

二

这次讲《风姿花传》有一个特殊角度,就是戏剧和人生的关系。戏剧和人生的关系有点大,我想还是以后再说。讲得小一点,是《风姿花传》和人生的关系,这能够讲明白。上次讲《风姿花传》,我当场就听到反应,就是感觉有点恐怖。人一辈子练功,这朵花还不知道在哪儿。少年的时候不是真正的花,二十多岁也不是真正的花。三十多岁好像有了花,但是马上又没有了。四十多岁这朵花已经过去了,马上要研究怎样保留。最后这朵花好不容易保留下来,实际上人也已经不行了。这朵花几乎不可能,那么拼命练功又为什么呢?

有一点可以补充的是,《风姿花传》是一本讲真话的书,他是传给子孙看的。这本书是保密的,骗谁都不会骗自己子孙的。据说在世阿弥晚年,幕府的将军让他把演剧的奥秘讲出来,他无论如何不肯讲,于是被流放到了佐渡岛。这个不外传的奥秘,我们现在已经看到了,并不感到有什么稀奇。这本讲真话的书究竟对不对呢?我还是有些保留,就是他多多少少还有些着急,有一种"岛屿心态"。中国人往往大大咧咧,容易落入虚矫。日本人观赏樱花,非常缤纷灿烂,然而花期很短,不免觉得生死无常,所以常常有梦幻感,并以此来激励自己。激励自己永远是对的,但也不必过于着急。

作为人生理论或者学习理论来看,人从事不同的职业,开花的时间不同。比如说体操运动员就比较短,十五岁至十七岁正好,二十五岁成老运动员了。也有极长的,比如说国画家吧,有的人在九十岁以后还能变法,那时候才多少接触到真正的东西,而以前的东西是不能看的。国画的境界很高,如果放在历朝历代看,真是算不上什么。艺术就是这样严格,所以说都是留不下来的,绝对不要有这个自信。"滚滚长江东逝水,浪花淘尽英雄。"英雄都要被大浪淘尽,何况我们是一般人。经得起时间淘汰的人,那才是真正的狠,或者说学问好。

由从事职业的花再上出,更值得重视的是整个人生的花。孔子的花在哪儿呢?《论语·为政》:"吾十有五而志于学,三十而立,四十而不惑,五十而知天命,六十而耳顺。"他一生都有"花",直到"七十而从心所欲不逾矩"。如果孔子活到八十岁,他八十岁应该还有"花"。《书·兑命》"念终始典于学",终身学习的人,每个时期都可以有花。当然,对于佛教而言,人生真正的花就是拈花微笑,以心传心。回到《风姿花传》上来,所谓"年年去来之花",生老病死的"老"非常厉害,不可想象。我现在的年龄还可以空言讨论,如果真的到七老八十了,大概这个话不敢出口。现在还有一个意气,不怕它。

"序破急"一段,上次跳过去了。"序破急"是能乐的结构,大概相当于始、中、终,也就是亚里士多德《诗学》的"头、身、尾"。其中序一段,破三段,急一段,是三体五段的结构。如果追溯其源,可能和唐大曲有关系。唐大曲一般分为散板、慢板和快板三大段,散板从"散序"开始,慢板从"中序"开始,快板包括破和"杀衮"(急速的收尾),与"序破急"有所吻合(王爱民、崔亚南编著《日本戏剧概要》,中国戏剧出版社,1982,59页)。"序破急"在写作手法上,可以参考陶宗仪《南村辍耕录》卷八引乔吉的"凤头、猪肚、豹尾"。乔吉(?—1345)是元杂剧家,跟关汉卿也有关系,比《风姿花传》作者早一些。他对"凤头、猪肚、豹尾"有解释:"大概起要美丽,中要浩荡,结要响亮。尤贵在首尾贯穿,意思清新。"

我们来看《风姿花传》:"第一曲'能',其内容一定要取之于正确的素材典故,作品典雅庄重,勿琐碎。……要演得简明流畅。第一曲一定要演喜庆节目。……这是因为此处乃序之故。"相当于凤头。"而到第

二、第三曲,则应演自己擅长之风体,而且要演好的曲目。"相当于猪肚。"特别是最后演出的曲目,因进入急的阶段,以演节奏明快、演技复杂的剧目为宜。"相当于豹尾。"序破急"映照"凤头、猪肚、豹尾",我想仅就这一段而言,乔吉跟世阿弥可以谈得拢。当然也不完全相合,世阿弥指的是全剧结构,乔吉指的是一篇结构,可以互相呼应。

　　问:在"能"之中,每个人都有各自擅长之处。哪怕特别低劣的演员,在某一方面也会胜于高手。高手不演这类曲目的原因是因为不会演呢,还是因为不想演而不演呢?

　　答:对所有的事物,每个人都有天生的各自擅长的才能。演技高的人,亦有输给擅长某一方面的演员之时。然而这种事只在一般还算不错的演员中发生,刻苦练功用心钻研的高手,怎会有不及之处呢?

你就是大天才也不能包打天下,天下学问全在一个人身上是不可能的,总还留有别人创造的余地。就好像唐诗一样,李白、杜甫是大家,但是王昌龄啊,王之涣啊,崔颢啊,那几首最好的诗,李白、杜甫也比不过。"眼前有景道不得,崔颢题诗在上头。"(《唐诗纪事》卷二十一引世传太白诗)每个人有特长的地方,就是大家的光芒也不能笼罩。这里反过来又帮着大家讲话,真正的大家在你有特长的地方还是比你好。比如说李白、杜甫有些七绝、七律,就是在别人最擅长的地方还是比别人好,真是令人绝望,这样的人就是大宗师了。

"刻苦练功用心钻研的高手,怎会有不及之处呢?"这句话也真是骄傲。在《笑傲江湖》中,令狐冲学独孤九剑,他和风清扬讨论,如果对方也是无招胜有招,怎么办呢?风清扬说,那么他也是一等一的高手了,也说不定你赢,也说不定他赢。风清扬最后讲了一句话,相称于这位绝世大高手的身份,那也真是骄傲:"何况当今之世,真有什么了不起的英雄人物,嘿嘿,只怕也未必。"

但是刻苦练功用心钻研的高手,万人之中难出一人。

这样的人真是很少很少。但是你别说,"既生瑜何生亮",你总会找到比你厉害的人。其实无论他厉害还是你厉害,所有人都应该刻苦练功用心钻研。如果他觉得你厉害那是他厉害,他不觉得你厉害那还是你厉害。真正的高手"万人之中难出一人",这就是"学道如牛毛,成道如麟角",也就是乾卦的概率,一千多万分之一(参见潘雨廷《衍变通论》四)。

总之,即便是高手也存在不足之处,即便是低手也定有高明之处。大多数人不懂此理,演员自己亦无所察觉。高手过于信赖自己的名声,缺点易被优点掩盖,对自己的不足之处毫无察觉。

张政烺对李零讲:"我劝你们年轻人,趁还没有出名,赶紧读书。人一出名,就完蛋了。"(李零《赶紧读书——读〈张政烺文史论集〉》,文见《花间一壶酒》,同心出版社,2005,221页)其实在我看来,默默无闻是做学问的重要条件,非常值得珍惜。而一旦成了名,取得实质性进步的可能性就变小了。高手过于信赖自己的名声,正是获得进一步成就的障碍。你自以为你是高手,大家也承认你是高手,你往往就会重复自己,觉察不到自己的不足。

无论多么低劣的演员,若有可取之处,高手亦应向其学习。这对提高自己极其重要。虽看到别人的高明之处,但顽固地认为自己不能向比自己低下的演员学习、摹仿,自己被束缚住,就会连自己的缺点也觉察不出。此种想法乃对"能"尚未掌握到家之人之见。

韩愈《师说》一再说:"是故无贵无贱,无长无少,道之所存,师之所存也。""学者无常师","是故弟子不必不如师,师不必贤于弟子","闻道有先后,术业有专攻,如是而已。"做老师的人不一定每个方面都比学生好,如果学生有长处,就应该向他学习。

而演技低下的演员,如发现高手的缺点,会想"连高手都有缺点,何况我们新手,该有多少毛病呀!"如此想来,定觉可怕,便求教之,并设法加强练功学习,演技定会提高很快。

这句话我是郑重推荐。如果不得已要批评别人,无论如何请先放上这个前提。"连高手都有缺点,何况我们新手,该有多少毛病呀!"是不是高手就不可批评了?那也不见得。但是你要批评高手,必须首先知道自己更不行。不要觉得自己很好了,我已经会批评别人了,更不要把批评人当作自己的优点。

反之,若自认为"我是不会演得这么糟的"人,是连自己优点也不清楚之人。不知什么是优点,会把自己的缺点也当成优点,所以,年龄虽不断增长,演技却不会有长进。此为劣手之见。

这就是上海人说的"年纪活到狗身上",年纪大了真是崩溃。然而年纪轻,虽然有资本,如果漫不经心,也会任意挥霍时间。

即便是高手,若自满,演技亦会退步,何况劣手!

现在学术腐败流行,剽窃之风怎么会如此盛?白天参加这么多会,填这么多表格,晚上又出席这么多宴请,天天酒足饭饱,你哪来时间读书思考啊。没有想法却又要制造成果,走捷径的念头自然就产生了。一天的时间如此短促,你能够读多少书呢,真是可怜之极。像我还算是读书极快之人,一般的东西翻翻就知道了,那又能读多少书呢?过去那些饱学硕儒,不管怎样迂腐,他肚子里的学问是真的。李昌镐跟棋力差的人下棋,他也很重视。这个人没有自满,每一步棋、每一句话都非常实在,真的是大师。这样的人是天生的奇才,我们做学问的人,不懂围棋也无所谓,也需要学习这种态度。第一流的学问,学问做到顶尖的人,任何学科都是相通的。如果一天到晚酒色财气,那怎么还能行呢。但一般人做高手就是为了满足酒色财气啊,否则谁肯那么努力呢。《风姿花传》只说怎样才能做得好,做得好为什么呢?看不出动力来,所以说"万人之中难出一人"。

"高手为低手之范,劣手亦为高手之范",对此要深刻理解,铭刻在心。

这就是孔子讲的"三人行必有我师"(《论语·述而》),看到别人的长处要注意学习,看到别人的短处要注意避免。其实老子也有类似的话,《老子》第二十七章:"善人者不善人之师,不善人者善人之资。"有长处的人是没有长处的人的学习对象,没有长处的人是有长处的人的磨刀石。看别人有明显的缺点,可反过来一看呢,原来我也有。《马太福音》7:3:"为什么看见你弟兄眼中有刺,却不想自己眼中有梁木呢?"又此句亦见于"诺斯替"文献《多马福音》:"你看见弟兄眼中的

刺,却看不到自己眼中的梁木。"(《灵知派经书》卷上,杨克勤译,汉语基督教文化研究所,2000,158页)

取劣手之长,将其用于自己上演曲目之中,此为聪明之策。

劣手之长并不那么容易取。过去梨园子弟,他的排演不给你看的,一定要拜师才教你,偷师学艺是大忌讳。可以举绘画的例子,毕加索在巴黎画画的时候,一些低手画家看见他,避之唯恐不及。因为他一看就知道你的东西在哪儿,然后就被他融会到构图里去了。但那是低手画家毕生的东西啊,拿过去就没有了。这个东西真是恐怖,但那不应该是高手的错误。

问:"能"中有"位"之区别,此为何事?

答:对此,具有鉴赏能力之人极易分辨。一般来说,"位"之长进,是循序渐进的,然而令人不可思议的是,在十岁左右演员之中,竟有达到一定"位"程度之人。但如不继续学习练功,即使原有"位"存在,虽有若无,徒然无用。

"位"是演艺程度的阶梯次序,"位"的长进也就是进级,真正的"位"是抽象的。演员练功的进修过程,可以相通其他学习过程。比如对于初学者来说,可以找有营养的文献认真读,读三年差不多可以进一级。以后再换一个高的目标进修,过了三年再换一个,这样可以延续几十年。这个级是有形的吗?不是,没有人给你颁学位或发文凭,但是你读到后来两样了。经过无数次这样的进级,你原来看不明白的看明白了,原来觉得高的后来变低了。随着"位"的提高,不知不觉地眼光两样了。

天生之"位"叫"长","嵩"一概念与"长"不同。人们常常把"长"与"嵩"混为一体。所谓"嵩"是指森严、有气势之状。此外,"嵩"所涉及的是"能"的各个方面。

　　这里引进两个新概念,一个是"长",一个是"嵩"。读这一段要有些当心,作者没有讲得很清楚,也可能翻译不够准确。天生之"位"是"长",有的人天生在某方面有特长,确实有这样的情况。我有时也感到很奇怪,虽然读了好些年书,但是写文章还是疙疙瘩瘩,连自己也觉得不够好。有的人天生就是能写,看他也没什么准备,一旦成文却让人拍案叫绝。同样一件事,从我嘴里讲出来干巴巴,有些人讲出来生龙活虎,不能不承认有差距。先天有优势就是"长",而"嵩"是什么呢?我的判断是,如果"长"是先天,"嵩"就是后天,后天和先天相结合,把先天提高了。"嵩"就是森然,也就是"森严、有气势之状"。金庸小说描写人物说话,经常有"森然道",很严肃地说。一般人讲话是疲疲沓沓的,平面的,"森然"是有厚度的,严峻的,立体的。

　　在《管锥编读解》中,我对东西方艺术有个比较:"西洋文化乃至艺术示森罗万象于外,中国文化乃至艺术体重重无尽于身。"(《史记·绛侯周勃世家》)森罗万象和重重无尽可以贯通,那就是"嵩"。什么是"嵩"?我来了就是戏,演员本人就是戏,我体现了所有的风景。这就是不世出的大演员,全部来自表演,不要其他东西,森罗万象就在你身上,重重无尽就在你身上。中国戏剧其实是"极简主义"(minimalism),"一桌二椅"足矣,其他根本不用。我们过去的京剧没什么条件,但是出来好演员,现在则往往靠布景来救其穷。由于没有内在东西,只好靠花花绿绿来吸引人。破衣烂衫不要紧,我就是戏,"嵩"是后天的锤炼工夫,而且把先天也化进去了。赵丹讲,做演员要知道自己的局限,但局限也是相对的,而不是绝对的,设法在局限上开出你的特色来,最后才都是美的

(《赵丹论表演》,《文汇报》2005年11月14日)。所以好的演员既要懂"万物皆备于我",又要懂"认识你自己"。我讲《西游记》时提到,须菩提为什么是好老师呢,就是他不要你根据他来一个跌足,而是你喜欢翻筋斗,那么特色就从你的筋斗中来。

"位"、"长"与"嵩"不同。例如,有的演员天生丽质,此为"位"。虽如此,但还有具有"长"但并不美的演员,此为非美之"长"。

这里可以开出来两路,一路是"天生丽质",就是偶像派。一路是"非美之长",就是实力派。当然偶像派、实力派的演技都还没达到"嵩"。"嵩"涉及艺术的整体,不是普通明星就可以有的,而是大艺术家才可以有的。"位"的起点一般不会从零开始,有天生丽质或者具有"长"的人,进入的起点比较高,可以开始从五进去,或者从八进去,然后逐步往上修。无论从哪一点进去,不会有人生来就达到"嵩"。假设有最高位的话,比如说是一百,没有生来就达到一百的。那么从五进去,从八进去,"位"的起点天然不同。最高位只有少之又少的人能达到,有些人练到三十五停下来了,有些人练到四十停下来了。有的天才进入就是二十几,通过各种机缘练到八十几,那就是不世出的大人物了。

此外,初学者一定要注意,若以得到"位"为目的而练功习艺,是无法成就的。不仅得不到"位",而且连已达到的水准也难以维持,退步不前。

如果借用柏拉图的说法,我们的职称啊,学历啊,实际上是对看不见摸不着的"位"的模仿。你进修到什么程度,别人无法判断,只能根据这个模仿的东西理解。而一旦有了模仿便会异化,大家都去追求这个"位"了。于是钢琴考出十级,不一定意味这个人理解音乐。GRE考出来,也不一定表示他掌握英语。初步可以考一考,因为要选择的人太多,必须设立一道门槛。考出证书以后我再来研究你,考不出证书就不研究你了。文凭、学历就是这样,给社会一个简单的识别标准。一旦都去追求证书,千奇百怪都会出来。

　　归根结底,"位"与"长"为天生之物,若无天赋,一般是难以达到的。

再返回来强调先天,因为后天总有先天的基础。董其昌《画禅室随笔》卷二《画诀》说,"六法"最高的是"气韵生动","气韵不可学,此生而知之,自然天授"。据说人的遗传基因决定百分之七十,所以大部分是肯定的。即便如此,如果能改变百分之三十就不得了,即使能改变百分之三也不得了,有心人终究不可放弃努力。

　　然而,不断练功学习,演技达到纯熟精湛的程度时,此"位"将会自然出现。

所以说先、后天其实是一样的。我很欣赏这样一句话,这句话无论如何可以勉励我们这些笨人:"天才就是懂得自觉用功的人。"我不去管它,我怎么知道有没有天才,我总要努力练功习艺。只是你死用功方向不对,哪一天懂得自觉用功了,那就是天才。"此'位'将会自然出现",工夫到了将会自然出现,或许有客观的标准,却不必有客观的标志。所谓有标准,在于到达什么位自己知道,或者有眼光的观众知道。

《论语·学而》:"人不知而不愠,不亦君子乎?"这是《论语》中对君子的第一要求,也是检验君子的第一标准。如果也去搞一张文凭或证书之类,那挑选出来的差不多肯定就是伪君子了。

> 练功学习是指音乐、舞蹈、动作、模拟等学习,即掌握以上各项技艺。

通常批评日本民族善于模仿,其实善于模仿也非常了不起。在艺术上,模仿通于模拟,也就是"物まね"。二十世纪七八十年代上海译制片的配音,出神入化,以后再也没有了。童自荣模拟佐罗的时候穿皮鞋,模拟假总督的时候穿拖鞋。穿皮鞋的时候说话神气活现,穿拖鞋的时候连说狠话都是软绵绵的。李梓在一篇文章中引用老厂长陈叙一的话,提出译制片创作的十六字真言:"上天入地,紧随不舍,拐弯抹角,亦步亦趋。"(《配音创作四十年》)这十六字也可以跟世阿弥交流,不让他专美于前。

> 我曾认真考虑过,美之"位"大概是天生之物。

漂亮不漂亮是先天的,靠整容总是不行,当时也没有整容。

> 而与此相对的典雅的"长"之"位"大概是通过学习练功而掌握的。对此要用心思考。

上面讲"'位'与'长'为天生之物",而这里相对的典雅的"长"之"位"已经在强调后天,但还没有到达"嵩"的整体。其实世阿弥是明白的。只要掌握"位"、"长"、"嵩"的先后天变化,即使他没有讲好,你也会明白的。这里有语言表达的问题,确实很难讲好的,明白了就无所谓了。过去整理古代经典的人,常常会遇到有矛盾的地方,不要轻易动手改啊,这里留着破绽就是启发你思考的。所以整理者应该手下留情,尤其是对于经典作品,一般改都是失败的,"不校校之"(顾广圻《思适斋图自记》)最好。

> 若舞台动作与唱词一致,唱词与舞台动作便融为一体。而做到唱词与舞台动作融为一体,便领悟了"能"之奥秘。所谓精通此道,即指此而言。此为秘传。唱词与动作本为不同之物,将此天衣无缝地合而为一,可谓至高无上之高手。

那就是身密和语密的合一。三密相应,一个是身密,一个是语密,一个是意密。身密和语密贯通,意密也显出来。

> 这种"能"为真正的"强能"。而对"强"与"弱",多数人分辨不清。"能"之中无优雅情趣,有人便以为是"强",又把"弱"当作"美"加以评论,此实为怪事。

无优雅情趣不一定是强,柔弱也不一定是美,它不是外在形体上的东西。孔子说"吾未见刚者",旁边有人说"申枨",孔子说"枨也欲,焉得刚"(《论语·公冶长》)。一言不合拳头拔出来,容易冲动,这不是刚强的标志,百炼钢应该化为绕指柔。

> 有的演员无论什么时候都让人感觉无弱疵之处,此为"强"。

这一段的演出理论,如果以修道境界来比拟,可以参考《庄子》所谓"德充符",郭象注:"德充于内,物应于外,外内玄合,信若符命,而遗其形骸也。"如果以艺术理论来比拟,可以参考包世臣论书法所谓"气满":"左右牝牡,固是精神中事,然尚有形势可言。气满,则离形势而专说精神,故有左右牝牡皆相得而气尚不满者也,气满则左右牝牡自无不相得矣。……气满如大力人精通拳势,无心防备,而四面有犯者无不应之裕如也。"(《艺身双楫·答熙载九问》)不但书法,绘画也是如此。一九八五年四月,在北京我和阿城谈过一次话,至今还记得。他说,一幅画好不好就看它走不走气。好的画不走气,坏的画气从角上走掉了。其实好的演员也是如此,他的风体是完满的,任何地方没有瑕疵。

有的演员无论什么时候都让人觉得华美,此为"美"。

那好像是天生的演员,他无论什么时候都美。有的人台上还可以装一装,到了台下是一塌糊涂。可见天才是有的,天生之"位"是有的。

因此,演员若能够领悟动作与唱词协调一致之理,做到使唱词与动作为一体,可以说是已经达到"强"、"美"之境界的演员。

比较京剧的唱念做打,实际上可总结为唱词与动作,合一为太极之象。如何合一,应当由唱词导入动作,《花修篇》有进一步论述:"由音曲(唱、念)而产生动作为顺,以动作为依据演唱为逆。万事皆应循其序,不可倒行逆施。""强"与"美",一阳一阴,达到境界就平衡了。

问:平素听到的评论之中,常常出现"余艳哀婉"一词,此为何事?

答:此事用笔墨是无法表达的。即使写下来,也表达不出其意蕴。虽如此，"余艳哀婉"风体确实是存在的。是在"花"的基础上产生的。我曾仔细揣摩过，这是靠学习练功，靠动作无法表现的，而若是悟得"花"之人大概是能够理解的。所以说，即使整个模拟表演之中并无"花"，但在某一方面对"花"理解得极深的人，也会懂得"余艳哀婉"之境界的。

《风姿花传》的主题是"花"，这里提出的东西比"花"还要高，这应该和日本的民族性有关。前面讲过，能乐的具体入手是"物まね"，而最高境界是"幽玄"。"余艳哀婉"在"花"的基础上产生，大概就是"幽玄"的境界。中国人不容易想到什么是"幽玄"，我想举些不太恰当的例子，从这条路上尝试摸进去。我看过一个故事，大约就是赵元任、杨步伟那一伙人，还有一些在美国的台湾留学生，时间大概是二十世纪五六十年代。穷学生在那边也很艰苦，在洗衣房打工之类。有一回大家说好赌钱，也就是小钱，二十块钱或三十块钱。不知道当时谁说了一句话，也没有人注意。赌完钱以后呢，输钱的人没付，赢钱的人也没提起。其实双方并不在乎这些钱，但习惯上要安慰一下心理。过了二十年，这些穷学生都成了学界名人。有一回遇到类似于师母的人，她幽远地说了一句，那一回啊，好像钱没付什么的，不知不觉把这句话讲出来了。听的人大楞，我们还以为说好不要的啊。原来这句话埋了二十年，其实根本不在乎这些钱，就是心里有个小疙瘩。

还有一个故事，就是徐梵澄和鲁迅以及许广平的关系。徐梵澄七十年代末从印度回国，一开始注意他是因为鲁迅，后来才知道他翻译了《五十奥义书》。许广平有一本《欣慰的纪念》，其中对他有所批评，当时用的名字是"徐诗荃"。而且有一句话，也是许广平讲出来的，徐梵澄当年劝鲁迅读佛经，而鲁迅早已不谈此道了。徐梵澄到德国留过学，以后到印度研究精神哲学。这个人很有意思，鲁迅逝世时他第一个到殡仪馆,大哭了一场。可是当其他人来的时候,他已经走了。徐梵澄去德国留学时,鲁迅托他送一些画给德国朋友,结果没有送走,又带了回国。虽然徐梵澄对此有解释,但是许广平就有些不高兴了。在我看来,老师和师母不完全是一回事,师母当然是应该尊重的,但是和老师的境界会有所差异。实际上鲁迅是喜欢徐梵澄的,他们之间谈的旧学问,许广平不一定完全了解。后来有很多人想问他对许广平批评的反应,徐梵澄一句话都没有说,真是带到了棺材里去。然而在《徐梵澄集》(中国社会科学出版社,2001)中,有一篇《跋旧作版画》,谈到师母秉承先生的遗志,不屈地奋斗,有这样一句话:"师母毕竟是伟大的。"你知道吧,他把"毕竟"两个字用上去了,这就是"不觉流露于此"。那是师母啊,有什么话可以说,她错的也是对的,哪里还有什么反驳。这些老一代的人,即使有话也咽在肚子里。终究还是有委屈在心,没有能掩盖住。上面用了两个中国故事来引导,依然不能确切地说明,再回到日本的幽玄。

幽玄是日本能乐的最高境界,据说它来自和歌论,由朦胧和余情两大因素构成,包含寂寥、孤独、怀旧、恋慕之意。在《古典文艺理论译丛》第十期中,刘振瀛译世阿弥《风姿花传》之前,还译有藤原定家(1162—1241)的《每月抄》。仔细阅读这篇和歌论,"风姿"、"姿"、"风体"、"十体"乃至"幽玄"等词都已经出现,可知能乐有很多概念由和歌而来,又加以发展变化。译者关于"幽玄"有注释,基本也解作"词旨深奥"、"深远微妙",表示一种含蓄、寂静的美。又引歌人鸭长明《无名抄》:"总之,幽玄体不外是意在言外,情溢形表,只要'心''词'极艳,则其体自得。"(人民文学出版社,1965,55页,注一;参考69页,注一)可以举一个例子。三岛由纪夫写过一本《近代能乐集》,里面有一篇《绫鼓》,就是布做的鼓。大意如下:法律事务所的男杂工岩吉暗中恋慕西服店的老主顾华子,一连写了三十封情书。华子在朋友们的怂恿下给岩吉回赠了一只小鼓,并附言:若听到鼓声即赴幽会。岩吉大喜过望,奋力摇鼓,不料鼓不响! 原来小鼓蒙的是一张绫布。岩吉痛愤不已,自戕身亡。灵堂上,亡灵在前来上香的华子面前重又击鼓,鼓响! 华子硬说听不见,亡灵击鼓百下,绝望而隐。华子茫然自语:再敲一下我就听见了。(见陈泓《殉教者的美学——读三岛由纪夫的〈春雪〉》,《读书》一九八八年第十期。三岛由纪夫《绫鼓》,中译见《弓月奇谈——近代能乐·歌舞伎集》,申非、许金龙译,作家出版社,1994,58—84页)还可以举一个例子。有一对青年人,贵族的子女,从小青梅竹马,感情也好。皇帝选女官,那么男的赶快结婚或者订婚吧? 他不要。结果女的被选进宫中做侍官,然后他一下醒过来了,于是拼命追求,情书一封接一封往皇宫里发。(陈泓,同上)我们一般人看来就是"作",而他却一定要给自己制造障碍。原来他要在极致中找满足,如果不这样逼迫,他感受不到能量。

因此,可以说"余艳哀婉"之境比"花"更高。若"花"不存在,"余艳哀婉"便毫无意义,只能用"阴晦"一词表达。"花"呈"余艳哀婉"之状才让人觉得富有情趣。

"花"是为"余艳哀婉"服务的,因为只有达到民族性的根源,人才能感受到深层次的舒服。"幽玄"或者"余艳哀婉"是日本美学的关键观念,我估计对日本文化领悟力高的人会明白。虽然能乐也受到外来文化的影响,但它的美学却始终是本民族的。日本社会的生活比较阳亢激烈,也许只有达到至阴的幽玄才能释放平衡。本尼迪克特的社会学名著《菊与刀》,风行一时,也暗合其中的阴阳之象。我觉得如果把"余艳哀婉"化解,再开出"花"来,也许能在保持民族性的同时,走和世界其他民族相通的路。艺术作品致力于发掘特殊性,有时会出现极古怪的东西,他们就从这里面要能量。我认为还是以平和中正为好,真正懂了以后,安静内敛的能量最大。

古歌云：

薄雾垣根，花湿秋晨。伤秋在暮，谁曾此云。

这段东西译得非常典雅，大概采用了陶渊明的四言诗。陶渊明诗文皆好，然而比较起来，陶文不及陶诗。而且在陶诗中，五言诗不及四言诗。中国的四言诗时代，大致结束于魏晋南北朝。曹操是好的，陶渊明也是好的，以后再没有好的了。《停云》："霭霭停云，濛濛时雨。八表同昏，平路伊阻。静寄东轩，春醪独抚。良朋悠邈，搔首延伫。停云霭霭，时雨濛濛。八表同昏，平陆成江。有酒有酒，闲饮东窗。愿言怀人，舟车靡从。"《时运》："迈迈时运，穆穆良朝。袭我春服，薄言东郊。山涤馀霭，宇暖微霄。有风自南，翼彼新苗。"味道真是好，辛弃疾《贺新郎》："想渊明，《停云》诗就，此时风味。"一般人容易喜欢陶渊明的五言诗，"奇文共欣赏，异义相与析"。陶的五言诗虽然漂亮，气息还是四言诗好，是陶诗的最高成就。

又云：

目不能辨的变幻之物哟，是谈情说爱的男人之心。

原文的两段和歌，中译文一段用古诗体，一段用现代诗体。日文中可以辨认出"心"什么"花"什么，大概是花心吧。古代日本是一个男权社会，女性有怨言，但怨而不怒。诗句可以比较《易经》咸卦的"憧憧往来，朋从尔思"，念头复杂得很，这是少男少女之心。

这是此道中最重要的秘密。所谓头等重要之事，所谓秘传之事即指此事。……"一时之花"，例如少年时期的声音美之"花"，姿态美之"花"等，虽为可见之物，但因其"花"是以各自自身条件为基础,如应季开放之花,很快就会凋谢。因不能持久,所以也难以获得天下名望。而真正的"花",无论是使其开,还是使其谢,皆按己意,所以此"花"持久不衰。

持久之花极少极少,最终在自己的心里,"皆按己意"。参考《花镜》:"十分心动,七分身动。"

但对以上所述道理的难解之处不必深究。从七岁到现在,对各年龄习艺条款、模拟条款的各条各项真正从内心加以理解,刻苦练功,用心钻研之后,会领悟使"花"永不凋谢之境地的。这样对各种模拟演技,动作技巧真正掌握,则可谓拥有"花之种"。所以说,若想知花,先要知种。花为心,种为技。

什么叫"花之种"呢,就是懂一个具体的技艺。世阿弥讲十体,比如说老体、女体、军体,每一种体就是种。练的基本功是种,开出来的是花。下学而上达,种是下学,花是上达。种是花笨工夫,想开花的人,要下足笨工夫。

古人云:
心地含诸种,普雨悉皆萌。
顿悟花情已,菩提果自成。

这就是六祖《坛经》结尾的一个偈。此偈诸本文字稍稍有异,《风姿花传》所引来自契嵩本,也可能来自宗宝本(郭朋《坛经对勘》,齐鲁书社,1981,152—153页)。世阿弥肯定没有看到本世纪发现的《坛经》敦煌本,敦煌本中的六祖偈跟他的引文不一样。《坛经》有法海、惠昕、契嵩、宗宝四个版本,文句皆不同,体现禅宗思想的变化。我觉得世阿弥有两个借鉴来自中国文化。一个是阴阳,来自《易》,一个就是禅宗,来自《坛经》。《风姿花传》的花,是从《坛经》的花中借来的。"心地含诸种",种是你心中包含的各种技艺,十体都在你的心中。"普雨悉皆萌",一场雨下来,花都开了。"顿悟花情已",自己知道花怎么开怎么谢,所谓"皆按己意"。"菩提果自成",达到"余艳哀婉"的境界。

三

第五,奥仪篇

《风姿花传》的结构是,最初写了三篇,然后写了第四、第五两篇,最后再写了第六、第七两篇。其中第三篇写于应永七年(1400),第五篇写于应永九年(1402),第七篇写于应永廿五年(1418)。可以大致推断,《风姿花传》最初的原稿结束于第五篇,是原来计划的收尾之作。《奥仪篇》的"奥仪"有奥秘的意思,也有最后的意思,日语的原文是"奥義云"。"奥仪"可以是表演的姿势、技术,也可以是秘密的口传。徐梵澄译《五十奥义书》(Upanisad),梵文的意思是"近侍"。老师手拿着书在口授,学生在旁边侍奉他,《庄子·庚桑楚》"老聃之役,有庚桑楚者,偏得老聃之道"。第五篇《奥義云》可以参考第七篇《别纸口传》,是作者心目中最要紧的关键。《风姿花传》前四篇是一个体系,是作者三十六七岁写的。这里另外又写了一篇,另外之另外又写了一篇,其中的运行速度不一样。

总括《风姿花传》各条,多为不能与外人相看之事,虽为留与子孙家训而写,但我产生此想法之初衷,是因目睹当今此道之辈,忽视练功,务邪不务正,偶尔为之,亦被一时的赞扬,一时的名声、利益所左右,忘源失流,此艺道难道已到荒废时节了吗?我常为此叹惜。

这里可以发挥两个意思。第一个意思是题内的,这本书是传给子孙后代的,四百年没有露过面,是极秘密的家传。但是它还是跟社会有关系,"目睹当今此道之辈",看到社会风气这样,他有一个纠正,有一个反对。世阿弥从事的是相当纯粹的艺术,但是并非不关注真实的生活,这层关系现在来讲就是"政治"。在希腊文中,"政治"的本意是城邦之事。"城邦"又是什么呢?也就是人必须生存在人群里边,即使你想做隐士,也不可能完全脱离人群。你只有在城邦里边、在一群人里边才能生存,才能实现自我价值。比如说《庄子·逍遥游》中,大鹏从北冥飞往南冥,它有一件重要事情想做,但是旁边就有蜩与学鸠笑话它。其实你管你自己飞好了,为什么要安排旁边有人看呢?这就是政治,你的行动不得不和公众有关系。又比如说《五灯会元》卷九,无著文喜禅师遇到文殊菩萨。这本来是很奇怪、很私人的事情,但还是旁边找了人来证明,有谁谁看到了(沧州菩提寺僧修政等至,尚闻山石震吼之声)。表演理论从这个角度说,跟人生还是有关系。这是大题目,将来还要阐发,现在先说破一点点。"政治"也可以用表演理论来分析,如果周围没有人看见,整体状态会有所不同。

第二个意思是题外的,就是对"忘源失流"所起的感想。基本的想法是往源也要推几步,往流也要推几步,这样拓宽源流之辩,原先的观念会起变化。比如说,对于西方哲学的源头古希腊哲学,曾经有过这样的看法,前苏格拉底诸哲人最好,苏格拉底有好有不好,柏拉图可能有一些不足,亚里士多德的限制更多一些,亚里士多德以后就不大能看了,大概康德还有点东西。如果读尼采、海德格尔,隐隐约约可以感觉这样的意思。这其实是简单的退化观,当然经不起深一步推敲。有一个变化是列奥·施特劳斯,他反过来觉得前苏格拉底的自然哲学不对,而苏格拉底、柏拉图成立的哲学呢,就是政治哲学。他讲得精彩纷呈,这个"流"原来有着大道理。列奥·施特劳斯有一句话讲到我心里去了,他说:"哲学从来没有诞生过。"(罗森《金苹果》,田立年译;贺照田主编《学术思想评论》第六辑,吉林人民版,2001,277页)真是的,怎么想得出来?他在美国的学院中教书,生前也不怎么出名。后来他的学生布鲁姆快要死的时候,终于把否定整个学术界的话讲了出来,引起轩然大波,那本《走向封闭的美国精神》也成为畅销书。我想说的是,即使是施特劳斯,还可以再讨论。对于中国人来说,为什么前苏格拉底哲学如此吸引人?"万物都来自水","永恒的活火","一"怎样变化,那些说法和东方思想完全不相隔。后来一点点到苏格拉底、柏拉图,就跟我们开始走两条路了,然而还有可以相互映照之处,深邃之极。施特劳斯纠正"忘源失流",他引用阿里斯托芬的喜剧《云》,把苏格拉底分成前半期和后半期,由此完成从自然哲学到政治哲学的转变。自然哲学和政治哲学是不是还可以有联系呢?很难说,"抽刀断水水更流",还是有可能消释回去。

特别是此艺道,一方面要继承传统,另一方面还要有个人独创之处,此事难以用语言文字表达。

这个难以表达的,大诗人艾略特试图表达过,就是有名的《传统与个人才能》。传统不但在过去,而且在现在,你做的事情从传统而来,同时也在改变着传统。传统是活的东西,所以一方面要继承传统,另一方面还要有个人的独创,两者有深刻的关联。

> 继承传统,对"能"之"花"以心相传,因此吾将此书命名为《风姿花传》。

这句话就是网上流传的"若能将此花,由我心传至你心,谓之'风姿花传'"。风姿花"传",是 chuán 不是 zhuàn。网上的译文翻译得好,它把译文剥离了语境,内容反而丰富了。《风姿花传》原文的"以心相传"呢,是传给自己子孙。网上译文的"我心传至你心"呢,好像是拈花微笑。

> 然而上一代被称作"能"艺之圣的本座的一忠,在其掌握的大量曲目之中,甚至有对鬼神的模拟及类似愤怒之时的激烈动作,据说他对诸种风体,无所不能。因此,先父常提起一忠,常说一忠是"吾艺之师也",先父确实曾这样说过。

世阿弥的老师是"先父"观阿弥,观阿弥还有老师,那就是老师的老师。在划时代的大师出现之前,一定还有许多非常出色的老师,大师也是有来源的。"一忠是'吾艺之师也'",好比孔子也有好多老师,老聃是其中之一(参见《史记·仲尼弟子列传》"孔子之所严事")。前面还有一句话很奇怪,世阿弥说,"此艺道难道已经到了荒废的时节了吗?"我们知道,能乐就是由观阿弥、世阿弥发展出来的,他们是这一艺道的祖师。但是,你看他怎么说,"此艺道难道已经到了荒废的时节了吗?"这就是他们的忧虑,还没有开始,就在担心结束了。这跟我们上课一样,还没讲几次呢,学期差不多就结束了。人生也是这样,刚刚好像品出一点味道来,就差不多要结束了。

因此，可以说有的人是因固执，有的人是因能力有限，只会一种风体，对其他诸种风体不甚了解，因而讨厌其他风体。实际这并非讨厌，而是因为固执，对其无法掌握。

这就是《诗经·小旻》"人知其一，莫知其他"。最危险的是一个时代只会一种风体，比如说"文化大革命"中"八个样板戏"之类。或者只有一种思想，比如说儒家一统天下，列奥·施特劳斯一统天下。只会一种风体，只有一种思想，整个社会的风险就增大了。"对其他诸种风体不甚了解，因而讨厌其他风体。"这也是常犯的毛病，屁股决定脑袋，因为自己不会，所以说不好。所以如果批评一样东西，往往也需要反思一下，是不是因为我不会呢？人非常容易自我欺骗。前些天我去了一回图书馆，随手翻阅了两本文学评论类杂志，多少年没有碰过了。一篇好文章都没看到，真不知道在写什么。看一本不算，开卷有益吧，多少应该有点东西。看了两三本都是同样感觉，不知道他们在写什么。反过来一想，是不是因为我不会呢？如果自己也沉浸其中，大概就舍不得否定了。

因为不能掌握诸种风体，所以有的人，尽管能偶尔取得某一方面的名声，但因其"花"并非持久之"花"，不被天下承认。

用佛教大乘的话来说，即使修到了二乘的果位，还不如"大心凡夫"（李通玄《新华严经论》卷八），所以立志非常要紧。拿《汉书·霍光传》来说，虽然作者班固的经国之才，不一定会比霍光好。但是作为掌握这支笔的人，他批评霍光"不学无术，黯于大理"，没有理解儒家学术的整体。理解大心或大理，能使其"花"成为持久之"花"，永不凋谢。

因而,掌握诸种风体的演员,是不可能不被天下承认的。

此外,即使并未掌握所有上演曲目,但若是掌握七八成的高手,将其中自己特别擅长的风体,作为自家基本风体彻底掌握,再用心钻研,亦能取得天下名望。这样的演员尽管能够取得名望,但因实际尚有不足之处,所以在京城、田舍等不同的演出场所,身份不同的观众面前演出时,会受到或褒或贬不同的评价。

前面讲过,真正的高手,无论什么风体,皆无所不能。如果做不了第一等人,就做第二等人,把所有曲目掌握七八成,并彻底掌握自己特别擅长的风体,也可以取得名望。因为还存在不足,终究会有人看出来。

通常,"能"演员取得名望,有各种情形。优秀演员难以让无眼光的观众满意,而拙劣演员则不会使眼光高的观众满意。拙劣演员不能使鉴赏能力高的观众满意不足为奇。而优秀演员无法使缺乏鉴赏能力之人满意,这是因为其鉴赏力达不到这种程度。然而演员若是演技精湛又善于思索之人,会演得使无眼光的观众亦觉得有趣。

演员可以有三种类型。一种是优秀演员,相应阳春白雪,一种是拙劣演员,相应下里巴人。还有一种是演技精湛又善于思索之人,这种人出类拔萃,突破了阳春白雪和下里巴人的局限。这种完成了突破的人,用我的话来说,就是进入了"封神榜"。如果用文学作比喻,那就是曹雪芹的《红楼梦》,内行人和外行人都说好,即使有人说不好,也从另一角度增加他的名声。比如说纯文学,专家可以欣赏,但是一般人不欣赏。而真正达到第一流程度的人,专家和一般人都可以欣赏,深者得其深,浅者得其浅。从这个标准来讲,你孤芳自赏没有用。如果有人不欣赏,你必须承认,自己还没有特别好。要外行的人也觉得好,"瞎子趁淘笑",就是要突破专家和一般人的局限,进入"封神榜"。所以说那些历史上留下来的有大名望的人,总是有特殊的地方,要批评他不大容易。当然也不见得不能批评,但是自己要小心。

如果是这样善于思索,而且演技达到相当程度的演员,应该说已真正掌握"花"。因此,达到此种程度的演员,无论到多大年龄,都不会被年轻之"花"所败。

不会被年轻之"花"所败,因为真正掌握"花"的人在某种程度上击败了时间,进入"封神榜"。

尽管如此,若对自家基本风体不求甚解放松练习,便使"能"失去生命力。这样的演员,可谓是低劣的演员。

这就是"一天不练自己知道,两天不练同行知道,三天不练连外行也看出来了"。从事艺术的人,应该有比较高的期许。在自己的这一生中,无论如何,不要让外行都看出来了。

惟有对自家风体彻底掌握,才能懂得其他诸种风体。欲掌握诸种风体,对自家基本风体却钻不进去掌握不了的演员,不独是不懂得自家风体,对其他风体亦不能真正理解。因此,其"能"为低劣之"能",不会有持久之"花"。无持久之"花",与对诸种风体一无所知无异。所以,《花传》的花之段中说:"刻苦练功,用心钻研掌握诸种曲目之后,会领悟使'花'永不凋谢之境地的。"

所谓"七十二变",首先从"一变"开始。自己最熟悉最擅长的风体,就是自家风体,先把自家风体搞清楚,自然而然就会一点点变化了。你适合于哪一条路,就从哪一条路走,先易后难,由近及远。先从自己适合的地方入手,逐渐深入,以后再加以变化。《花传》的花之段,指《问答条款篇》的最后一段。"刻苦练功,用心钻研掌握诸种曲目之后,会领悟使'花'永不凋谢之境地的。"那就成了挥洒自如、可以自由出入的大演员。

不可相传他人者,所谓艺术,是使众人心情舒畅,使上下贵贱之人皆受感动,为人们增福添寿之物。

看了一场好的电影、好的戏剧,或者听了一场好的演讲,结束后在一段时间内会有这种想法,至少在青少年时会有这种想法,真想做一个好人啊,好像觉得自己不再是卑微无能的人。比如说我生病了,这时候对生病不害怕了。如果在平常,一点点小事都要困扰的,这时候不困扰了。虽然半小时啊,一刻钟啊,这样的感觉终究会过去,但是在发生的当时完全是真实的。这就是艺术的作用,用道家的话来讲就是"阳生之景"(黄元吉《乐育堂语录》),就是这里的"增福添寿"。

梁启超讲小说的作用是"熏、浸、刺、提"(《论小说与群治之关系》),艺术作品应该以它为目标,能做到的是真正的艺术作品。这可以拿来作为一个衡量标准,是不是自己有这个心,是不是达到这个效果。佛教有一种"绮语戒",检查说的话是不是无意义,是不是对人有益。从广义来说,艺术作品正是"绮语",所以柏拉图《理想国》要驱逐诗人。在《斐德罗篇》九类人之中,位居第一的是智慧和美的追求者,或者是缪斯的追随者和热爱者,而位居第六的是诗人和其他模仿性艺术家(248d—e)。在我看来,第六类人也可以相通于第一类人,只要这些人重新追随和热爱缪斯，而其中变化之一就是能否理解"增福添寿"。艺术作品还是有着社会教化功能，不可能把"文以载道"完全拿走。

> 无论学何种技艺，若学深钻透，诸道皆为使人增福添寿之道。

任何一门学问如果学深钻透，到达顶尖，他们的思想以及谈吐，都是可以相通的。就是这个高层次的东西，不同于凡人。颜回感叹孔子"仰之弥高，钻之弥坚"（《论语·子罕》），可见即使是颜回这样的高材生，对于孔子还是不大容易学深钻透的。后世禅家一辈子抱一句话头，钻研参究，最后桶底脱落，获得真正的自由。以多维空间理论而言，真正学深钻透以后，会到达另外一个空间，然后看原来的地方都是相通的，《西游记》第一回"说破源流万法通"。

> 特别是此艺，重要的是艺要高，名要好，这样便被天下承认。此亦为剧座自身增福添寿。然而，这其中是要用心思忖的。

反反复复强调观众，这也是重视艺德。剧座自身增福添寿，你的东西才可以流传得久远，好比现在注重"票房"、"卖座"，这里都是有道理的。这本来是自然而然，但是现在都做歪了，注重"票房"成了刺激人的卑劣情绪，把你拉进来，强迫你、诱导你。是不是拍一个没有人看的电影也行？其实也很难说，因为你把自己钻研透了，跟人性就相通了。最好的作品是写给自己看的，观众或者读者不去管他，或者说将来再考虑。

观众若是很优秀，鉴赏能力很高的观众，演员若是艺术造诣、艺术程度都达到顶点的演员，观众的鉴赏力与演员的艺术能力相应相适，则无问题。但通常的情况是，愚昧之辈、边远地域及田舍之人低下的鉴赏力，欣赏不了艺术造诣、艺术程度很高的风体。对此应该怎么办呢？"能"这种艺术，只有获得众人爱敬，剧座才能繁荣兴盛。

世阿弥是强调练功习艺的。现在把练功习艺扔掉了，却只想获得众人爱敬，以及剧座的繁荣兴盛，那就是舍本逐末。如果一个国家的艺术（或者学术）都走这条路，会造成长久的伤害，若干年后，悔之莫及。

所以，始终不忘自己初学时期所掌握的素朴表演，演"能"时，根据时间、场合，演出令鉴赏能力低下的观众亦觉得精彩的风体，这样，是能使观众增福添寿的。

把"阳春白雪"化除以后出来的是通俗，提高不忘普及，这个普及和所有人相通。"始终不忘自己初学时期所掌握的素朴表演"，就是不忘"初心"。这个"初心"很重要，就是孔子讲的"我欲仁，斯仁至矣"（《论语·述而》），经常要返回过去，从最基本的观念得到启发。以后成为大演员、大作家，还是要想想刚入门时那种怯怯的心态，那会给你添福增寿的。后来忘记"初心"，就一点点异化了，甚至会变成自己都不认识的样子。

对观众与演员的关系，我想无论是从贵人的大雅之堂，到山中草寺、田舍边鄙之地及诸神社祭礼的任何场所，都被众人爱敬的演员，应该说是能够为观众增福添寿的高手。所以说，无论多么高明的演员，若不被众人爱戴尊敬，则难以称其是能为观众增福添寿的高手的。因此，先父无论在多么偏远的田舍、山坳演出，都懂得理解彼时彼地观众的想法,将彼地的风俗习惯放在首位,因地而异地演出。

这就是上一次说的,演出之前要到剧场先看一看,感受那里的气氛。如果来一个外国演员,他能唱一首观众耳熟能详的中文歌,我们听了会非常感动。虽然他不一定每个中文字都能咬准,观众也不会计较。有些来访的政治家照搬这一套,到上海学讲上海话,到北京学讲北京话,一般也能获得亲民的印象。如果表演得过分,也会被人看出是作秀。

作为演员即便技艺超群,若无方法,也是行不通的。若是艺技超群,又很有方法的演员,手中不光有"花",而且如同拥有"花种"一样。

你即使演得很好,如果没有反思方法,那认识还是没有深入。"花种"是基础,如果掌握了基础,随时随地都可以开花。

但就是被公认技艺超群的演员,也会由于自身之力无法左右的因果关系,出现被淘汰的情况,即使到这种地步,倘若在田舍或偏僻之地还被人们喜爱,其艺道便没有完全断绝。其艺道尚未完全断绝,在京城也许还会重新走红。

举一个例子,奥斯卡获奖影片《迷失在东京》。一个在美国不太走红的过时演员,到东京另外演了一出不是戏的戏,意外地走红了。这一段人生经历拍下来就是戏,实际上就是他的演出。这个电影名称是 Lost In Translation,用的是美国诗人弗洛斯特的名句 Poetry is what gets lost in translation。在翻译中失去的是什么呢,就是"诗"啊。电影名称的潜台词,其实不是"迷失在东京",而是说一段有诗意的故事(谢天振

《无奈的失落》,《文景》2005年第四期)。这个"诗"就是"花",在他拍的电影中没找到,在他的生活中找到了。

中国现代文学的一些作家,他们的作品虽然享有盛名,在我看来还算不上好。但是他们在大变动时代中的生活本身,如果能看得透彻,倒是极好的"诗",超过他们所写的作品。青年时代离开家乡的憧憬呀,中年遇到环境压力的种种困惑呀,晚年写不出好作品的焦虑呀,所有在作品中被遮蔽而没有表达的东西,在实际生活中都已经表达出来,这本身就是"诗"。

> 以上各条所记内容,皆非吾之才学。吾自幼以来,得先父恩助,长大成人,在此后的二十余年之中,吾将耳闻目睹之事如实录下,继承先父艺风,为此道,为家业,撰写此文,并非为吾个人私利所为。

《风姿花传》包含观阿弥、世阿弥两人的直接经验和间接经验,最终完成于世阿弥之手,在某种程度上可以认为是两人的共同创作。可以比拟司马谈、司马迁父子的完成《史记》,司马谈为此书积累了一生,最终完成于司马迁之手,某种程度上也可以认为是两人的共同创作。

四

第七,特别篇·秘传

第七篇《特别篇·秘传》的写成,与第五篇相差十六年,其时世阿弥五十五或五十六岁。这篇文章最初的构思很早,写第三篇和第四篇时已经提到,而实际写成则很晚。在《风姿花传》五篇写成后,又经过了长长的积累,似乎还有些内容不得不交代,于是才写了第七篇。这一篇日语原文的标题是"别纸口传",那就近似于"口诀"了。《风姿花传》前三篇是一组,第四篇、第五篇是一组,第六篇比较普通,第七篇又是"特别篇"。大致说来,第五篇是全书的总结和后序,第七篇是全书最终的提炼。虽然第六篇可能最晚写成,但是仍以第七篇置于全书的结束,相应《易》的"七日来复"。比较第五篇和第七篇,似乎后者更为精要。

此秘传所讲为领悟"花"之事。要懂得吾为何看到自然界中的花开,使用"花"一词比喻诸种演技之理。

概而言之,花于各种草木之中,随季节变化而开,当时绽放,因为新鲜,被人们欣赏。"能"亦如此,观众觉得新鲜之处,亦"能"之风趣所在。所谓"花"、"风趣"、"新鲜"三者实际是相同的。世上无永不凋谢之花,正因有凋谢之时,当它开放之际才让人觉得新鲜。要懂得所谓"能"之"花"亦然,演员演技不千篇一律才能成其为"花"。不千篇一律,不断变换,人们便觉得新鲜。

这里有一句话很重要,"世上无永不凋谢之花,正因有凋谢之时,当它开放之际才让人觉得新鲜"。世阿弥反反复复地讲,"刻苦练功,用心钻研掌握诸种曲目之后,会领悟使'花'永不凋谢之境地的"。到底"花"凋谢呢,还是不凋谢呢?一本书就是这两个矛盾的东西在争胜。施特劳斯也说,西方就是希腊哲学和希伯来宗教从古到今的相互争胜,两个方面相互批驳,彼此竭尽全力,结果谁也打不败谁,积累的内涵深不可测,保持了西方思想的活力。施特劳斯很有趣,他说

《创世记》中上帝用七日创造世界,而太阳在第四天才得以创生。通常意义上的日子由太阳的运行来决定,那么没有太阳的日子怎么理解?(列奥·施特劳斯《〈创世记〉释义》,林国荣译,见《柏拉图的哲学戏剧》,刘小枫、陈少明主编《经典与解释》2,上海三联书店,2003,172—175页)其实就是抓住了这里的矛盾,当然原教旨主义者一定不和你谈,因为一旦要谈,就已经预先设定了希腊的立场。

基督教也是纷繁复杂,三大教派各有其精彩。它能够存在几千年,各有其不可夺的根据。曾经看到过这样一句话:"不要和宗教争胜负,任何一个宗教都比一个政权的存在时间长。"王朝消失了,佛教、道教还在。狮心王理查没有了,基督教还在。那么大家就来信仰宗教,什么矛盾也不问? 不见得,这点东西还说服不了我。所以说"永不凋谢吗"?"凋谢吗"? 就是这两个东西争胜,成了这篇作品的内在张力。他要讲一个永不凋谢的东西,但看到的都是凋谢的东西。即使看到的都是凋谢的东西,他还有一个永不凋谢的东西。

不过,以下之事应引起注意。尽管给人新鲜感很重要,但亦不能上演世上所没有的风体。

一般来说这是对的,应当注意中道。如果写博士、硕士论文,指导老师也会说,题目不要选太容易的,但也不要过于偏门。忽然想一个题目钻牛角尖,这就是"世上所没有的风体",虽然也可能闯出一条新路,但绝大多数人不会有这么幸运。齐如山谈人生经验,也说如果"不由恒蹊",必须在你清楚知道"恒蹊"的情况下,才可能行得通。如果是四处乱走,必然一无所成(见《齐如山回忆录》张其昀代序,宝文堂书店,1989,10—11页)。不走别人常走之路,也就是钱锺书《老至》的"耐可避人行别径",这是属于少数人的创新之路。

应按《花传》中的各条逐条钻研习练,演出时,根据场合,从中选出适宜的上演。"花",只有当它应季开放之时才让人觉得新鲜。与此相同,演员若对已学过的"能"的诸种人物类型充分掌握,考虑时尚,根据时人好尚,选出合适的风体上演,这便如同供人欣赏应季开放的鲜花一样。今年所开之花为去年花种之花。"能"之"花"与此相同,即使是观众曾看过的风体,但如果演员掌握的曲目很多,把自己掌握的曲目都演一遍要很长时间。同一曲目隔很长时间再看,仍会让人觉得新鲜。

不重复才有新鲜感。而且"花种"多了,积累的谱就长了。备选曲目多,不一定全部用出来,如果用竞技体育作比喻,就是体现实力的"板凳深度"。如果把过去的东西重新拿出来,还要根据当时的情况加加工。梅兰芳说:"不论戏的生熟,出台之前,都要认真温习。"又说:"谭老板(谭鑫培)每贴一出不常唱的戏,起床就在毛房里先哼几遍。"(《舞台生活四十年》第二集,中国戏剧出版社,1961,237页)我有一位多年的老朋友,他在上海一所著名的大学任教,讲课的那天很早就起床,把要讲的内容再看一遍。他对这些内容已经很熟悉了,但是无论如何要再看一遍,临时看一看还会有新发现,这就是负责任的好老师。

因此,尽管是演唱相同的唱词,做相同的动作,优秀演员演得格外富有情趣。低劣演员只是按学过的曲谱演唱,绝不会给人新鲜之感。优秀演员虽也是演唱同一曲调,做同一动作,但不同的是懂"曲"。

这个"曲"可以通《易·系辞上》"曲成万物"的"曲",可以通《中庸》"其次致曲"的"曲",也可以通民俗"文曲星"、"武曲星"的"曲"。

实际上"歌曲"、"乐曲"的"曲",也就是这个"曲"。为什么"优秀演员虽也是演唱同一曲调,做同一动作,但不同的是懂'曲'"呢?同样的勃拉姆斯D大调小提琴协奏曲,不同的演奏家演绎起来不一样,其中有不同的"致曲",所以发烧友要搜集不同的唱片版本。企鹅唱片的"三星带花",可以通"风姿花"的花,"花"就是出彩,也就是"曲"。

所谓"曲",是指比一般曲调程度更高的曲调之"花"。同样被认为演技相当出色,而且同样被认为已掌握了"花"的演员,用心思索的人,懂得用以战胜对手之"花"。

"用心思索",只要肯花工夫,必然有进一步拓展的余地。常建《破山寺后禅院》:"曲径通幽处,禅房花木深。"正是"曲径"才可以"通幽",而"通幽"才可以观赏"花木深"。同样作曲家的乐谱,大演奏家处理起来就是有地方出彩,而不是完全照着谱机械拉。同样的音符,轻重和长短不一样,大师和一般演员相差的只有一点点,就是这一点点动人心弦。用以战胜对手之花,就是花中还有花。

演员模拟人物时,有的人能够达到不再追求要演得像的境地。模拟人物时,完全进入角色,达到出神入化的程度时,演员头脑中便不存在像与不像的意识了。

"达到不再追求要演得像的境地",刘振瀛译为"不似位"。"不似位"应该是最高的位,追求的是"神似"。"似"与"不似"的美学范畴,在中国艺术中以书法最为突出,绘画也是如此,在京剧就是"写意"。董其昌《画禅室随笔》卷一:"临帖如骤遇异人,不必相其耳目手足头面,当观其举止笑语、精神流露处,庄子所谓目击而道存者也。"刘熙载

《艺概·书概》:"学书通于学仙,炼神为上,炼气次之,炼形又次之。"

好的绘画在似不似之间,好的演员也在像不像之间。梅兰芳称赞杨小楼的演艺:"他演'长坂坡',观众都称他是活赵云。到底赵云是什么长相,有谁看见过吗?还不是说他的气派、声口、动作、表情,样样吻合剧中人的身份。台下看出了神,才把他当作理想中的真赵云吗?"(《舞台生活四十年》第二集,同上,169页)在香港电影《喜剧之王》中,周星驰手上拿着一本斯坦尼斯拉夫斯基的《演员的自我修养》。对于表演角色来说,斯坦尼斯拉夫斯基要进去,布莱希特要出来。其实周星驰已经懂了,进去就是出来,出来就是进去。进入角色容易被角色带着走,有时候会很危险,所以要保护好演员,但不进入角色又不行。加拿大弗莱《批评的解剖》提出艺术类型有四季循环,春季是喜剧,夏季是传奇,秋季是悲剧,冬季是嘲弄(irony)和讽刺(satire)(陈慧、袁宪军、吴伟仁译,百花文艺出版社,2006,225—350页)。现代属于冬季,文学作品往往趋向于滑稽讽刺。周星驰在像与不像之间,《喜剧之王》其实半真半假。你说他假吧,他有个非常认真的东西。你说他真吧,他就是在跟你搞笑。你刚想认真,他马上把这个东西拆散给你。拆下来你以为没有了,其实不是,还有一个拆不了的东西。

以下所述乃是演员掌握十体之事。已掌握十体的演员,将自己所会曲目逐曲演一遍,亦需很长时间,因此能够不断给观众以新鲜之感。掌握十体的演员,再对各种具体演技加工润色,会使其变化无穷。要做到同一演技三五年之间只演一次,使演出不断变化,一直让人觉得新鲜不厌。

你看"各年龄习艺条款篇",人生分成七段,每一段"花"都有变化。同一曲目三五年之间只演一遍,一般你演到三遍,就是有"花"的演员也走下坡路了。其实这些都是理想状态,能重复一两遍就了不起了,根本来不及重复的。想起查良铮(穆旦)译的《欧根·奥涅金》,普希金开篇引维亚塞姆斯基的诗:"活得匆忙,来不及感受。"真的是感触很深,"慢点走呀,好好欣赏呀",其实慢不下来。还没有想明白呢,年龄就上去了。你想让它停下来,根本不可能。

此外,还应懂得作为"能"演员虽然掌握十体很重要,但更重要的是不可忘记"年年岁岁之花"。

这句话就是我跟本书的结缘了。十五年前我偶然遇见时很感动,当时并不懂,就是单纯的感动。"要了解十体,更要牢记年年去来的花。"只翻译一句,却有着回旋的韵律。这里上下文把这句话淹没了,一样的意思,那句话更好。

例如,十体是指模拟表演的各种类型,而"年年岁岁之花",则是指幼年时期的童姿,初学时期的技艺,盛年时期的作派,老年时期的姿态等,是说将这些在各时期自然掌握之技艺,都保存在自己的现艺之中。

把各种年龄段的不同之花,都保存在自己的现艺之中,也就是保存种子。在电影中经常看见这样的镜头,比如两个人分手,一个人走了,留下的这个人会想一想,沉思一下,摆摆头,然后也走了。按照我的观察,这里有无意识的短暂停顿,用电脑术语来讲就是存盘,也就是保存这个种子。如果你注意影视作品的话,往往会看到这种情形。是导演有意的安排吗?不见得。是演员自觉的表演吗?也不见得。存盘需要时间,尽管也许只花了零点零一秒,但是这一过程不可省略。在现艺中保存各时期的技艺,然后在适当的时候调出来,也就是一个大演员的深度。

据说先父观阿弥盛年时期的"能",演得相当老练。他四十岁之后的"能"我经常看,的确如此。演《自然居士》这一曲目时,在高台上讲经说法的表演,世人评论说"简直就像十六七的美少年"。人们确实曾这样说过,我也亲眼见过,我觉得先父是达到此种艺位的高手。像这样年少时便掌握了将来要掌握的老年风体,老年时还保持着年轻时期风体的演员,除先父之外,再也未曾见也未曾听说过。

观阿弥生卒年大致为公元1333—1384年,他四十岁到去世这段时间,世阿弥大致为十至二十二岁,相当于"各年龄习艺条款篇"的第二段和第三段,正是观察力、学习力最旺盛的时期。他对父亲的衷心赞誉应该不是出于感情,而是亲眼所见的真实情景。根据热力学第二定律,能量总是耗散的,生老病死是不可抗拒的规律。然而,一个人守住自己的心,把"能"集中起来,精益求精,在身体的某一个局部倒走一下,在一段时间内返老还童,至少存在这种可能性。

从戏剧进一步说开去,在人生的老年,确实也可以有老年的美。八十年代中期我亲眼见过梁漱溟,晚年的他真是澄澈透明,无法形容。后来我跟陈思和谈起此事,他说对冰心晚年也有类似的观感。他们这一代人就是这样读书,内在的东西自然而然变化,到晚年确实有气象出来。再回到戏剧上来,据说世阿弥在十三岁登上舞台时候,美得像"春日朝霞映照的樱花"。而观阿弥"简直就是十六七的美少年",这是他技艺修炼所达到的炉火纯青,毕生工夫都在这里了。这不会太长久的,在短短一瞬间艳光四射,就是"花"的厉害之处。

此秘传必须通过师徒之间口传身授才行。

真正的传授技艺,师傅要把徒弟带在身边,口传心授,没法在书本上教。我曾经看过电视节目,讲美国警察就是带出来的,一个师傅一个徒弟,格斗呀射击呀带着你,你在旁边一点一滴地吸收。

以下所述乃"花"不可外传之事。"保密便有'花',公开则无'花'。"懂得这一道理,对理解"花"非常重要。

我上次已经讲过,现在再把结论重复一遍。他这样做是对的,但是终究还是狭窄,到达不了挥洒自如的境界。世阿弥身处的时代,各家各派竞争激烈,不这样保密不行,但还是应该认识更高明的东西。当然这里的前提他是对的,像拍电影一般也要阻止采访,事先不能给别人看的。

在诸艺诸道之中,之所以有各家各派不公开的秘传之事,是由于保密使其发挥了极大效用。因而,一旦将秘密之事公开,多为平凡之事。因此便说秘传之事无足轻重的人,是因为他不懂得此事的重要。

这本书秘密得不得了,是传给子孙不传外人的。我们看真的有什么东西不可传吗?也不见得。这个东西难得不得了吗?其实不是。徐梵澄译《母亲的话》第一辑中说,很多东西不到一定的程度是不能讲的,或者是出了这个圈子是不能讲的(辽宁教育出版社,1997,109—110页)。这也就是施特劳斯一直研究的"隐晦教导"(esoteric teaching)。在小范围内讨论,可以自由一些。拿到比较大的场合公开,说法要两样。

例如，在武道之中，由于名将足智多谋，以出奇制胜之法，打败强敌。这从败者角度看，不是被意外的计略所骗而失败的吗？所以说，出奇制胜是在诸事诸道诸艺的比试之中能够取胜的根本原理。对方所用计谋，事过之后恍然大悟，以后会加以防范，但事前因不知便被击败。因此，秘传之事切不可告知他人，只可传与自家一门之人。

《风姿花传》的结构是前四篇为一组，前四篇以后加了第五篇《奥仪篇》。第五篇辅助前四篇，是所谓"秘密之事"。第六篇比较普通。第七篇是"别纸口传"，更加秘密。"别纸口传"写在另外的纸上，你自以为看到了整本书，其实还有几张纸不在其内。中国的道教往往也这样，《道藏》的编目有时是错乱的，需要花工夫去研究，它不会让人一下子看明白整体。这里谈为什么保密，涉及同道之间的竞争，在当时是影响饭碗的。"保密便有'花'，公开则无'花'"，如果以兵法作譬喻，就是《孙子兵法·计篇》"攻其不备，出其不意，此兵家之胜，不可先传也"。

此外，演员如果懂得"因果之花"的道理，就达到了理解"花"的最高程度。

世间万物万事皆有因果。"能"演员自初学之时掌握的各种演技为因，对"能"掌握到家取得名望为果。如忽视作为"因"的从初学之时的学习，便难以达到取得名望的理想之果。对此道理一定要充分领会。

年轻时候刻苦练功，以后取得名望，这就是"因果之花"。此仅仅就演艺而论，然而在任何领域中还有盘外招。比如说学术腐败之类，就是年轻时候没有种这个因,他要得这个果,所以只能不择手段。在金庸的《笑傲江湖》中,风清扬感叹道,世界上最厉害的招数不在武功之中,而是阴谋诡计、机关陷阱。在阿城的《棋王》中,老头儿也说,棋盘上的子儿全能看在眼底,而天下的事儿不知道的太多。《风姿花传》所讲的,还只是看得见的层面,其实还有看不见的层面。所以世阿弥在演艺上虽然成功,但是实际人生并不如意。

而且,演员还要特别注意时机。要知道去年开得太艳的"花",今年是不会再开的。就是在很短的时间之内,有时机好之时,亦有时机不好之时。演员无论怎样演,有演出效果好之时,就一定会有演出效果不好之时,这之中有靠人力无法改变的因果关系。

有什么因有什么果,讨论的是命。有时机好之时,亦有时机不好之时,讨论的是运。运是什么,你有一段时间就是"霉",做什么总不顺利,用心也好,不用心也好,怎么努力也不行。比如打扑克,连续到手五六副烂牌,没有办法。其实有人研究过这种情况,就是俄国的陀思妥耶夫斯基。他上赌场大败,输得倾家荡产,他的妻子非常好,一直照顾他。他有一次说:"我已经懂得了赌博的决胜秘诀,我一定可以赢。"方法就是,顺风的时候尽量赌,输的时候就赶快收手。这个方法虽然看上去有道理,但是没有人能够使用,因为一旦进了场就退不出来了。这不是有人拉住你,而是人的本性决定的。

曾经看到一个笑话,说有一个炒股票的人上了天堂,但天堂中到处都是人,拥挤得不得了。于是他急中生智,喊了一声"下界的股票涨了",天堂里的人一下子全都冲下去炒股票了。他轻松地找到了座位,一个人享受着空荡荡的天堂。但过不了多久,他转念又一想,那我也下去吧,于是也跟着下去了。这就是人性的弱点,他入了自己编出来的套,这就是羊群效应,几乎没有人能例外。所以说,要有自控能力还是一句空话,一旦上赌场就没有这个能力了,想要有自控能力就是不上赌场。更好的是把能力用于研究赌博的原理,把原理研究清楚的人是不赌的。

懂得这一道理,在并不重要的演出场合,哪怕是"竞演",亦不要执著地非想取胜不可,不要过分努力地去演。就是输了,也不要在意,不要竭尽自己所有技艺,而要有所保留地演。

比如说一九九二年巴塞罗那奥运会,中国游泳队的五朵金花一下拿了好多金牌。中国队实力当然非常强,但是也有运的因素。当时的美国队强手如林,整体实力超过中国,每个人都拼命抢出线,在国内选拔赛中自相厮杀,结果兴奋点过早地出来了。然而兴奋点一过就没有办法了,再怎样努力也不行了。中国队的教练在赛前把运动员带到高原上,一点点地压着往上调,一点点地压着往上练,而且预赛的时候不一定得第一名,但一定要过线,最后在决赛时把兴奋点调到了最佳状态。竞演的时候不要过分,这里边有大学问,明朝朱升对朱元璋说"缓称王"(《明史·朱升传》),程度低的人很少能懂。

所谓时机好与不好,是说在所有的竞技之中,一定会有一方不知缘何一切都进行得很顺利的时候,这就是好时机。在"竞演"曲目多时间长时,好时机会在双方之间来回转移。有书说:"有胜负之神,胜神与负神置身于赛场上,决定胜负。"这在武道之中为极秘之事。演"能"时,假若对方进行得非常顺利,要意识到胜神在对方,从而要慎重对待。但因胜神负神只是决定短时间之内时机的好坏,二神在双方之间不断变换移动,当觉得胜神又移回到我方时,要演自己有信心的曲目,此乃竞演场上的因果规律。对此,绝不可掉以轻心。须知"信则灵"。

这一段看上去好像是迷信,其实可以作为经验之谈。做生意的人和演戏的人非常像,往往迷信得不得了。因为人终究无法消除所有的风险,没有其他办法可以安慰。不信似乎不行,信了是不是有用呢?其实还是不知道,所以流行歌曲中有"谁胜谁负天知晓"(电影《笑傲江湖》插曲),又有"成功失败,浪里看不出有没有"(电视剧《上海滩》插曲)。围棋头衔战的决胜局,记者采访对局者,两个人发表赛前感想,很有意思。强势的一方自信满满:"我就缺某某杯冠军了。"弱势的一方很低调:"不管胜负如何,我会珍惜这次机会。"还没开始比赛呢,双方的气场已经在相摩相荡之中了。正确地估计自己的实力,把自己的位置放低一些,气就不容易散掉。在第一流的高手之间,他们的技术差不多,这里就有着"胜负之神"的作用。

有时候高手会使出昏招,连我们普通爱好者都看得出来。那是不是高手还不如我们呢?绝对不是。因为棋手在竞赛过程中,会一直感受到对方的压力,技术不得不变形,忽然思想出偏差,就走昏招了。就某一个局部而言,这样的昏招,像我们这样的水平也看得出来。但一旦我们上了场,绝对更不行。在柏拉图《会饮篇》中,每个人讲一段东西歌颂爱神,实际上就是演讲比赛。苏格拉底第六个出场,他上来就恭维前面的人说,你们讲得这么好,我还有什么可说呢?一般人或许会把这些话当米汤灌下去,但那些竞演的人已经识破他,苏格拉底你不必谦虚了,有什么好话赶快讲吧。苏格拉底又兜了半天圈子,最后才讲"我听谁谁谁说了一段话"。《会饮篇》苏格拉底转述女巫第俄提玛的话,说得真是好。从感官现象的美逐渐上升,最终到达"那神圣纯然清一的美"(《柏拉图的〈会饮〉》,刘小枫译,华夏出版社,2003,93页)。女巫其实也就是"巫史文化",苏格拉底转述女巫所说,不能仅仅看作修辞策略,而是他自觉地有所继承,也是他的上出。

同样出色的演员,上演同一曲目,若连续观看两天,昨天还觉得蛮有情趣,今天便会感到索然无味。之所以这样,是因为昨天的印象还残存于心中,对今天的演出失去新鲜感,因而觉得不好。

好的曲目也有边际效用,最后也会有审美疲劳。所以释迦牟尼讲经有五百比丘退席(《法华经·方便品》),孔子讲学也有宰予昼寝(《论语·公冶长》)。"李杜文章万口传,至今已觉不新鲜"(赵翼《论诗》),新鲜的东西会成为老一套,表演得再好也听不进了。

过一段时间后,再看同一演员的演出,又觉得很有情趣,是因为虽然以前觉得不好,但隔了一段时间又觉得新鲜,所以又觉得富有情趣。如上所述,演员对此"能"之艺道学深钻透之后,便会懂得所谓"花",绝非什么特别之物。但若未得"能"之奥秘精髓,于万物万事中自然领悟"新鲜"之理,是不会得到"花"的。

"新鲜"从"万物万事"而来,从金克木的"读书、读人、读物"而来(《读书》1984年第4期)。是不是了不起呢,也不见得,最后还是要散去,也就是老子第七章"天长地久"而"不自生"。天地之间就是一本书,禅宗从这里读出东西。天下最厉害的人读的是无字书,当然不把有字书读通了,怎么能上窥无字书呢?无字书和有字书互相印证,那样才能"于万物万事中自然领悟'新鲜'之理"。

经文中说:"善恶不二,邪正一如。"

经文当指《维摩诘经·不二法门品》:"弗沙菩萨曰:善不善为二,若不起善不善,入无相际而通达者,是为入不二法门。""珠顶王菩萨曰:正道邪道为二,住正道者,则不分别是邪是正,离此二者,是为入不二法门。"《奥仪篇》结尾引《坛经》,本篇结尾引《维摩诘经》,可以互相呼应。引《坛经》论述"花"的根源,引《维摩诘经》论述"花"的变化。

善与恶从本质上的确是难以区分的。人们只能根据时间场合,把有用之物作为"善",把无用之物作为"恶"罢了。就"能"之中的各种风体而言,也要根据时人好恶、地域特点等选出合适曲目上演,因其有用而成为"花"。

参考《老子》第五十八章"正复为奇,善复为妖",《庄子·知北游》"臭腐化为神奇,神奇复化为臭腐"。有时也很奇怪,你觉得不好的东西会有人欣赏,你觉得好的东西大家没有反应。韩愈说:"我写的臭文章别人都当宝贝,我写的得意文章别人都说不好。"(《韩昌黎文集》卷三《与冯宿论文书》:"仆为文久,每自称意中以为好,则人必以为恶矣。小称意人亦小怪之,大称意即人必大怪之也。时时应事作俗下文字,下笔令人惭。及示人,则人以为好矣。小惭者亦蒙谓之小好,大惭者即必谓之大好矣。")创作者需要兼听别人的批评,但也不能过于相信,一般读者的审美并非终极标准。

此《特别篇·秘传》中所述之事,乃"能"艺之道中的大事,亦为吾家一门极其重要之事,一代只可单传一人。……"家,只有血统的延续并不能称其为家,一门之艺得以相传才成其为家。人,并非生于某道名门之人都能成为其道优秀之人,只有深明其道奥秘之人才能成为其道优秀之人。"

所谓"家",除了血统的延续,还有学问的延续。学问的延续也可以称为"家",《庄子·秋水》有"吾长见笑于大方之家",《汉书·艺文志》有"九流十家",现代有"科学家"、"艺术家"、"作家"。其实血统和学问的延续,两者不可能绝对一致。中国文化早就明白了这一点,所以孔子主禅让,禅宗主传灯。事实上孔子的后代和儒学的发展无关,在衍圣公府内找不到儒家大学者。

    此特别篇条款,早年曾传与吾弟四郎。因元次"能"艺亦很精湛,故又相传。此为重要秘传。

其实他这个密没有保住。"吾弟四郎"是世阿弥的弟弟,其子音阿弥后来成为世阿弥一门的竞争对手,被将军宠爱。后来世阿弥被流放,也与此有关。

最后要讲的是老子的一句话:"善闭无关键而不可开。"(第二十七章)"闭"就是上一把锁,于是有一把钥匙可以开。"善闭"就是没有这把锁,于是也没有这把钥匙。看上去那里琳琅满目,但是有一个东西永远拿不出来。关于"善闭"的钥匙有还是没有,古来一直有争论。葛洪认为是有的,他说老庄不好,没有口诀,讲了半天,言不及义(《抱朴子·释滞》云:"文子、庄子、关令尹喜之徒,……永无至言")。其实老庄就是要破掉这个东西,不需要口诀,就是"善闭"本身。然而怎样才能"善闭"呢?他还是没有说。要搞清楚什么是"善闭",把《老子》全看过还不行,佛教南天铁塔啊、龙宫啊,这些经文都要看。各家各派的学说都通了,那么闭不闭也无所谓。所以说《风姿花传》非常好,但还是有局限。在某一个层次是好东西,过了这个层次,也不必过于执著。因为最好的书,根本不是孤本秘籍,就是你眼前的经典。而且自以为看懂也没有用,把最后的东西化除的,那才是真正的好。

《西游记》讲记

一

在我看来,中国古代的小说是一个整体,里面的象完全是相通的。从一些神话故事和诸子寓言开始,涓涓细流,汇成江河,结束于清末的四大谴责小说。五四以后的现代小说,跟古代的象不怎么通得起来。可以搭一些桥,比如鲁迅的《故事新编》,比如金庸的武侠小说,但不是整体的相通。中国古代的小说充满了中华民族的憧憬和想象,五四以后的小说憧憬和想象的方向就转变了。我们的现代文学还没有把中华民族的想象——从古到今的民族想象——贯通起来,有一些好的作品,贯通整个民族的想象说不上。

中国古代比较好的作品,可以用《庄子·逍遥游》一句话来说明,"生物之以息相吹也"。好的作品是用"息"堆出来的,《西游记》吸收了好几代人的"息"。最初有一个取经故事,过一段时间编一点上去,过一段时间编一点上去,加一点减一点,这样积累下来,气息就渐渐丰厚了。有人喜欢这个故事,那么就再写一遍。什么时候遇到天才,一下子就出来了,这个概率非常之高。好的小说体现了民族文化的想象力,读者有这个期待,愿意听这样的故事。好东西其实都是无名的,都是从奇奇怪怪的地方出来的。小说也是这样,本来也没想好要写的,不知道怎样得到了一股力量,写着写着有了一大段,过一些时间又是一大段。《红楼梦》写作有另外的方法,但是大部分小说是这样来的,连写的人自己都不知道。

从中国古代小说拉一个纲出来,代表作就是"四大名著"。当然还可以加一部《封神演义》,理由可以参考《管锥编读解·全梁文》卷。五部书把中国文化整体的气吃透了,《封神演义》不够好也说明了一些问题。再进一步分析,"四大名著"还可以一分为二。《三国演义》、《水浒传》两部书注重社会关系。《三国演义》写打来打去,这些人间的关系,当然也有些想象,像开篇《临江仙》"滚滚长江东逝水,浪花淘尽英雄"（用杨慎《廿一史弹词·说秦汉》）,也有它的哲学,"天下大势,分久必合,合久必分"。《水浒传》也是讲人间的关系,官逼民反,替天行道。小说开始陈抟老祖从驴背上颠了下来,"天下从此定矣",总是要编些故事。《西游记》、《红楼梦》两部书由社会上溯自然,跟中国的神话系统有关联。这两部书有共通的地方,都从石头开始,都讲到生命起源,思想深度超过前两部。

以五四运动为界,《西游记》的读法一直有两种。在古代差不多都把它当传道书,认为此书讲的是佛道理论。五四以后,胡适、鲁迅把它当成纯粹的小说。同一个文本往往有多种读法,鲁迅论《红楼梦》有名言:"经学家看见易,道学家看见淫,才子看见缠绵,革命家看见排满,流言家看见宫闱秘事……"（《集外集拾遗·"绛洞花主"小引》）。其实"经学家看见易"为什么不可以呢？至少有人是这样看的,这是历史的事实。我读过三种用这样方法解释《西游记》的书。第一种是《西游证道书》（汪象旭）,第二种是《西游真诠》（陈士斌）,第三种是《西游原旨》（刘一明）。这三种书都是从修炼啊、得道啊这些方面解说的,《西游记》在他们眼里完全是修道书。清末民初有一本《忘山庐日记》,取义于禅宗的见道忘山（语出《五灯会元》卷十七青原惟信章次）。此书作者是孙宝瑄,他的哥哥孙宝琦当过北洋政府的国务总理,日记写他一生所读之书。他就写到看了《西游记》、《红楼梦》大悟等(上海古籍出版社,1983,302—303页,468—470页,参见1062页)。五四以后胡适、鲁迅把《西游记》看成小说,是故事性、娱乐性的作品。

这里牵涉对《西游记》作者的认识。清初有些人认为作者是长春真人丘处机,此书是他那些修炼理论的通俗版。丘处机确实有一本《长春真人西游记》,收在《道藏》中,讲的是他带十八弟子去见成吉思汗。《元史·丘处机传》记载他"拳拳以止杀为劝","每言欲一天下者,必在乎不嗜杀人",据说元朝打进南宋以后,因此少杀了一些人。从道教来讲,这算是功德。当时的道教流派差不多都毁了,但是全真教还在,就是北京的白云观。现在已经完全搞清楚了,《西游记》作者不是丘处机,只是有这样的传说,要托到有名的人身上。

那么《西游记》作者是不是吴承恩呢?这是鲁迅确定的,胡适采用的。在我看来,证据还不够坚强。吴承恩写过一部《西游记》,此书是不是现在看到的《西游记》呢?还不能完全确定。根据黄虞稷《千顷堂书目》,这本书被归入舆地类,那么就是游记之类的作品,当然也可能编书目的人搞错了。吴承恩还写过《禹鼎志》,跟神怪有一些关系。是否这也是证据呢?如果这样说也没办法否定,但要就此肯定下来呢,还不是铁板钉钉。其实《西游记》作者即使考证不出来也不太要紧,问题在于确定小说写的是什么,还有此书的写作时代。《西游记》写作时代大概是在明代中叶,现存最早的世德堂本是万历二十年。再推前十年是万历十年(1582),就是张居正逝世、利玛窦入华那一年,也就是吴承恩逝世的那一年。万历二十年是满清开始蠢蠢欲动的时候,努尔哈赤的力量逐渐壮大,以后就一发不可收拾了。

那么是不是根据古代的读法,肯定《西游记》就是传道书呢?我觉得也不一定,他们也有先入之见。顺便讲一下,在我看来,在三本书中,《西游证道书》比较初步,《西游真诠》比较完整,《西游原旨》比较深入。《西游原旨》作者刘一明是道家人物,他在《道书十二种》中,把《西游原旨》纲领放进去了。从《西游记》成书过程来看,我觉得是民众的"息"把它鼓励出来的。像梅兰芳就是有好的听众每天在盯着你,那些人欣赏你、支持你,你有了一点变化,马上有人看出来,马上有人叫好,这样就推动了创新。当时梅兰芳有一个大的班子,吸收了这些息再加以创造,没有息是推不出来的。写成《西游记》的作者是不是懂佛道理论呢?我觉得是懂的。但它是不是就是传道书呢?传道书很多,《参同契》、《悟真篇》这些道家的书很多,为什么要写一部小说呢。我觉得作者可能是游戏笔墨,你要他认真,他不一定认真,就是这样花过工夫,里面的象都是对的。佛道内容和小说,似乎可以用买椟还珠来形容。珠可以是宝贝,椟也可以是宝贝。如果现在还能找到先秦的椟,那就是文物啊。小说的佛道内容是椟还是珠呢?都可以,两边都有珍贵的地方。《西游证道书》等已经戴上有色眼镜,强人就我,强《西游记》就传道书。其实用不着传道,里面的内容天然就是好的。这几年传统有一些回潮,二十世纪九十年代有人宣称破译了《西游记》,都是练功心法之类。这类书我看到过两种,评价不高。清代的人真是相信这些,一生沉浸在里面,才有《西游证道书》、《西游真诠》、《西游原旨》的出现。这些书无论如何自成一说,搭出来的内容是有价值的。

我的结论是《西游记》最后编订者是懂佛家和道家的。是不是有意传道呢?不知道。里面的佛道内容是不是好呢?我觉得是好的。照这样的方法是不是还能修一个孙悟空出来呢?也是不知道。对这些内容要进得去出得来,要理解这里的象。这样读一本书,才是一本活的书。

灵根育孕源流出,心性修持大道生。

第一回的回目很好。"灵根育孕"是什么?就是生命起源。"心性修持",古今多少流派在研究。心和性混言是一,如果深入分析的话,还有所不同。两句联合起来看,就是心性的修持不可以空谈,它要落实在生命起源上。《悟真篇》绝句六十四之五:"鼎内若无真种子,犹将水火煮空铛。"修持就是要从自己身上找出生命的起源,这是中国人花工夫的,只要活着就要找,也很难找到的东西。《西游记》总体思想是宋以后的思想,就是陈抟以后三教不同程度合一的新儒家、新道家、新佛家。《西游记》根本思想是走三教合一路线,它的所有思想都没有超过此。

欲知造化会元功,须看西游释厄传。

"造化",道家的概念,《庄子·大宗师》:"伟哉造化。""会元",《五灯会元》,中国式佛教。《西游记》还有一个书名《西游释厄传》,好比《红楼梦》还有一个书名《石头记》。在《西游记》版本源流史上,有一种明代朱鼎臣的节本,书名就是《西游释厄传》。"释厄",人民文学出版社一九八〇年版《西游记》有注解,它说"释"指唐僧,"厄"指灾难,"释厄传"就是有个和尚经历了灾难。我觉得可能不够准确,"释"应该是解释,"厄"是"灾难","释厄"就是解决掉、释放掉、解脱掉生命中的厄难。"释厄"之厄,也就是西方"诺斯替"所谓的"一切坏的东西,即人力图躲避的不适,如身体上的疼痛、疾病、痛苦、厄运等一切有害之物,尤其是指情感上的不安——恐惧、忧虑、疑惑、悲伤"(张新樟《"诺斯"与拯救》自序,三联书店,2005)。《西游记》是一部要解决掉、释放掉、解脱掉这些厄的传,"释"应该是动词。

盖闻天地之数,有十二万九千六百岁为一元。将一元分为十二会,乃子、丑、寅、卯、辰、巳、午、未、申、酉、戌、亥之十二支也。每会该一万八百岁。且就一日而论：子时得阳气，而丑则鸡鸣；寅不通光，而卯则日出；辰时食后，而巳则挨排；日午天中，而未则西蹉；申时晡而日落酉，戌黄昏而人定亥。譬于大数，若到戌会之终，则天地昏曚而万物否矣。再去五千四百岁，交亥会之初，则当黑暗，而两间人物俱无矣，故曰混沌。又五千四百岁，亥会将终，贞下起元，近子之会，而复逐渐开明。

"十二万九千六百岁为一元"是《皇极经世》的观念，《西游记》用的是《皇极经世》的宇宙观。道家有一部书《天仙金丹心法》(中华书局，1990)，里面有一句话我很喜欢："放眼三千界，收心十二时。"现代把hour翻译成"小时"，相对于古代的"时"。所谓小时，就是二分之一时。十二时，就是二十四小时。"十二万九千六百岁"就是这张图(参见潘雨廷《易学史发微》，复旦大学出版社，2001，350 页)，从这里开始有了人，到这儿人类灭绝，它算了一个大命。

《皇极经世》是宋代的邵雍(邵康节)写的，他和二程、司马光是同时代人。《宋史·邵雍传》称"司马光兄视雍"，司马光佩服他，把他看成长兄。《皇极经世》写了十二万九千六百年，《资治通鉴》只是截取了其中的一段。《资治通鉴》当然是史学名著，然而《皇极经世》有另外的哲学境界，邵康节的思想从《周易》而来。《西游记》用的是《皇极经世》的宇宙观，它在观念上没有创造性，是抄来的。

邵康节曰："冬至子之半，天心无改移。一阳初动处，万物未生时。"到此天始有根。

这首诗是邵雍的《冬至吟》，见《伊川击壤集》卷十八。"天心"思想出于《易》："复其见天地之心乎。"这首诗朱熹非常喜欢，后来也写了类似的一首:"忽然半夜一声雷,万户千门次第开。若识无心含有象,许君亲见伏羲来。"(《晦庵先生朱文公文集》卷九《答袁机仲论〈启蒙〉》)因为朱熹肯定了他,以后皇家的意识形态中,就有邵雍的思想保留下来。年的"一阳初动处",那就是冬至。有许多明年的信息,在冬至前后敏感的人会感觉到。走到前边是十一月,再走到前边是十月,秦始皇建亥,最最着急了。从建亥再往前一点,那就是今年了。《诗经·豳风·七月》"七月流火,九月授衣",是季候的变化。农民就是这样的,将来的事情必须早早打算。要走到前面去,要早做预备,再往前没有了,再往前就是今年了。

然后有了天,"天开于子"、"地辟于丑"、"人生于寅",这是中国古代自然演化的创世论,而基督教有另外的创世论,构成了不同的信念系统。

> 感盘古开辟,三皇治世,五帝定伦,世界之间,遂分为四大部洲:曰东胜神洲,曰西牛贺洲,曰南赡部洲,曰北俱芦洲。

这是当时的世界观念,也就是《西游记》作者心目中的世界图谱。《西游记》作者描写孙悟空活动时,心中想的就是这幅图(见《大方广佛华严经》卷首)。有一点很奇怪,佛教的四大部洲,一般写成"东胜身洲",《西游记》写成"东胜神洲",不知道有没有根据。可能作者觉得"神"比"身"好看一点,也可能受到了"赤县神州"(《史记·孟子荀卿列传》)的影响。总之,有些不知不觉,有些暗示,有些贴近。施莱尔马赫讲,翻译有两条路,一条路是对得起作者,一条路是对得起读者。用现在的话来讲,就是一种是直译,一种是意译。事实上完全的直译是没有的,完全的意译也是没有的。直译不可无,意译呢,原来的东西就一点点变化了。像"东胜身洲"就是不知不觉地变成了"东胜神洲"。说不定也不是故意改的，或许是笔误，这样写顺手啊，这样写舒服啊，于是就错过去了。"北俱芦洲"，一般也写成"北俱卢洲"。

　　　　海外有一国土，名曰傲来国。

　　"傲来"是中国的思想，《庄子·大宗师》"謷乎其未可制也"。中国的思想，好就好在这里，问题也在这里。人人可以成佛，人人可以成尧舜，一个人有无限的发展前景。西方基督教则重视谦卑，一切都归于上帝。从西方来讲呢，就是东方人太傲了，自己立志修炼，不需要上帝。对西方人来说，不通过十字架的中介，不通过耶稣基督，你不可能跟上帝沟通。一点点引申出去，层层代表，还必须通过教会的中介。后来"抗议宗"(Protestant)反掉了，但还是必须通过耶稣基督的中介。我觉得贵族气是一样好东西，可惜我们没有，都是有钱人在显摆。其实"贵"是心理的贵，自尊自重。这样的人虽然很少，但看到他们是可以安心的。我瞧不起这些东西，有的事我做了就难过，这种贵气就是"傲来"。谦卑和骄傲，我觉得是可以相通的，谦卑中含有骄傲，骄傲中含有谦卑。《易经》只有一个卦是六爻皆吉，那就是谦卦。谦卦卦象为地中有山，好比山在吐鲁番盆地中，山的位置虽然比盆地低，但我还是一座山啊。"谦尊而光，卑而不可逾"，我非常非常地低了，但是你难以跨越呀。"劳谦，君子有终"，劳工神圣，做最低下最苦最累的事。

　　《五灯会元》卷九记无著文喜悟道后去做伙夫，《走向十字架上的真》记薇依深入到工厂里做苦工，把身体都搞坏了。薇依有个思想我觉得很好。她说劳动无论如何是苦的，不管你怎么说，劳动总是苦的。除非给他一个希望，给他一个光明(刘小枫，上海三联书店，1995，183—185页)。那么我发大乘菩萨心，自己要到这个地方去，做最苦的事我最幸福，否则怎么可能摆脱受辱的感觉。人和自然界有一个对立，劳动永远不可能成为快乐的事情。除非意念上给你一个力量,这其实就是催眠。

> 其石有三丈六尺五寸高,有二丈四尺围圆。

《红楼梦》补天之石也是三万六千五百块,后来多出来一块。这块摆不平的石头就是宝玉,后来进入《红楼梦》,衍出了长长的故事。《西游记》也是一块石头摆不平,所以才有了大闹天宫、西天取经等种种历程。

> 盖自开辟以来,每受天真地秀,日精月华,感之既久,遂有灵通之意。……因见风,化作一个石猴。

这里有个灵,后来见风长大,化作一个石猴,这就是"息"。这里的"灵",就是风,就是息。《旧约·创世记》1:2:"神的灵运行在水面上",7:15:"凡有气息的活物",《出埃及记》10:13:"东风把蝗虫刮了来。"这里的"灵"、"气息"、"风"都是一个字,古希伯来文可转写成 ruch,古希腊文可转写成 pneuma。《约翰福音》3:8:"风随着意思吹,你听见风的响声,却不晓得从那里来,往那里去。凡从圣灵生的,也是如此。"石头和生命的关系,也就是非生物和生物的关系,在中国可参考"生公说法,顽石点头"的传说。《佛祖统纪》卷三十六晋安帝元光二年记道生:"束身还入虎丘山,聚石为徒讲《涅槃经》,至阐提处说有佛性,群石皆为点头。"

> 美猴王享乐天真,何期有三五百载。

三五百年过去了,这是孙悟空的童年。

一日,与群猴喜宴之间,忽然忧恼,堕下泪来。众猴慌忙罗拜道:"大王何为烦恼?"猴王道:"我虽在欢喜之时,却有一点儿远虑,故此烦恼。"众猴又笑道:"大王好不知足!我等日日欢会,在仙山福地,古洞神洲,不伏麒麟辖,不伏凤凰管,又不伏人王拘束,自由自在,乃无量之福,为何远虑而忧也?"猴王道:"今日虽不归人王法律,不惧禽兽威服,将来年老血衰,暗中有阎王老子管着,一旦身亡,可不枉生世界之中,不得久注天人之内?"众猴闻此言,一个个掩面悲啼,俱以无常为虑。只见那班部中,忽跳出一个通背猿猴,厉声高叫道:"大王若是这般远虑,真所谓道心开发也!"

这个老猿因为年龄比较大,看得多了。三五百年是所谓的大年,如果相应于小年的话,人生是有这样一段时间的。小小少年小小烦恼,童年和少年,包括青年的大部分时间是很幸福的。我自己也有过这样一段时间,真是糊里糊涂,不知道的,每天都很高兴。"那时候天总是很蓝,日子过得太慢",其实都不知道日子在过。那时候我当工人,拿十八元的工资,然后从十八元一直涨到三十六元。拿了这十八元往家里一交,然后什么也不管,跟同伴一起打牌啊,下棋啊,天天这样混日子。玩下来也读一些书,跑到图书馆的落地长窗那边读。心里非常好奇,每本书都好像封闭着一个世界。这本书讲什么呢,那本书讲什么呢,就这样一本本排着队看过去,也不知道有什么读书方法。当时开放的书不太多,大致也看得完,也没有想过将来派什么用场。那时正是"文化大革命"的后期,也包括"文化大革命"刚结束的一段时间。

"文化大革命"的情形其实不太好,家里很清苦,但小孩子没什么忧虑,忧虑是大人的。他们操持着家,自己根本不要管,天天混到很晚才回去。就是这样过日子,不像现在的小孩,整天被大人逼着准备考试。我想这大概相当于孙悟空在花果山的那段时间,真是好。我自己到二十七八岁时,亲人接连死亡,就猛然感到有压力了。我上次讲"生物之以息相吹也",你的无忧无虑来自一股潜在的"息"。我觉得对身边的亲人要珍惜,他们潜在的"息"支撑着你,你是不知道的。真的这个"息"没有了,不对了,天塌下来了。原先以为家里人不会死,自己也不会死,以为永远是这样,其实永远不是这样,是你没有看出来。这一个觉醒以后,念的书就两样了,这就是所谓"道心开发也",也就是海德格尔所谓的"忧"(Sorge)。人是会自我麻醉的,过一段时间有个地方会亮一亮,亮一亮以后又会熄灭。

那时候可以读到的书很少,《鲁迅全集》啊,《毛泽东选集》啊,范文澜《中国通史简编》啊,读得津津有味。《西游记》也是那时候读的。"文化大革命"中,真正严格禁书的只有一段时间,后期稍微有些松动,《西游记》还是可以看到的。"道心开发"以后会醒过一些来,一般人会忽略过去,有些人就开始两样了。当然,两样以后回去还是平凡人,但那是另外一回事。"道心开发"的时候人人都会有,可以自己核对一下在哪个地方。条件越是好,这段时间越是长,反应过来越是慢。但是没有这段混混沌沌的日子呢,也不好。一开始就醒的或者是再来人,或者是脑子有毛病的。

> 如今五虫之内,惟有三等名色,不伏阎王老子所管。

五虫是古代对动物的分类。人类是裸虫,兽类是毛虫,禽类是羽虫,鱼类是鳞虫,虫类是介虫。《大戴礼记·易本命》略云"羽虫三百六十,凤凰为之长",鸟类里是凤凰最厉害。"毛虫三百六十,麒麟为之长",麒麟是传说的瑞兽。"介虫三百六十,神龟为之长",乌龟的生命力绵密而漫长。"鳞虫三百六十,蛟龙为之长",鳞虫里最厉害的是蛟龙。"裸虫三百六十,圣人为之长",人的标准就是圣人。古希腊关于人有两个定义,一个据说来自柏拉图"人者,两足而无羽毛之动物也"(《名哲言行录》第六卷第二章,参见《管锥编》第三册,1162—1163页),"裸虫三百六十"可以对应这一种定义。另一个来自亚里士多德"人是理性(logos)的动物",或"人是言语(logos)的动物"(《论动物部分》641b8,参见《管锥编》第二册,408—409页),"圣人"可以对应这一种定义。

> 乃是佛与仙与神圣三者,躲过轮回,不生不灭,与天地山川齐寿。

人中间只有三种人最厉害,一个是佛,一个是仙,因为《西游记》是神话小说,圣人可能还不够一点,再加了一个"神"。《西游记》用"神圣",其实也来自古语,《古文尚书·大禹谟》:"乃圣乃神,乃武乃文。"《淮南子·人间训》:"祸与福同门,利与害为邻,非神圣人,莫之能分。"圣相关于世间法,神相关于出世间法,圣重视其可知可感,神重视其不可知不可感。孟子《尽心下》:"大而化之之谓圣,圣而不可知之之谓神。"佛与仙与神圣,实际上就是三教,在三教中做到了极顶。

> 猴王道:"此三者居于何所?"猿猴道:"他只在阎浮世界之中,古洞仙山之内。"猴王闻之,满心欢喜,道:"我明日就辞汝等下山,云游海角,远涉天涯,务必访此三者,学一个不老长生,常躲过阎君之难。"

在阎浮世界之中,古洞仙山之内,一定要找到此三者。去问他一下,我从何处来,又到何处去?找不到,一生不罢休,这样才有了《西游记》的故事。无论如何要遇到这个最高最高的人,见过一面,然后这一生就不枉费。否则即使得到成功,也终究限制在世间法之内。《管锥编·列子》引用希腊人的话,以得生上国为福,也可以理解为提高遇见此三者的概率。这是小说中关键性一句话:"噫!这句话,顿教跳出轮回网,致使齐天大圣成。"

料应必遇知音者,说破源流万法通。

把源流说破,所有矛盾就和谐了。孙悟空到了南瞻部洲,"见世人都是为名为利之徒,更无一个为身命者"。《罗马书》(7:15)中有一句话,可以解释此类情况:"因为我所作的,我自己不明白。我所愿意的,我并不作。我所恨恶的,我倒去作。"

争名夺利几时休?早起迟眠不自由。骑着驴骡思骏马,官居宰相望王侯。
只愁衣食耽劳碌,何怕阎君就取勾。继子荫孙图富贵,更无一个肯回头。

这就是《西游记》的"好了歌"。再过一百年还是如此,永远永远如此。这就是人类社会,永远不会醒,也不用醒。四十年代有很多书,今天已不能读了,但是《围城》还能读。为什么呢?因为"围城"现象还在我们高校中,在研究机关中重复发生。其实你到国外去也一样,这就是人,"无毛二足动物的基本根性"。

正观看间,忽闻得林深之处,有人言语,急忙趋步,穿入林中,侧耳而听,原来是歌唱之声。歌曰:

"观棋柯烂,伐木丁丁,云边谷口徐行。卖薪沽酒,狂笑自陶情。苍径秋高,对月枕松根,一觉天明。认旧林,登崖过岭,持斧断枯藤。收来成一担,行歌市上,易米三升。更无些子争竞,时价平平。不会机谋巧算,没荣辱,恬淡延生。相逢处,非仙即道,静坐讲《黄庭》。"

这是樵夫心目中的理想社会,自给自足,"帝力于我何有哉"。(《击壤歌》)好比陶渊明有《桃花源记》,刘禹锡有《陋室铭》:"谈笑有鸿儒,往来无白丁。可以调素琴,阅金经。……孔子曰:何陋之有?"这个调素琴,阅金经呢,不知道指佛教还是道教,但是谈笑有鸿儒,还是以儒家为主。刘禹锡在会昌法难那一年去世,与上次讲的无著文喜是同时代人。《黄庭》是道家的经,分为《内景经》和《外景经》。我当年倒是听潘先生讲过,有十多万字的记录,稿子后来大概散佚了,但是这个工夫花过了。

"非仙即道,静坐讲《黄庭》。"那么你是神仙吗?不是神仙,是神仙教我的。"猴王道:'你家既与神仙相邻,何不从他修行?学得个不老之方,却不是好?'"不行,"父母在,不远游"(《论语·里仁》):"我一生命苦。自幼蒙父母养育至八九岁,才知人事,不幸父丧,母亲居孀。再无兄弟姊妹,只我一人,没奈何,早晚侍奉。如今母老,一发不敢抛离。却又田园荒芜,衣食不足,只得斫两束柴薪,挑向市廛之间,货几文钱,籴几升米,自炊自造,安排些茶饭,供养老母,所以不能修行。""猴王道:'据你说起来,乃是一个行孝的君子,向后必有好处。'"这就是儒家的思想,纪晓岚所谓"一等人忠臣孝子,两件事读书耕田"。用儒家的"孝"垫底,然后讲佛道的思想。

"灵台方寸山,斜月三星洞",这就是心。"灵台方寸山"是心的象,"斜月三星洞"是心的字,斜月是斜勾,三星是三点。灵台这个词,《诗经·大雅·灵台》用过:"经始灵台,经之营之。"《庄子·庚桑楚》也用过:"灵台者有持,而不知其所持而不可持者也。"鲁迅《自题小像》"灵台无计逃神矢",也是这个灵台。方寸就是心,罗大经《鹤林玉露》卷六引俗语:"但存方寸地,留于子孙耕。"所以要找的那个古洞仙山,如果实在找不到,你就往心里去找。灵台方寸山,斜月三星洞,这里有一个叫作须菩提的祖师,也就是佛道相兼的人,这个人是孙悟空的老师。须菩提是佛教十大弟子之一,解空第一,《金刚经》记录的就是释迦牟尼和须菩提的对话。祖师相应祖师禅,来自中国佛教。

樵夫道:"你这汉子,甚不通变。我方才这般与你说了,你还不省?假若我与你去了,却不误了我的生意?老母何人奉养?我要斫柴,你自去,自去。"

这个樵夫好,神仙在我身边,我也不去。你去是你,我不去是我。我很赞成他,不要去,去了就要兜"大闹天宫"等等圈子了。不去,就这样,斫斫柴,奉养老母,有什么不好呢?这就是佛道中人所不肯的。这个人我不否定,因为他已经安定了。就这样,挺好的,这也是另外的解脱之路。

大觉金仙没垢姿,西方妙相祖菩提。不生不灭三三行,全气全神万万慈。
空寂自然随变化,真如本性任为之。与天同寿庄严体,历劫明心大法师。

这首诗很好,放在以后讲。

猴王道:"弟子乃东胜神洲傲来国花果山水帘洞人氏。"祖师喝令:"赶出去!他本是个撒诈捣虚之徒,那里修什么道果!"猴王慌忙磕头不住道:"弟子是老实之言,决无虚诈。"祖师道:"你既老实,怎么说东胜神洲?那去处到我这里,隔两重大海,一座南赡部洲,如何就得到此?"猴王叩头道:"弟子飘洋过海,登界游方,有十数个年头,方才访到此处。"

就是这张图,两重大海,一座南赡部洲。北边是山,他去不成。北俱卢洲就是佛教里讲的,生活非常好,但是没有佛法,没有高的关于生命的理论,所谓八无暇之一。在作者心目中,孙悟空就是走这个圈子。

祖师问:"你姓什么?""我一生无性"。

这个问答极深,问的是姓,答的是性。"一生无性"是故意曲解,听错了。听错了好啊,反而很有趣。当年讲敦煌本《坛经》的时候,我觉得其中的错字个个有意思,无意中的错字构成了非常妙的理论。"水在水中是什么",它本来不能过去的。无生命里面本来不会产生生命的,就是想搭一个生命也搭不出来,但不知道怎样错了一下,出来一个生命,无机界里出来一个有机界。然后宇宙起了翻天覆地的变化,因为有了生命,一切都两样了。组成物的化学元素和组成人的化学元素没有根本的区别,怎么会产生人呢?这个地方现在还研究不出来。

"你姓什么?""我一生无性"。这个"性"就是心性修持的性,就是子贡称赞孔子"性与天道不可得而闻也"(《论语·公冶长》)的性。"不是这个性。你父母原来姓什么?"不是这个"性"?就是这个"性"。"人若骂我,我也不恼。若打我,我也不嗔,只是陪个礼儿就罢了。"孙悟空把性说成了脾气好,这个后来大闹天宫的主儿这样讲,当真是笑话奇谈。不过他在老师面前直播自己,当然要说得好一点,要不怎么推销出去呢?然而,脾气好是宋明理学的气质之性,还有一个义理之性,可通于明心见性的性。须菩提问姓,孙悟空错到"性"上去了。其实要明白的这个性,就是"不生不灭三三行",跟脾气没什么关系。但脾气还是要关注的,就是从这个脾气里面找进去。孙悟空后来成为斗战胜佛,斗战胜是他的修炼途径,从斗战胜走进佛里面去。当然,还有一些其他的路,比如念佛参禅之类,"心性修持大道生"。

> 祖师笑道:"你身躯虽是鄙陋,却像个食松果的猢狲。我与你就身上取个姓氏,意思教你姓'猢'。猢字去了个兽傍,乃是个古月。古者,老也;月者,阴也。老阴不能化育,教你姓'猢'倒好。狲字去了兽傍,乃是个子系。子者,儿男也;系者,婴细也。正合婴儿之本论。教你姓'孙'罢。"

胡、孙两个字都可以取作姓,但是须菩提不取胡,取孙。因为古月为胡,是老阴,古为老,月为阴。子小为孙,是少阳,子为阳,小为少。前一个高峰期已经过了,是纸老虎了。后一个在高峰期的前面,是还在发展的生气。不走老阴这条路,走少阳这条路,永远在高峰期的前面,所以把胡去掉了。

"子者,儿男也",就是《庄子·庚桑楚》"能儿子乎"? 每一个时代都要看出有什么东西在新生。研究小说写小说,大的时代已经过去了。小说类型的生命力也是有限的,现在走的不是上坡路。老的已经有定评了,有定评可惜就是老了。但有定评的东西中有一部分是不老的,这点不老的加上新的成为更新的,就是所谓的自强不息。"系者,婴细也",就是子子孙孙绵延流长的意思。这是繁殖力极强的东西,就是生命力。去掉古月胡,留下子小孙,那就是"拉奥孔"避开生命的顶点的意思。事先就不到这个顶点,或者到了顶点怎样退回来,永远在前面化掉。一个圆圈的高峰过了,越来越僵化了,越来越顽固了,越来越要把持了。这就是老阴，然而终究是把持不下去的。少阳无忧无虑，有困难就往前闯，不知道怎样就过来了。

姓了"孙"怎么样呢？要走一个法门就是"悟"，悟到这个"空"。要找到姓孙的来历，这才是最有生命力的。有形的东西即使在前面，也是有形的，要从有形的地方走到无形的地方去，看到这里面的东西就是"悟空"，这条路是一点点摸索进去的。须菩提解空第一，是解到这个"空"里去，不是抓一个空来安上去的。安上去那就是戏论，就是"顽空"。"打破顽空须悟空"，这就是孙悟空名字的来历。

《西游记》里面破绽很多，不是完完全全的学术著作。比方说第八回，"曹溪路险，鹫岭云深，此处故人音杳"。"鹫岭云深"，这是如来佛祖。"曹溪路险"，就是六祖慧能。在历史上慧能要在玄奘之后，玄奘差不多和五祖同时。这样就把后来的事情挪到前面来了，所谓时代错乱(anachronism)，被抓住就是硬伤。其实无所谓，它原本就是后来的东西。还有在七十一回，大概有个妖怪孙悟空对付不了，去天庭搬救兵，出来一个紫阳真人张伯端。张伯端是宋代的道家人物，跟苏轼的年代差不多。这也是后来的人，孙悟空在唐代取经时碰不到他。施德堂本紫阳真人张伯端是时代错乱，清初《西游证道书》注意到了，改成了张道陵天师。张道陵天师是汉末魏晋人，那就没有错误了。其实不用改，好的大书有点错无所谓，就看你是不是传世之作，如果是传世之作，有缺点不太要紧。而且有缺点就说不平了，你要想办法去研究，像费马大定理一样，研究出来的东西作者自己都没想到过。实际上《西游记》总体用了两个思想，其他的都是铺垫。一个是十二万九千六百年，邵康节的思想。还有一个是《悟真篇》，张伯端的思想。张伯端在《西游记》中是不重要的小仙，但在道家学术史上有重要影响。

结论是《西游记》这本书有佛道的内容，是不是在传道呢？不一定,它本身就是这样。这些佛道的内容是不是有意思呢? 还是有意思的。而且它的象跟中国古代小说的象是相通的,至少跟《红楼梦》是相通的,在源头上完全相通。"料应必遇知音者,说破源流万法通",你要说破这个源流,《西游记》、《红楼梦》就是相通的,都研究到无生命和有生命之间。这本书要是细密地解,每个象都能解,其实用不着,有个大纲也可以。

《西游记》是有来源的书,前面有《大唐三藏取经诗话》之类,积累了多少多少息。《红楼梦》也有长期积累的息,但可以直接取鉴的地方很少,所以完完全全是个人的创作。《西游记》是由一个人整理的,这个整理者同时也是作者,所以这本书是完整的。《红楼梦》用一个人的力量不够,所以只写了八十回,气不够,断掉了。然而断掉了又是好东西,好比残缺也是美,那是另外一回事。八十回断掉是一个"劫",因为像这样的大著作,不是一个人的力量可以完成的。好东西都是自己都不知道怎么会这样,自然而然会有地方给你力量。

二

在我看来,《西游记》、《红楼梦》是世界性的文本,里面的东西真是好,属于人类的文化。

悟彻菩提真妙理,断魔归本合元神。

第二回回目,前一句"菩提"是佛家概念,后一句"元神"是道家概念。一句佛一句道,全书的回目就是这样搭起来的。"悟彻"是悟到根里去，一半没有用。"真妙理"可思，它不单单是真理，还是妙理，这是中国文化的特色。"真理"掌握了一个对的东西，也可能会强人就我，立理限事。"妙理"则同时是一个好玩的、活泼泼的东西，不是什么都要听我的，本身就是游戏的。《悟真篇》七言四韵之四："此法真中妙更真"，真了才妙，妙了更真，相应于动静变化。"断魔"是消除阴气，参考上文的"释厄"。"归本"是"回家"的象，在《西游记》也就是"悟空"、"悟能"、"悟净"。"合元神"，体会生命起源。

> 话表美猴王得了姓名，怡然踊跃，对菩提前作礼启谢。那祖师即命大众引孙悟空出二门外，教他洒扫应对，进退周旋之节，众仙奉行而出。悟空到门外，又拜了大众师兄，就于廊庑之间，安排寝处。次早，与众师兄学言语礼貌，讲经论道，习字焚香，每日如此。闲时即扫地锄园，养花修树，寻柴燃火，挑水运浆。凡所用之物，无一不备。

孙悟空没想到自己也能通过面试，非常高兴，"怡然踊跃"是一种积极的学习态度。学习的内容老师可以教，但学习态度却必须是自己的，不是老师教会的。也许有谁能教出这样的学习态度呢，那可真是了不起的老师了。而且大家看出来了吗？孙悟空这样的人，一开始学习的是儒家。洒扫应对，进退周旋之节，就是从这个地方学起。《论语·子张》记载孔子门人之间的争论，子游批评子夏只知道"洒扫应对进退"这些末节。子夏辩护说有始有卒，末节也不能丢呀。在中国古代都从洒扫应对学起，孙悟空也是一样，"学言语礼貌，讲经论道，习字焚香"；此外就是参加劳动，"扫地锄园，养花修树，寻柴燃火，挑水运浆"。德智体美劳全面发展，古今教育思想并无异致。然而古代似乎更重视劳动，禅宗"神通并妙用，运水及搬柴"（《五灯会元》卷三庞蕴居士章次），本末有贯通之机。

在洞中不觉倏六七年。

我查了好几个版本,都是这个"倏",一开始以为印错了,也许应该加个"忽",后来再查了一下,也可以这样用。倏就是儵,"倏忽"就是《庄子·应帝王》"北海之帝曰儵,南海之帝曰忽"。"倏六七年",不知不觉六七年很快过去了。那么孙悟空相当于读了一个本科,再读了一个硕士。没有积累到这个程度,祖师的话讲给你听也听不懂。这个过程没法跳过,必须靠自己去扫盲。

祖师登坛高坐,唤集诸仙,开讲大道。真个是——
天花乱坠,地涌金莲。妙演三乘教,精微万法全。慢摇麈尾喷珠玉,响振雷霆动九天。说一会道,讲一会禅,三家配合本如然。开明一字皈诚理,指引无生了性玄。

"天花乱坠"是佛教的象。《维摩诘经·观众生品》写天女散花,花落到菩萨身上就掉下去,落到罗汉身上就沾着了。"天花乱坠"在古代是褒义词,现在变成了贬义词,因为说法说得好的人已经没有了,表面上讲得好都是骗人的。"地涌金莲"是道教的象。北宗王重阳、丘处机那一路,以金莲为象征,什么《金莲正宗记》、《金莲仙史》啊。"妙演三乘教",就是《法华经·譬喻品》的小乘、中乘、大乘,也就是羊车、鹿车、牛车。三界无安,犹如火宅,要乘车赶快离开。"精微万法全",没有一个地方不涉及,就是完备。在"死海古卷"的卷末,往往有一个合成词,就是全备—光明,《圣诗》说:"在那全备—光明的耀彩里,永远没有黑暗。"(《死海古卷》,〔美〕西奥多·H·加斯特英译,王神荫译。商务印书馆,

1995,23页）

"慢摇麈尾喷珠玉,响振雷霆动九天。""麈尾",魏晋人物谈玄时经常使用的器物。《世说新语·文学》云:"客问乐令旨不至者,乐亦不复剖析文句,直以麈尾柄确几曰:'至不?'客曰:'至!'乐因又举麈尾曰:'若至者,那得去?'于是客乃悟服。"珠玉,高妙的谈吐,咳唾随风生珠玉。李白《妾薄命》曰:"咳唾落九天,随风生珠玉。"钱锺书《谈艺录·小序》云:"咳唾随风抛掷可惜也。""九天"是道教的象,孟安排《道教义枢》卷七谓玄元始三气而生三天,三天各生三气而成九天。又易象震为雷,艮为霆,彻始彻终,故曰"响振雷霆"。《维摩诘经·佛国品》:"其所讲说,乃如雷震。"僧肇注:"法音远震,开导萌芽,犹春雷动于百草也。"

"说一会道,讲一会禅,三家配合本如然。"三家就是儒、释、道。三教合一是明末所达到的最高层次思想,从汉末魏晋开始到张伯端完成,一直到明末,都是不同类型、不同程度的三教合一,中国把这些思想摆平了。但是摆平的同时就是摆不平,《西游记》是万历二十年的文本,而万历十年利玛窦进来了,西方的那一套东西进来了,你的理论说不全了。一种东西发展到非常高的阶段,最最得意的时候,那个要摧毁你的东西已经出来了。这就是《易经》的消息,最最厉害了,总是说不全的,到现在还是。什么是"如然"?在东方文化,这就是气息相通。《金刚经》曰:"无所从来,亦无所去,故名如来。""如"是不知不觉地相通,自然而然地配合起来。我看你一眼,你看我一眼,原来大家讲的既是一回事,又不是一回事。"三家配合本如然",这是中国特有的思想,所以会有"水在水中是什么"。在西方这是不可能的,在中国自然而然完成了。

"开明一字皈诚理,指引无生了性玄。""开明"非常好,就是开出你心中的大光明,和现代汉语中的含义有所不同。我很喜欢"开"这个字,它的意思大部分是好的。普通的比如"开始"啊,"开放"啊,"开通"啊,"开学"啊,连讲话"开门见山"都是好的。如果深入到术语里面,"开"也是好得不得了。比如说"开物",这是《周易·系辞》中的话,彻底地解析物质。大家知道,明代宋应星有一本书《天工开物》,研究技术性的问题。"天工"语出《尚书·皋陶谟》,"天工人其代之"。比如说"开心",《悟真篇·序》有所谓"开照心腑"。卫斯理小说《开心》,也是把开和心两个字拆开来,衍出了一段科幻故事。如果你的心开了,不可能不开心。给外物偶像是开光,给人开光就是开明,他讲的东西,你听明白了,这个光就开了。自己给自己开光最厉害,就是禅宗的开悟。这个光是人本来有的,《庄子·庚桑楚》说"唯庸有光",庸就是常。还有"菩萨"这个词,"菩提萨埵"是音译,意译是"觉有情",还有一个意译是"开士"。开是《法华经》"开示悟入"的开,所谓"开士",就是专门管开明这件事的人。现在一般人都喜欢开光的器物,在我想来,开明要比开光好得多,菩萨大概是不开光的。也许会随俗开光吧,那也不过是黄叶止儿啼而已。

其实在古代,开光和开明是一个词。比方说造了一个庙,里面的佛像要高僧去开光,不开光是不灵的。这个开光就是打开器物的光明,知道这个器物跟别的不一样,有不同的时空数量级。泥塑木雕的东西虽灵,哪里及得上人呢?所以基督教不准崇拜偶像,就是这个道理。"开明"这个词,如果用西方的概念比照就明白了,那就是"启蒙"(enlighten),连字面都完全相合。"开明一字",什么是一字,完全都是贯通的。千招万招只是一招,千言万语只是一言,就是用这个方法走过刀锋。刀锋根本是走不过去的,从概率上看近乎不可能,但他就是走过去了。"一字"也就是《庄子·养生主》庖丁解牛所用的那把刀,十九年都没有钝,"刀刃若新发于硎"。"皈诚理"是儒家,诚合内外之道。《周易·文言》说"修辞立其诚",把话讲好就是要把你内在的诚意立起来。

亚里士多德《修辞学》称之为"一种能在任何一个问题上找出可能的说服方式的功能"（罗念生译，三联书店，1991，24页），把话讲好就是要哄人相信。中国的修辞学重在说服自己，外国的修辞学重在说服别人，各有其不同的作用。

"指引"组合了"指"和"引"，跟现代汉语的"指引"，含义有所不同。"指引"跟"指非指"啊，"指穷于为薪"啊，"指月录"啊的"指"相当。"无生"，这是佛家的概念。道家长生，儒家永生，佛家无生。"了性"，这是道家的概念，修命有限，修性无穷，了命最后要走到了性。在明末时代，修三教的性功就足够了，现在时代已不同，无论如何，要把利玛窦开始带来的西方思想组合进去。"玄"是道家的概念，《道德经》"玄之又玄，众妙之门"，在道家黑暗才是全备，所以历史人物刘备字玄德。玄是什么光线都吸收，现在能量最强的就是黑洞，黑洞里面搞不清楚，光进去它就吸收了，什么反应都没有。在基督教的概念里，玄是深渊的象。"玄之又玄"，深渊的深渊。一般认为上帝在彼岸，不对，有一种神学认为在彼岸和此岸的彼岸。

    孙悟空在旁闻讲，喜得他抓耳挠腮，眉花眼笑，忍不住手之舞之，足之蹈之。

这是孙悟空听了说法以后的生理反应，真的非常高兴。所有的佛经在最后都有一句话："皆大欢喜。"真是心里开出花来，有希望了。"皆大欢喜"现在变为成语，意思是所有人都欢喜，其实是"皆"大欢喜，不是"皆大"欢喜。"抓耳挠腮，眉花眼笑"承上文"怡然踊跃"而来，也活画了不安生的猴象。这样的生理反应不光孙悟空有，其他人也会有。《庄子·应帝王》有个人跟他的老师讨论道，忽然明白了，"因跃而大喜"，跳了起来。这么好的事情啊，非常非常高兴。他后来又去对另一个老师讲,被另一个老师扫荡掉了。不用这么开心,没什么稀奇,当心"欢喜魔"。《金刚经》须菩提"啼泪悲泣",那是另外一种反应。一种是欢喜,一种是流泪,这就是感动。那个东西你听了不会昏昏欲睡,当然昏昏欲睡也可以。我自己也经历过类似的事情。当年听潘先生讲课的那批人中,我是比较年轻的,但还有比我更年轻的人。这个人是一位画家,后来去了美国,也有好多年没联系了。潘先生讲课的时候,有一回他连上厕所都是奔着去的,"你们慢点讲啊,等等我啊"。很好玩的,就是有这样高兴。

> 忽被祖师看见,叫孙悟空道:"你在班中,怎么颠狂跃舞,不听我讲?"悟空道:"弟子诚心听讲,听到老师父妙音处,喜不自胜,故不觉作此踊跃之状。"

"颠狂跃舞",比"抓耳挠腮,眉花眼笑"又进一步,真是坐不住的猴子。孙悟空受到触动,因为他听到了"妙音",不光听到了字面意思,而且感受到气息,听到了弦外之音。

> "你今要从我学些什么道?"悟空道:"但凭尊师教诲,只是有些道气儿,弟子便就学了。"祖师道:"'道'字门中有三百六十旁门,旁门皆有正果。不知你学那一门哩?"悟空道:"凭尊师意思,弟子倾心听从。"

这样开始了孙悟空的博士课程。须菩提先提出四门,"术"字门,"流"字门,"静"字门,"动"字门。然后全盘否定,推出另外一个东西。这就是《西游记》作者的判教,相当于《庄子》的《天下篇》,《史记》的《论六家要旨》。各门各派要成立自宗,都必须有一个判教,有了判教才能成立此一门此一派。你要得到一个中,把自己的东西立出来,结果须菩提判了四门,全盘否定。"三百六十旁门,旁门皆有正果。"每一个门中,都有一个结果。这个结果其实不究竟,但门内人自以为究竟,所以说"旁门皆有正果"。这个旁门也不见得不能进去,进去以后一定要转出来,但是通常进去了就不容易再转出来,所以《论语·为政》说:"攻乎异端,斯害也已。"如果进得去,出得来,旁门也就不是旁门了。

祖师道:"我教你个'术'字门中之道,如何?"悟空道:"术门之道怎么说?"祖师道:"术字门中,乃是些请仙扶鸾,问卜揲蓍,能知趋吉避凶之理。"

"请仙扶鸾"就是扶乩。前几天在中央电视台看到一个破除迷信的节目,现在中学生中流行一种笔仙,笔仙就是扶乩。青年人定力差,想知道未来怎么样,这个男孩子能不能成为男朋友啊,考试好不好啊,就去试笔仙了。"问卜揲蓍"就是算命卜筮之类,"能知趋吉避凶之理"。其实不用算,人总是不知道吉凶,就是《罗马书》说的,我自己不知道。

"似这般可得长生么?"祖师道:"不能!不能!"悟空道:"不学!不学!"

孙悟空的目的其实很明确。你看他开始时多么谦虚:"但凭尊师教诲,只是有些道气儿,弟子便就学了。""凭尊师意思,弟子倾心听从。"讲什么听什么,多么好说话。现在才发现他的主见大得很,没有达到内心的期望值,根本不松口。"不学!不学!"声口毕肖,真是活画人物,原来他说的不要紧啊,听你的啊,全都是假的。如果有别人来问你看法，绝大多数他自己早有主见，只是从你口里再听听看。孙悟空不肯得少易足，否则他说："好的呀，学吧！"那就走"术"字门这条路了。

祖师又道："教你'流'字门中之道，如何？"悟空又问："流字门中，是甚义理？"祖师道："流字门中，乃是儒家、释家、道家、阴阳家、墨家、医家，或看经，或念佛，并朝真降圣之类。"

这是当时所理解的各种各样哲学流派，也是全盘否定。他自己不是道家吗？也同样否定。道家不是道家，国学不是国学，佛来佛斩，魔来魔斩。前面"三家配合本如然"，到这里儒、释、道全盘否定，要把这个圈子兜过来。看经念佛是佛教，朝真降圣是道教，也就是三教九流，全盘否定，《悟真篇》七言四韵之十五"万般作用枉施功"。

悟空道："似这般可得长生么？"祖师道："若要长生，也似'壁里安柱'。"悟空道："师父，我是个老实人，不晓得打市语。怎么谓之'壁里安柱'？"祖师道："人家盖房，欲图坚固，将墙壁之间，立一顶柱，有日大厦将颓，他必朽矣。"悟空道："据此说，也不长久。不学！不学！"

"打市语"是说不要把我当市场上的人，不要欺骗我，不要忽悠我。孙悟空知道差不多到关键了，所以三番五次地要求听真话，非常敏感。因为他知道提倡讲真话没有用，别人凭什么给你讲真话？他自己要听真话，三番四次地追问，这个不对那个不行，那么别人才可能给你讲真话。

祖师道："教你'静'字门中之道如何？"悟空道："静字门中，是甚正果？"祖师道："此是休粮守谷，清静无为，参禅打坐，戒语持斋，或睡功，或立功，并入定坐关之类。"

"休粮"是辟谷，也就是不吃饭，"守谷"是炼气。前一段时间不是有个老中医吗？绝食四十九天，真的假的不知道，引起轩然大波。《悟真篇》七言四韵之十五"绝粒徒教肠胃空"，实际上已经表示不赞成。"清静无为"，一般理解是老庄的思想。"参禅打坐"，佛家的修炼方法。"戒语持斋"，"戒语"是一段时间内不说话，守住这个气。"持斋"是断绝荤腥。"或睡功"，陈抟修的就是睡功。"或立功"，就是站桩。"并入定坐关之类"，闭关修行。现在所能想到的修行方法，所谓"静"字门，全盘否定。

悟空道："这般也能长生么？"祖师道："也似'窑头土坯'。"悟空笑道："师父果有些滴㳠。一行说我不会打市语。怎么谓之'窑头土坯'？"祖师道："就如那窑头上，造成砖瓦之坯，虽已成形，尚未经水火锻炼。一朝大雨滂沱，他必溃矣。"悟空道："也不长远。不学！不学！"

"师父果有些滴㳠。"不爽快，不干脆，像挤牙膏，挤一点给一点，不肯痛快全讲出来。"窑头土坯"，看上去形状很好，但没有烧过，雨一下就烂。

祖师道："教你'动'字门中之道如何？"悟空道："动门之道，却又怎么？"祖师道："此是有为有作，采阴补阳，攀弓踏弩，摩脐过气，用方炮制，烧茅打鼎，进红铅，炼秋石，并服妇乳之类。"悟空道："似这等也得长生么？"祖师道："此欲长生，亦如'水中捞月'。"悟空道："师父又来了。怎么叫做'水中捞月'？"祖师道："月在长空，水中有影，虽然看见，只是无捞摸处，到底只成空耳。"悟空道："也不学！不学！"

"有为有作，采阴补阳"，是对男女关系的认识。"攀弓踏弩，摩脐过气，用方炮制，烧茅打鼎，进红铅，炼秋石，并服妇乳之类。""攀弓踏弩"应该是导引之类的瑜伽术，也可能归属房中。"摩脐过气"很形象，加强气血流通。参考《悟真篇》七言四韵之九："劳形按引皆非道，炼气餐霞总是狂。""用方炮制"吃补品，"烧茅打鼎"炼外丹。《悟真篇》七言四韵之六："丹熟自然金满屋，何须寻草学烧茅。""烧茅"是下面加火，"鼎"是上面的镬子。唐代很多皇帝相信外丹，吃死了不少人。"进红铅，炼秋石"，这些古怪的秘方，鲁迅曾经加以批判。"服妇乳"，当时知道母乳有营养。

"术"、"流"、"动"、"静"四门，门内所有的修炼方法全盘否定。一个是形而下的趋吉避凶，一个是形而上的哲学思想，一个是静功的练法，一个是动功的练法，全盘否定。那么到底怎么炼呢？

祖师闻言，咄的一声，跳下高台，手持戒尺，指定悟空道："你这猢狲，这般不学，那般不学，却待怎么？"走上前，将悟空头上打了三下，倒背着手，走入里面，将中门关了，撇下大众而去。唬得那一班听讲的，人人惊惧，皆怨悟空道："你这泼猴，十分无状！师父传你道法，如何不学，却与师父顶嘴？这番冲撞了他，不知几时才出来呵！"此时俱甚报怨他，又鄙贱嫌恶他。悟空一些儿也不恼，只是满脸陪笑。原来那猴王已打破盘中之谜，暗暗在心，所以不与众人争竞，只是忍耐无言。祖师打他三下者，教他三更时分存心；倒背着手走入里面，将中门关上者，教他从后门进步，秘处传他道也。

这段东西是从禅宗里抄来的,就是《坛经》五祖传六祖那一段的象。"此时俱甚报怨他,又鄙贱嫌恶他。"当时六祖周围的人也是这样,又疑又惧。可见学道并不能脱离世间法,有真正的东西出来,旁边一定会出现阻力,所以不能明言。

　　　　正直三更候,应该访道真。

"正直"不是现在的意思,"直"相当于"值",正好半夜的时候。半夜三更,也就是子夜时分,正是研究哲学、探讨身心的时候,可参考孟子的"存夜气"(《告子上》)。"应该"也比现在的"应该"含义多。"应该"是相应这个时候,正该做什么。现在的"应该"是"该"里边的一部分,漏失了一些内容。相应这个时候最该做的事情是访道真,"应该"就是"正直",两边的词等义。"该"是完全,从子到亥,整体完成了就是"该"。我该你的,我欠你的,该就是直。

　　　　(悟空)即曳步近前,侧身进得门里,只走到祖师寝榻之下。见祖师蜷跼身躯,朝里睡着了。悟空不敢惊动,即跪在榻前。

这就是孙悟空的程门立雪,从真实事情而来的象。《宋史·杨时传》:"见程颐于洛,时盖年四十矣。……一日见颐,颐偶瞑坐,时与游酢侍立不去。颐既觉,则门外雪深一尺矣。"《三国演义》三顾茅庐也是用这个象,那时候刘备去了三次,也是立雪。

　　　　那祖师不多时觉来,舒开两足,口中自吟道:
　　　　"难!难!难!道最玄,莫把金丹作等闲。不遇至人传妙诀,空言口困舌头干!"

这是自高身份,俗称搭架子,《礼记·曲礼》称"礼闻来学,不闻往教"。《三国演义》诸葛亮也是睡了一觉,然后吟了一首诗:"大梦谁先觉,平生我自知。草堂春睡足,窗外日迟迟。"须菩提把四门全部破了,立了一个"金丹",所谓的金丹之道。因此题名《西游记》,也可能不单指去西天取经,而是往西游,西方金光烨烨,《悟真篇》绝句五首之四云"释氏教人修极乐,只缘极乐是金方"。西游不单指去西天取经走的那条路,而且指金丹大道。金丹一定是要传的,讨论得再多也没有用。

悟空道:"此间更无六耳,止只弟子一人,望师父大舍慈悲,传与我长生之道罢,永不忘恩!"祖师道:"你今有缘,我亦喜说。既识得盘中暗谜,你近前来,仔细听之,当传与你长生之妙道也。"

我当年讲《坛经》的时候说,《坛经》中有一个谜,要理解禅宗一定要猜破这个谜。那就是,六祖已经先写了这首诗,"本来无一物,何处惹尘埃"。他已经悟道了,还要半夜去五祖那里干什么?两个关起门来谈了些什么话,后来有记载,讲的是《金刚经》。《金刚经》还用得着讲?他砍柴的时候就悟了。那么为什么还要讲?没有记载。古今都有人在猜这个东西,结论各不相同,算得上是各显神通吧。《西游记》猜的结论就是这段妙诀,当然对不对另说。"此间更无六耳",即所谓"道不传六耳",《管锥编·全梁文》卷四七引方士常言"口耳秘授"(esoteric)。其实犹太教也有这样的思想,迈蒙尼德(1135—1204)《迷途指津》引《塔木德》:"不宜在两个人面前教授创世论。"(见《绪论》,傅有德、郭朋、张志平译,山东大学出版社,1998,7页)

显密圆通真妙诀,惜修性命无他说。都来总是精气神,谨固牢藏休漏泄。

休漏泄,体中藏,汝受吾传道自昌。口诀记来多有益,屏除邪欲得清凉。

得清凉,光皎洁,好向丹台赏明月。月藏玉兔日藏乌,自有龟蛇相盘结。

相盘结,性命坚,却能火里种金莲。攒簇五行颠倒用,功完随作佛和仙。

"显密圆通",显教和密教两边要走通。光走密教这条路可能是外道,光走显教这条路成就太慢。"真妙诀",相应回目上的"真妙理"。圆通以后,真妙理显,真妙诀密。"惜修性命无他说",爱惜修持自己的性、命,一个是了性,一个是了命,总是两个方面。"都来总是精气神",有三个东西不能散,一个是"精",一个是"气",一个是"神"。"谨固牢藏休漏泄"。一个想法不对就漏了,《参同契》云:"经营养鄞鄂,凝神以成躯。""休漏泄,体中藏,汝受吾传道自昌。口诀记来多有益,屏除邪欲得清凉。"判断欲之邪正,在于是否得到清凉。

"得清凉,光皎洁,好向丹台赏明月。"丹的字体是日月合,丹台就是日月相合处。"月藏玉兔日藏乌",阴中有一点阳,阳中有一点阴。"自有龟蛇相盘结",龟蛇就是北方玄武,相当于下丹田。江南一带有几个湖,嘉兴有南湖,杭州有西湖,绍兴有东湖,但没有北湖,北湖就是南京玄武湖。我还去过南北湖,在浙江海盐。"相盘结,性命坚",这是结丹的象,下文"根源亦渐渐坚固矣"。"却能火里种金莲",火里种金莲就是火克金,在火里把种种杂质炼完,把种种阴气炼完,开一朵金色的花出来。在中西文化交流史上,荣格通过汉学家卫礼贤了解中国道家,并且合著《金花的秘密》(亦即《太乙金华宗旨》)。上一次也讲到,海德格尔遇到保罗·策兰,彼此开出花来。你对我开花,我对你开花,领悟就是开花,笑容就是开花,所以禅宗有拈花微笑。"攒簇五行颠倒用",五行集中起来,反过来走。"功完随作佛和仙",把功夫修完了呢,要成佛也行,成仙也行。这就是佛道合一,也就是他的修持口诀。

此时说破根源,悟空心灵福至。

总是两条路,一条路是福至心灵,一条是心灵福至。佛教讲的两足尊,一个是福气,一个是智慧。有些人很聪明,但是福气不好。有些人福气很好,但是人很笨。负相关是彼此跷脚,难以两全其美。而正相关呢,福至心灵,心灵福至。

切切记了口诀,对祖师拜谢深恩,即出后门观看。但见东方天色微舒白,西路金光大显明。

东方天色微舒白,东方欲晓,是很美的镜头。东方的天色是现实的,也是心理的,如果心情没有放松,你不会注意到天亮了。对一般人来说,如果天亮了,马上联想到洗脸啊,刷牙啊,上班啊,买菜啊。能注意到天亮本身,你起码是诗人。西路金光大显明,则完全是心理的,大光明开出来,就是西游之象。还有一个问题,须菩提传孙悟空的口诀,这个口诀倒是正宗的。其实口诀永远不会是写在纸上的。近代有一位道家人物陈撄宁,写过一篇《口诀钩玄录》。我当年很好奇,找来一看也没什么,都是很普通的东西。那么须菩提的口诀是不是就是上文的七言诗呢,是不是还另外有口诀呢? 这里没有说。"切切记了口诀",有可能就是上文,有可能另外还有。道家神秘主义最后的那个东西,纸上永远是不写的,或者是写到纸上就不灵了。

依旧路,转到前门,轻轻的推开进去,坐在原寝之处,故将床铺摇响道:"天光了!天光了!起耶!"那大众还正睡哩,不知悟空已得了好事。

这是不得了的觉悟,孙悟空懂了一个东西,大家都不懂,非常非常高兴。这个气无论如何要冲出来,无论如何要喊:"天光了!天光了!"他看到希望了。人最怕的是没有希望,基督教有一个希望神学。耶稣基督究竟真的假的,不同的人也许有不同的认识。但是他在你非常苦非常难的时候给了你希望,这就是真实。孙悟空在这儿看到了一个人生的希望,真的假的也不用迷信。

西方有一个文艺观点,"虚幻的花园里有真实的癞蛤蟆"(转引自钱锺书《七缀集·一节历史掌故、一个宗教寓言、一篇小说》,上海古籍出版社,1994,183页)。没有须菩提这个人,也没有孙悟空这个人,但既然编了小说出来,就有真实性问题。虚幻的花园里有没有真实的癞蛤蟆呢?也不要先肯定。"天光了!天光了!起耶!"也就是毛泽东《清平乐》:"东方欲晓,莫道君行早。"我很喜欢禅宗的一句话:"五更清早起,更有夜行人"(《五灯会元》卷三古寺和尚章次)。你不要说自己起得早,好像已经领先了,真的到前面一看,早已不知道有多少人呢。"天光了!天光了!"一方面是东方,一方面是西方,两方面都看懂了。

　　当日起来打混,暗暗维持,子前午后,自己调息。

"打混",和光同尘,深自敛抑。"天光了!天光了!"别人也不懂,以为这泼猴不知道哪一根筋搭错了,谁知道他已经得了好事呢。但得了好事是不是一天到晚要显出来?不要,打混。《五灯会元》卷九文殊说"龙蛇混杂,凡圣同居",也就是"在尘出尘"。

却早过了三年，祖师复登宝座，与众说法。谈的是公案比语，论的是外像包皮。

过了三年，孙悟空的博士后差不多可以出站了。"谈的是公案比语"。"公案"，"前三三，后三三"就是公案，"水在水中是什么"就是公案，是给你磨炼脑筋或者心性的。"比语"，排比语句。孔子怎么说，孟子怎么说，希腊怎么说，中国怎么说，课堂教学乃至研究，排比的就是这些东西，最后大概都会成为套路。"论的是外像包皮"，其实会观察的人决不会忽视表面，尊重现象本身。和现象对立的本质这个词，有时可以用，有时不可以用。有一种意见是绝对否定，认为这个词没有表示什么意思，看不见摸不着，用奥卡姆剃刀剃掉。

忽问："悟空何在？"悟空近前跪下："弟子有。"祖师道："你这一向修些什么道来？"悟空道："弟子近来法性颇通，根源亦渐坚固矣。"祖师道："你既通法性，会得根源，已注神体，却只是防备着三灾利害。"

"既通法性，会得根源"就是"说破源流万法通"。"已注神体"就是渐渐替换，身体的气息两样了。陈抟《指玄篇》："但能息息常相顾，换尽形骸玉液流。""却只是防备着三灾利害"，孙悟空又搞不懂了："师父之言谬矣。我尝闻道高德隆，与天同寿，水火既济，百病不生，却怎么有个'三灾利害'？"不是已经解决了吗？怎么还有事啊？你跳出了一个洞穴，外面还套着一个洞穴。

祖师道："此乃非常之道，夺天地之造化，侵日月之玄机。丹成之后，鬼神难容。虽驻颜益寿，但到了五百年后，天降雷灾打你，须要见性明心,预先躲避。躲得过寿与天齐,躲不过就此绝命。再五百年后,降火灾烧你。"

你的共业啊,别业啊,总没有消除,遗传里的这些东西啊,没有办法。天地大循环,这不是随便说几句话就能轻易躲过的,真是不会容忍你。"见性明心",比刚才的口诀还要深。用道教的话来讲,刚才的修炼还不过是命功,而见性明心,还需要深一层次了性。

悟空闻说,毛骨悚然,叩头礼拜道:"万望老爷垂悯,传与躲避三灾之法,到底不敢忘恩。"祖师道:"此亦无难,只是你比他人不同,故传不得。"悟空道:"我也头圆顶天,足方履地,一般有九窍四肢,五脏六腑,何以比人不同?"祖师道:"你虽然像人,却比人少腮。"原来那猴子孤拐面,凹脸尖嘴。悟空伸手一摸,笑道:"师父没成算。我虽少腮,却比人多这个素袋,亦可准折过也。"

"我虽少腮,却比人多这个素袋,亦可准折过也。"孙悟空反应快,脑筋来个急转弯。这就是象的变化,他有这个,我也有这个。《五灯会元》卷九文殊问文喜,我用玻璃杯喝水,你们南方用什么喝水?文喜一下子就被问住了。其实也应该找个东西出来,比如说我有个瓢什么的。孙悟空没有被问住,否则须菩提也许不教了。

祖师说:"也罢,你要学那一般?有一般天罡数,该三十六般变化;有一般地煞数,该七十二般变化。"悟空道:"弟子愿多里捞摸,学一个地煞变化罢。"祖师道:"既如此,上前来,传与你口诀。"遂附耳低言,不知说了些什么妙法。这猴王也是他一窍通时百窍通,当时习了口诀,自修自炼,将七十二般变化都学成了。

什么叫三十六般变化,什么叫七十二般变化？中国有几个数列,一个数列 2×2×2×2×2×2,2 的 6 次方,这就是《易经》六十四卦。另外一个数列是 2×3×2×3,也是《易经》上的数,所谓参天两地,天数是三,地数是二。这样乘出来是 36,36×2 就是 72,36×3 就是 108,这是另外一个数列。开个玩笑说,须菩提自己练的是"不生不灭三三行",实际上是 3×3 这个数列,但他藏着这个数列不教,只教弟子 3×2 的数列。孙悟空拿这个东西当宝贝,说到底猴子还是老实啊。

附耳低言的口诀是什么,小说没有讲,但还是透露点信息,就是"一窍通时百窍通"。学的是七十二般变化,但暂且不用管那么多,你先学会一种变化。学会一种变化以后,七十二变可以依此类推。自己想清楚,把已经学的那个东西变一个象出来,也就是七十二种变化的开始。如果真的一种一种地学,不能举一反三,那就太死板了。金丹之道学成了,还需要七十二般变化,你的本领才可能真正有用。时代变了,你不跟着变不行,这就是"三灾厉害"。

祖师道:"悟空,事成了未曾?"悟空道:"多蒙师父海恩,弟子功果完备,已能霞举飞升也。"祖师道:"你试飞举我看。"悟空弄本事,将身一耸,打了个连扯跟头,跳离地有五六丈,踏云霞去勾有顿饭之时,返复不上三里远近,落在面前,扠手道:"师父,这就是飞举腾云了。"

博士后的教育也结束了,学会了什么？"爬云"。好比出站时交一篇论文,多少也提出一些观点,但是速度比较慢,又不会变化。

祖师笑道:"这个算不得腾云,只算得爬云而已。自古道:'神仙朝游北海暮苍梧。'似你这半日,去不上三里,即爬云也还算不得哩。"

"朝游北海，暮宿苍梧"，那才是神仙的速度。传说中吕洞宾有一首诗："朝游北海暮苍梧，袖里青蛇胆气粗。三过岳阳人不识，朗吟飞过洞庭湖。"(《全唐诗》卷八五八"北海"作"北岳"，"过"作"入")《西游记》抄的东西很多，只是没有注出来。现在要整顿学术规范，他就逃不过去了。

> 悟空道："怎么为'朝游北海暮苍梧'？"祖师道："凡腾云之辈，早辰起自北海，游过东海、西海、南海，复转苍梧。苍梧者，却是北海零陵之语话也。将四海之外，一日都游遍，方算得腾云。"

"苍梧者，却是北海零陵之语话也。"这句话有些含混，我查过了，出于世德堂本。后来《西游证道书》改了，"苍梧者，却又是北海零陵也"，意义就清晰了。"朝游北海暮苍梧"，他兜了一大圈子还在原地。其实也可以认为他哪儿都没去过，谁有能力跟过去核查呢？"将四海之外，一日都游遍，方算得腾云。"那就是《管锥编·太平广记》所谓"一小时读毕八千年国史大纲"，很快很快的。在一个局部兜圈子不行，一大圈早就游下来了。

> 悟空道："这个却难！却难！"祖师道："世上无难事，只怕有心人。"悟空闻得此言，叩头礼拜，启道："师父，为人须为彻，索性舍个大慈悲，将此腾云之法，一发传与我罢，决不敢忘恩。"

"世上无难事，只怕有心人。"这就是"有志者事竟成"，永远激励中国人向上向上。什么事情你只要做，总归有东西会返回来。"为人须为彻"，你就教到底吧。

> 祖师道："凡诸仙腾云，皆跌足而起，你却不是这般。我才见

你去（陈新考订此字当作丢）连扯方才跳上。我今只就你这个势，传你个筋斗云罢。"

"诸仙腾云，皆蹬足而起"。"蹬足"就是蹬一下，有点像田径场上的起跑。"就你这个势，传你个筋斗云罢。"这就是好老师，"有教无类"。他根据你的性情教你东西，你喜欢什么就顺势再往前一步，给你开发一下。不像现在的老师，布置了一大堆作业要完成，跟你的喜好没关系的。如果不是传筋斗云，而是先去练"蹬足"，那孙悟空就不知道何年何月可以成才了。你"丢连扯方才跳上"，那就根据你这个筋斗来设计一套东西。筋斗云原先没有的，就是你。这就是好老师，孔子等好老师都是这个象，没有统一的。学生的性格脾气不一样，怎么能用一套死的东西去教他们呢？

说起好老师，还有一个潘先生讲的故事。他当年读《易经》，看了十几种《易经》后，发现每一种讲法都不一样，那么哪一种才对呢，他就去问老师唐文治。唐先生说：这个问题我不回答，你再去看十几种。潘先生对老师是敬重的，但总觉得唐先生没有回答。他原来自以为这个问题很深刻，后来他果然再读了几十种，终于明白了，原来没有标准答案，各人就是讲各人的，各有长各有短，没有哪个好哪个不好。潘先生后来感激说，那才是好老师，没有用一个标准答案把你固定下来（参见《潘雨廷先生谈话录》四）。当然也有一些代表作，比如读《易经》要看《周易集解》，读《老子》要看河上公注。也不一定每句话都要听他的，没有人写得出垄断天下的东西。经也是给你启发的，像《西游记》这样的文本也是给你启发的，最后的东西要自己明白。

悟空又礼拜恳求，祖师却又传个口诀道："这朵云，捻着诀，念动真言，攒紧了拳，将身一抖，跳将起来，一筋斗就有十万八千里路哩!"大众听说,一个个嘻嘻笑道:"悟空造化! 若会这个法儿,与人家当铺兵,送文书,递报单,不管那里都寻了饭吃。"

"当铺兵,送文书,递报单",差不多就是现在的快递。《论语·泰伯》:"三年学,不至于谷,不易得也。"一般人看到谁有什么本领,马上就联系到谋生上去了。谋生固然是基础,但也要看把本领派什么用场,《庄子·逍遥游》谓"或以封,或不免于洴澼絖"。人生在世,当然免不了谋生,然而此外还大有事在,不可不知。

大众道:"悟空,你是那世修来的缘法? 前日老师父附耳低言,传与你的躲三灾变化之法,可都会么?"悟空笑道:"不瞒诸兄长说,一则是师父传授,二来也是我昼夜殷勤,那几般儿都会了。"

孙悟空得意洋洋,有些炫耀:一来是老师教得好,二来也是我自己努力呀。

惊动了祖师。祖师急拽杖出门来问道:"是何人在此喧哗?"大众闻呼,慌忙检束,整衣向前。悟空也现了本相,杂在丛中道:"启上尊师,我等在此会讲,更无外姓喧哗。"

几个人在一起讨论事情就叫作会议,几个人在一起讨论学问就叫作会讲。《后汉书·班固传》:"天子会诸儒讲论五经,作《白虎通德论》,令固撰集其事。"会讲接近于现在的学术研讨会。孙悟空说,师父啊,我们在研究变化之道呢。

祖师怒喝道:"你等大呼小叫,全不像个修行的体段! 修行的人,口开神气散,舌动是非生,如何在此嚷笑?"

体段就是大概的样子,读书有读书的样子,修行有修行的样子。当然样子也不必太讲究,但开始时一定要有个样子。那一年我生病住医院,医生来查房,一群人大呼小叫,好几个手机追进来,那个样子就不大对。查房是很严肃的事情,应该认真地探讨病情,至少给病人有个心理安慰。或者这个人高明得不得了,真的放开了,但是一般人达不到这种程度。后来我也一点点有数了。虽然不懂医学,但我们是读书人,知道读书有读书的样子。你像不像做医生的样子,那还是看得懂的,这个就是修行体段。"体段"是格局、身段,也就是古代重视的"礼",体(體)、礼(禮)相通,从字体也可以看出来。

朱熹《延平答问》记李侗曰:"尝爱黄鲁直作《濂溪诗序》云:'舂陵周茂叔,人品甚高,胸中洒落,如光风霁月。'此句形容有道者气象绝佳。胸中洒落,则作为尽洒落矣。学者至此虽甚远,亦不可不常存此体段在胸中,庶几遇事廓然,于道理方少进。"可见有道者的气象,也是从修行体段而来。"修行的人,口开神气散,舌动是非生。"这个东西永远永远不谈。徐梵澄翻译《母亲的话》,其中有一篇《四解脱和四修持论》,说这个东西是永远不谈的,一谈就耗散了,除非你跟自己的老师谈,愿意取得些经验和指教(辽宁教育出版社,1997,109—110页)。释迦牟尼,释迦是族名,牟尼(muni)是圣人,原义也就是默。根本是不谈的,小范围研究可以,一谈就有问题。儒家也是这样,《论语》所谓"人不知而不愠,不亦君子乎"(《学而》)。其实名也不是完全不要,但一定什么都要人知道,终究不是为己之学。

悟空叩头道:"只望师父恕罪!"祖师道:"我也不罪你,但只是你去罢。"悟空闻此言,满眼堕泪道:"师父,教我往那里去?"祖师道:"你从那里来,便从那里去就是了。"

孙悟空真是念书念糊涂了,其实人只知道一条路,回家。一个人糊里糊涂的时候,没有方向的时候,会不知不觉往家走。"你从那里来,便从那里去",祖师的话犹如棒喝。法国高更有一幅名画:"我们从哪里来? 我们是谁? 我们往哪里去?"(1897—1898)正是人永恒的疑问。祖师道:"你从那里来,便从那里去就是了。"可以参考《红楼梦》一百十七回,宝玉问:"弟子请问师父,可是从太虚幻境而来?"和尚道:"什么幻境,不过是来处来去处去罢了。"

　　祖师道:"你这去,定生不良。凭你怎么惹祸行凶,却不许说是我的徒弟。你说出半个字来,我就知之,把你这猢狲剥皮锉骨,将神魂贬在九幽之处,教你万劫不得翻身!"悟空道:"决不敢提起师父一字,只说是我自家会的便罢。"

我觉得须菩提真是好老师,完完全全让学生自己走一条路,去摸索出来。《笑傲江湖》中风清扬教令狐冲也是断开的,讲完剑法算数,以后不再见了,这就是禅宗的干脆利落。风清扬教的剑法也是判教,独孤九剑就是武学里的判教,各门各派的招数都找到了破解之道。师生的关系有两种风格,一种是终身关心,一种是就此决绝。须菩提和风清扬,两人都是绝代大宗师,但是一个出世间法,一个世间法,还有一些差别。

"只说是我自家会的便罢"。为什么要自己会? 在先秦庄子也谈到过,屈原也谈到过,庄子谈的是"道可传而不可受"(《大宗师》),屈原谈的是"道可受兮不可传"(《远游》)。庄子、屈原合起来讲,道既可传又不可传,既可受又不可受。要是可传可受的话,丈夫早已教给妻子了,臣子早已献给君王了。所以这个东西是不可传的,也不可受的,那么是怎么会的呢?师生聚在一起,好像是传了,又是没传,好像是受了,又是没受,而绝对不可传的东西事实上已经传了。

一是师父传授,二是昼夜精勤,这是必要条件,但不是充分条件。师父也传授,你也昼夜精勤,十个有九个还是不会。这个东西就是不可传,但是居然已经传了,这条路要自己找出来。其实传了以后才可以是自家会的,而自家会的才是传,所以加了三个字"只说是"。不遇见上边的人给你讲,你根本连想都想不到。随便你怎样猜,把三藏经书都读了也没用,就是另外有一个东西。"与君一席话,胜读十年书",虽然他给你讲,你还是自己会的。其实教的人好像也没有怎么教,但是学的人居然就学会了,怎么会这样呢?这个问题想清楚了,程度也就提高了。

这就是须菩提的故事,也就是孙悟空求学的过程。从儒家的"洒扫应对,进退周旋"起,到最后宣称"自家会的",这里面有很多曲折,很多诀窍。其中的神话可以全盘否定,因为这是虚幻的花园,孙悟空是假的,须菩提也是假的。但是有真实的癞蛤蟆,必须把真实的东西找出来。如果把这个象拍到任何人的求学过程,全部是对的。真的把这些象都理解了,比原来的程度提高一层,完全有可能。七十二变啊,腾云啊,都可以是真的,否则不会变化,速度太慢。孙悟空向须菩提求学的这一段,句句都是对的,是很高明的教育理论。完成了基础教育,以后的大闹天宫、西天取经,就是他的历练了。

在我看来,即使是世界名著之类,也不可能永恒,都在消息之中,都还会变化。世界一直在你看不见的地方重新洗牌,包括《西游记》在内,这是永远活动的象。中国的传统文化,它自己有活力,自己会走出来,真有好东西埋没不了。

三

今天讲一首词一首诗,以显示《西游记》所认识的佛道境界。这首词在第八回,孙悟空大闹天宫失败,也就是搞革命失败,被如来佛镇压下去,如来佛得胜回西天时配上去的,讲的是佛教的境界。当然,这只是词作者或《西游记》作者所认识的佛教境界。佛教和释迦牟尼的境界究竟如何,最好的方法也是不解解之,轻易不作结论。这首词包含相当丰富的思想,值得花一番工夫,词牌是《苏武慢》:

> 试问禅关,参求无数,往往到头虚老。

前面引过《西游记》一首诗,我说相当于《红楼梦》的《好了歌》。好比《红楼梦》的"风月宝鉴",一面是世间法,一面是出世间法,而最后的破镜而虚,在当时的理解就是破禅关。禅关,禅宗有初关、重关、末后牢关,又有黄龙三关,著作有《无门关》、《禅关策进》。"试问禅关,参求无数,往往到头虚老。"走上了这条路,绝大部分是失败的。多少人出家啊,修道啊,往往到头虚老,没有用。且不要说佛教了,基督教也不可以随随便便,里边的东西深得不得了。《雅各书》4:2—3:"你们得不着,是因为你们不求。你们求也得不着,是因为你们妄求,要浪费在你们的宴乐中。"你们用尽一切办法,多么诚心啊,没有用。可见基督教也是门风高峻,求错了也不行。

> 磨砖作镜,积雪为粮,迷了几多年少?

磨砖作镜来自唐代的禅宗故事,南岳怀让去度马祖道一。当时马祖道一坐禅,南岳怀让在一旁磨砖,把他磨得心慌意乱,坐都坐不下去。马说你磨砖岂能成镜,南说你坐禅岂能成佛?马祖后来是觉悟了。禅宗在六祖后分成两路,一路是南岳怀让,一路是青原行思,厉害得不得了。"汝足下出一马驹,踏杀天下人"(《五灯会元》卷三南岳怀让章次),就是马祖道一。磨砖成镜,也就是《悟真篇》绝句六十四首之五"鼎内若无真种子,犹将水火煮空铛"。"积雪为粮",什么是积雪?就是头发白了。为粮,就是资粮,唯识学有资粮位。《庄子·逍遥游》:"适莽苍者,三飧而反,腹犹果然。适百里者,宿舂粮。适千里者,三月聚粮。之二虫,又何知?"付出自己的生命来作代价,从年少到年老,没有用,就是这么尖锐。

这句话我深有感慨,真是古今都一样。比如毛泽东《贺新郎·读史》"一篇读罢头飞雪",再比如李白《将进酒》"君不见黄河之水天上来,奔流到海不复回。君不见高堂明镜悲白发,朝如青丝暮成雪"。现在看起来,"黄河之水天上来"稍微有些问题,黄河在一年中有很长时间是缺水的,二十世纪七十年代以来屡屡断流,最长的一次有二百多天。那一年我去有名的壶口瀑布,才离开壶口没有多少公里,河床里就只剩下一点点水了。人类的破坏太多,黄河之水天上不来了。但是"高堂明镜悲白发"真是不假,只要人类存在,情形就不会两样。有一位朋友多少年没见面,有一回在电视中看到了,我大吃一惊,他已经满头白发了。十几年前的情景历历在目,他在我脑海里还是英俊少年呢,一直是风度翩翩的,原来已经满头白发了。当年我写《管锥编读解》用过一句话,"呼吸暗积,不觉白头",在自己不知不觉的情况下一点点转化。没有人能做出什么事,一生就是这样白白过去。你把自己的生命付出来作代价,追求一个目标,追求不到。谁追求到自己的目标了?追求一样东西还可能追得到,追求你脑子里想的那个目标追不到。

> 毛吞大海,芥纳须弥,金色头陀微笑。

这就是吕洞宾的诗,"一粒粟中藏世界,半升铛内煮山川"(《五灯会元》卷八吕岩章次)。宏观就在微观中,微观内含有宏观。你到原子结构中去看一看,不就是自成世界？里面有这么大的能量。"毛吞大海,芥纳须弥",大爆炸是不是从一个奇点出来？真的很难说。"金色头陀微笑",这就是世尊拈花,迦叶微笑。为什么把迦叶说成"金色头陀"呢,那就是配上道家的象了,可以参考前文"西路金光大显明","火里种金莲"。"火里种金莲"是火克金,就是利用克我的力量把自己身上的杂质炼掉,然后开出花来。"微笑",就是拈花微笑,这朵花就是《风姿花传》的花,也就是海德格尔遇到保罗·策兰,"兰花与兰花／各自独语"(《托特瑙堡》)。两个人开始时各讲各的,但是后来明白了,彼此的气场相通,所以开出花来。"金色头陀微笑",这是禅宗的祖师,也就是印度文化和中国文化的结合。

> 悟时超十地三乘,凝滞了四生六道。

悟了以后,超越十地菩萨,得到最上一乘。菩萨分十地,三乘指大乘、小乘、中乘。在我看来,在这个世界上菩萨罗汉看不到,即使有也不会被你看到。可能会有几个好的善知识,这些人讲的有益于世人。"凝滞了",《金刚经》称"应无所住而生其心",一个执着,四生六道就来了。四生,若卵生、若胎生、若湿生、若化生,六道,天、人、阿修罗、地狱、畜生、饿鬼。释迦牟尼与孔子有不同的相应范围,孔子相应的主要是人类,释迦牟尼相应的是生物本身。

> 谁听得绝想崖前,无阴树下,杜宇一声春晓？

"谁听得绝想崖前",把想的念头绝掉,这个最难。人其实都有一个盲目的大志,盲目地要做一件事情。要把这个东西点死,再出来一个东西,再点死,再出来一个东西……最后把自己的想法弄明白了,把所有人的想法也弄明白了,大概就是明心见性。"无阴树下",就是纯乾,纯阳,"阴"就是树荫,现在简化字写成阴,反而相合了古代的写法,那就是阴阳的阴了。这个世界是辩证的,总有两个方面,有阳必有阴,有好的方面总有坏的方面,但是反过来,有阴必有阳,比较差的环境也可以努力找出好的方面。所以无阴不可能,没有绝对好的地方。

我觉得对阴阳两方面的认识可以有三种:一是证得华严境界,那么永远至纯、至善、至美,所有的东西都是好的,没有坏的。一是日正,就是"是"(being),在中午的时候头顶对准太阳,就没有阴影,因为光线直射下来。《中庸》说"中庸不可能也",日正就是不可能达成可能(参见拙稿《〈说文解字〉析义》,见《渔人之路和问津者之路》)。一是在阴阳两方面,总是走到阳面去。比如说生病吧,没有人会喜欢,一旦真的来了,如果正确对待,也会有所得。有一些人生体悟,不生病是得不到的,再大的病能活过来就是好事。"杜宇一声春晓",杜宇,用杜鹃啼血的故事。王国维引尼采说"一切文学余爱以血书者"(《人间词话》),鲁迅说"墨写的谎言绝掩不住血写的事实"(《华盖集续编·无花的蔷薇之二》)。你付出什么代价了?墨写的东西随便怎么写,都是空话。但血写的够不够呢?杜鹃啼血,要化掉才好。付出生命的代价,还是没有用,"参求无数,往往到头虚老"。但是花了代价有时候碰巧会成功,就是"杜宇一声春晓",就是孙悟空"天亮了,天亮了"。

无阴是纯阳,为什么纯阳很难,因为卜筮八卦纯乾的几率是1/16,六十四卦纯乾的几率是1/16772216(潘雨廷《衍变通论》四)。什么东西你要完全没有毛病是没有的,即使有,也是极小极小的概率。也就是如此,道家炼到身上一点阴气都没有,儒家做到身上一点缺点都没有,不大可能，完美的是象。纯坤的概率是 1/142，纯乾的概率是 1/16772216，相差那么大，所以说无阴树下难之又难。这也就是俗语说的"学坏容易学好难"，堕落一下就堕落了，而要做个好人，岔路无穷，正路只有一条。你看《西游记》里的那些妖怪，往往都是天上的修行人，思想一开小差就下来了，而求得正果，则必须经历九九八十一难。

曹溪路险，鹫岭云深，此处故人音杳。

曹溪是禅宗六祖的祖庭，路险指这条路走不大上去。曹溪现在肯定是旅游胜地了，然而如果要走进曹溪的象里边，路永远是险的。寒山诗"人问寒山道，寒山路不通"，也就是禅宗的"石头路滑"。在海德格尔就是林中路，林中路那边一块石头，这边一条歧路，你只能在里边摸索着走。这是一条很艰苦的路，不是你随便散步就能走通的。林中路的象，也可参考鲁迅和许广平《两地书》之二"遇见歧路怎么办"，结论是"在刺丛中姑且走走"。鹫岭云深，是云遮雾障，好比贾岛《寻隐者不遇》："松下问童子，言师采药去。只在此山中，云深不知处。"《五灯会元》卷九无著文喜章次："但见五色云中，文殊乘金毛狮子往来，忽有白云自东方来，覆之不见。"你要找的人在哪里呢？"此处故人音杳"，故人，就是禅宗找的那个本来人。在古琴曲中，有一首《忆故人》是我最喜欢的，真是这个象，也是人永远的象。这首曲子据说是蔡邕作的，我觉得推不上去，但是清代肯定没有问题。古琴曲中最有名的是《广陵散》，主题是荆轲刺秦王，情怀激越。现存的《广陵散》也不是嵇康的，唐代之前推不上去。

《忆故人》最好的象是《庄子·徐无鬼》："子不闻越之流人乎？去国数日，见其所知而喜；去国旬月，见其所尝见于国中者喜；及期年也，见似人者而喜矣。不亦去人滋久，思人滋深乎……"说有一个人流亡在外,看到来了自己认识的人就高兴,再过一段时间,看到来了人就高兴。这个体验人人都会有,比如我们离开家乡去异地,如果听到有人讲家乡话,感觉非常亲切,和在本地听到家乡话完全两样,这就是"尝见于国中者喜"。出国的人往往比在国内时更爱国,也是这种情形。往往我们平常不怎么珍惜的东西,离开以后都是好的。离开人的时间越长,思念就越深,这就是所谓的《忆故人》。"夫逃虚空者,藜藋柱乎鼪鼬之径,踉位其空,闻人足音跫然而喜矣",逃到一个空旷无人的地方,旁边都是老鼠,这时听到人的脚步声都高兴。"又况乎昆弟亲戚之謦欬其侧者乎?"何况听到自己的家人亲戚在旁边谈,那个高兴呀!"久矣夫,莫以真人之言謦欬吾君之侧乎!"实在太长久了,没有听到真正想听的家乡话。王维的《杂诗》云:"君自故乡来,应知故乡事。来日绮窗前,寒梅着花未?"禅宗的话,就是那些到故乡去过了的人,回来打的那个乡谈土语。他们讲得高兴,旁边人听不懂讲什么。什么"前三三后三三",你到那里去过才能明白,在外边的人一无所知,只能是猜测,猜也猜不出,他们讲的根本不是这个。所以说忆故人,这个故人你想呀想呀,就是思念。你想的这个最亲近的人是你的镜子,再深入而言,其实就是你自己。你想的是什么,什么就是你。

李白有一首《听蜀僧濬弹琴》:"蜀僧抱绿绮,西下峨眉峰。为我一挥手,如听万壑松。客心洗流水,余响入霜钟。不觉碧山暮,秋云暗几重。"据说焦尾琴是蔡邕留下来的,绿绮是司马相如留下来的。"西下峨眉峰",他来自普贤菩萨的道场,武侠小说有峨嵋派。"为我一挥手,如听万壑松",那就是松涛和松风,古琴曲有《风入松》。"客心洗流水"是双关语,高山流水觅知音,流水是景色,也是音响。洗心是《易经》的象,《系辞上》:"圣人以此洗心退藏于密。""余响入霜钟",与季候时节有关。高步瀛《唐宋诗举要》引《中山经》云:"丰山有九钟焉,是知霜鸣。"霜降和钟响之间,似乎有奇妙的关联。"不觉碧山暮,秋云暗几重",就是"鹫岭云深",一个象出来以后,要把它化掉,山没有云就光秃秃的,所以要云雾缭绕。刘熙载《艺概·诗概》:"山之精神写不出,以烟霞写之。春之精神写不出,以草树写之。"上次讲"悟彻菩提真妙理",真理就是去蔽(Altheia),让你看到一个东西。但那个东西也一定是活的,这就是"妙理",所以这座山要用云雾遮掩。"只在此山中,云深不知处",中国的画就是这样,中国的思想就是这样,"此处故人音杳"。

千丈冰崖,五叶莲开,古殿帘垂香袅。

千丈冰崖非常高,根本上不去,壁立千仞,不是通过投机取巧之类可以上去的。刚才已经有了"曹溪路险",还有一个我很喜欢的象,"石头路滑",用石头希迁的故事(《五灯会元》卷三马祖道一章次,卷五丹霞天然章次)。你根本过不去,还没来得及反应,就被打出来了。"五叶莲开",莲花是佛教的象,《普贤行愿品》:"犹如莲花不著水,亦如日月不著空。"周敦颐《爱莲说》实际用了这个象。然而莲花又有"五叶",就是禅宗的"一花五叶"。

"古殿帘垂香袅",参考况周颐《蕙风词话》卷一:"人静帘垂,灯昏香直。窗外芙蓉残叶飒飒作秋声,与砌虫相和答。据梧冥坐,湛怀息机。每一念起,辄设理想排遣之。乃至万缘俱寂,吾心忽莹然开朗如满月,肌骨清凉,不知斯世何世也。斯时若有无端哀怨怅触于万不得已;即而察之,一切境象全失,唯有小窗虚幌、笔床砚匣,一一在吾目前。此词境也。三十年前,或月一至焉,今不可复得矣。"佛道境界和艺术境界,不二不一,况氏年轻时撞着一回,也算是有缘了。

那时节,识破源流,便见龙王三宝。

"那时节,识破源流",识破源流是关键,前文有"料应必遇知音者,说破源流万法通"。没有识破根源,万事万物都是矛盾的,识破以后就相通了。"便见龙王三宝",三宝不知道指什么。佛家有佛家的三宝,道家有道家的三宝,用在这里好像都不通。我觉得三宝就是"精、气、神",生命根源处的东西。

这篇词叫《苏武慢》,如来佛得胜回西天,浩浩荡荡带着一群神,得意地表表功。这首词是哪儿来的呢？其实是《西游记》的作者抄来的,抄自一本道家著作《鸣鹤余音》,词作者是冯尊师。古代的书就是抄来抄去,但是放在这儿恰当,就是《西游记》作者的功劳。《西游记》抄来的东西多着呢,比如说第十四回"佛即心兮心即佛,心佛从来皆一物",这首诗抄自《悟真篇》。又比如说二十九回《西江月》,"妄想不复强灭,真如何必希求。本原自性佛前修,迷悟岂拘前后。悟即刹那成正,迷而万劫沉流。若能一念合真修,灭尽恒沙罪垢"。这首词也是抄自《悟真篇》,有几个字的出入。到了《西游证道书》,索性把《悟真篇》七言四韵十六首全抄在了卷首,大概是作为总纲吧。《西游记》的思想来自陈抟以后的宋代道家,这绝对没有问题,本来就是这样。还有一个地方是抄的,第十回唐太宗和魏征在便殿对弈,引《烂柯经》"博弈之道,贵乎严谨"云云,抄的是宋代张拟的《棋经十三篇》。《西游记》就是东抄一段,西抄一段,抄的都是好东西,能知道抄好东西也行呀。

还有一个人玄奘,小说中唐太宗封他为御弟。如果核对历史上的玄奘本人,小说的描写都是不对的。小说中玄奘是大唐皇帝派出去的,所以有御赐的袈裟,历史上的玄奘是逃出去的,是没有护照偷渡的,"冒越宪章,私往天竺"（玄奘《还至于阗国进表》）,在他回来时才得到承认,出去时没有承认。我过去讲过一句话,愿意向大家推荐,就是最重要的事情往往是在条件不完全具备的情况下做成的。等到条件具备了，往往也就流于形式了。玄奘不是派出去留学的，不是说有一个取经项目，给了你多少资金，怎么样怎么样。根本没有钱，是自己逃出去的，路上非常艰苦。中央电视台有一套探访玄奘西行之路的节目，我看过几个镜头，那条路线到现在用汽车走都难得不得了，玄奘不知道怎样就走过去了。现在用现代化的装备，这么多人、这么大的后勤，都非常艰苦，当时没有这些却走过去了。

小说中还有两个人，我觉得也非常有趣。一个是傅奕，是道家的代表人物，他坚决反对佛教。现在的《老子》通行本，有一个来源就是傅奕本。当时出土了一个项羽妾冢本，傅奕按照自己的想法，截长补短地凑成了一个本子，于是把不同来源的版本淹没了。这个项羽妾不一定是虞姬，陪葬物中有《老子》，可见秦汉时对《老子》的重视。现在出土的《老子》，有战国的郭店竹简本，和汉代的马王堆帛书本，项羽妾冢本处于两者之间，此本如果还存在的话，一定会有重要的发现。还有一个人是萧瑀，观音来长安的时候遇见他，这个人是赞成佛教的，在历史上也有故事。萧瑀最恨的就是傅奕，说"地狱所设，正为是人"，诅咒他应该到地狱里去。《旧唐书·萧瑀传》记载，有一回，唐太宗李世民听他谈论佛教，说得头头是道，就说，那我批准你出家吧。他一下就愣住了，再想一想说，我还不能出家。这真是有趣，就是所谓的"佞佛"。

观世音被称为观音，是避李世民的讳，可见宗教还是避不开世间法。《西游记》结束前有一段，到了灵山取经时，如来座下几个大弟子向玄奘师徒索取人事，这是《西游记》冷峻的一笔，也是小说看透人情世故的地方。前文也有一段可以配，观世音拿来一套袈裟，说遇见有缘的人分文不取送给他，不是有缘的人要出七千两。遇见有缘的奉送，这没有问题。对于没有缘的人，她开了一个价。对这个价怎么想？当然"七千"是很大的数字。过去争论这个问题，关于唐代酒价，李白诗云

"金樽美酒斗十千"(《行路难》),杜甫诗云"肯来相就饮一斗,恰有三百青铜钱"(《饮中八仙歌》)。一个是十千,一个是三百,差距有那么大。你大致取一个中间价,假设一两银子相当于一千青铜钱好了,那么七千两虽然大,终究也不是什么天文数字。不是说情义无价吗?那么道义更是无价。观世音为什么开出价来,这说明了什么?不要作出简单的结论,大家想想看。

再回过来看第一回的那首诗。我上次开玩笑说须菩提不地道,教给孙悟空三二这条线,没有教三三这条线。如果教了三三这条线,如来佛就管不住他了。当然学会了三三这条线也不会去大闹天宫,引得那些天兵天将都动了嗔心,起了烦恼,那又是另外一条路了。

大觉金仙没垢姿,

"大觉金仙"就是佛,宋徽宗宣和元年(1119)诏佛改号大觉金仙。为什么封佛为大觉金仙呢?因为宋徽宗信仰道家,所谓的道君皇帝。在《西游记》佛道相兼的那一路,最高的就是佛和仙,前面讲"功完随作佛和仙",大觉金仙就是佛与仙的贯通。仙(rsi)在印度古代也有,实际上就是修炼士,也就是从《奥义书》、《森林书》以来住于山林的一些修炼士。这些修炼的人据说有种种神通,喜欢做一些奇奇怪怪的事情,释迦牟尼产生于这样的环境之中。佛教产生时有六派哲学,九十六种外道,非常复杂非常丰富。释迦牟尼这套理论为什么相对比较完满,就因为它是在与各种各样其他理论的斗争中产生出来的,所以称大破九十六种外道。佛教的那些修炼方法印度原来都是有的,释迦牟尼改了一点东西,改的这点东西是最最厉害的。印度佛教传入中华以后,结合中华文化出来的"大觉金仙",是佛教理论在新地域中产生的新变化。

"没垢"就是纯乾,纯阳,也就是刚才讲的"无阴树下",所谓"火里种金莲",当花开的时候,杂质全都炼完了。"姿"不是死的东西,而是一个象,就是中国古代讲的"意态"。王安石《明妃曲》"意态由来画不成,当时枉杀毛延寿",画出来的是死人,画不出来的是"意态"。中国文字、绘画、音乐都要表现"意态",也就是日本《风姿花传》的"风"、"姿"、"花"。这个"姿"你学不像,所以禅宗有时要打破神像,三维的东西怎么能有"姿"呢?李渔在《闲情偶寄》中也讲,最难的就是"态度","态度"就是"姿",也就是戏剧的魂。美就美在"姿"上,这是模仿不来的,个性、才气、修养,先天和后天都有关系。《庄子·田子方》:"若夫人者,目击而道存矣,亦不可以容声矣。"你看到一个人站的样子就知道他是不是,这就是"姿"。其实你凭什么看出来,发生错误的概率很大,但就是有这么神奇。

　　西方妙相祖菩提。

　　祖菩提,须菩提祖师,西方指佛,也指道的"西路金光大显明"。还有一个有趣的地方,《封神演义》也把这首诗抄了过去。小说写殷周之际的三教斗争,三教之外还有一个西方教,可以代表佛教。其中大教主是"接引道人",有研究者说就是释迦牟尼(见网文《孙悟空的师傅是谁》),二教主是"准提道人",他六十一回出场时用的就是这首诗,只差了几个字,"没垢姿"作"不二时","相"作"法"。可见"准提道人"与须菩提相通,而且"道人"和"祖师"也相通。然而,"准提"在佛教中是观音的名号,至今都有人信仰持诵"准提咒",那么也可以认为准提道人和观音相通。如果以这首诗作为桥梁,观音相通于须菩提。以印度佛教而言,观音是释迦牟尼菩萨系列的弟子,须菩提是罗汉系列的弟子。以中国佛教而言,观音的女性形象是进入中国后的改变,而须菩提在《西游记》中也成了佛道相兼的象。

如果以歌德的教育小说《威廉·麦斯特的学习年代》和《威廉·麦斯特的漫游年代》为喻,在孙悟空的学习年代(Lehrjahre)起最大作用的是须菩提,在他的漫游年代(Wanderjahre)起最大作用的就是观音了。在西天取经的路上观音对孙悟空处处提调,起的作用难道不是相当于师吗？刘一明《西游原旨读法》:"《西游记》每到极难处,行者即求救于观音",讲的就是这种情形。第十七回悟空道:"妙啊！妙啊！还是妖精菩萨,还是菩萨妖精？"菩萨笑道:"悟空,菩萨、妖精,总是一念；若论本来,皆属无有。"悟空听了,心下顿悟,至深至深。前面讲须菩提向孙悟空传道后就此决绝,又何尝如是,其实一刻也没有离开呢。观音与须菩提有其互通之理,此即《法华经》所谓"普门"之象。中国的文本联系起来看,里面的象就是有这些巧,抄来抄去,一片混乱,但混乱当中还有不混乱的。

不生不灭三三行,

这就是《老子》的"道生一,一生二,二生三"。三三是洛书的象,到最后孙悟空历尽九九八十一难,三三就是九九归一。一个是到八十一,一个是到九十九,《西游记》第九十九回的回目就是"九九数完,三三行满"。兜了这么大一个圈子,就是因为须菩提藏着不教。其实不是不肯教,而是不能教,只能由自己实践出来,体会出来,"三三行满道归根"。佛教就是三三行,《五灯会元》卷九文殊对文喜说"前三三,后三三"。搞清楚了三三行,如来佛的手掌就跳出去了,其实不用跳出去,它本来就没有罩着你。

全气全神万万慈。

什么叫"全气全神"？刚才讲"没垢"不大可能，"全气全神"更不可能。因为人一生下来就是漏的，人的思想一天到晚都在漏。能够把散漏的东西捡一点回来，那已经是了不起了。所谓"全气全神"，至少要做到两点：一个是勘破出生前和出生后，也就是人的先天和后天。一个是勘破生物和非生物之间，那就是华严境界，也就是物质和生物的变化。生物的组成到现在也没有搞清楚，现在已经知道组成生物的化学成分和组成物质的化学成分没什么两样，为什么一个是生命，一个是非生命？自己想，想通了就是"全气全神"。"万万慈"，就是"火里种金莲"，把不好的环境变成好的环境。环境总是对人不利的，人类就是和环境作斗争，与天奋斗其乐无穷，奋斗到后来还要与人奋斗，多么累，但这是没法逃避的。出家没有用，你即使到了庙里，大环境还是一样。"慈"在佛教是四无量心之一，"慈无量，悲无量，喜无量，舍无量"；在道教是老子的三宝，"一曰慈，二曰俭，三曰不敢为天下先"；相对于儒家就是"仁"；相对于基督教就是"爱"。

空寂自然随变化，真如本性任为之。

须菩提的变化比孙悟空的变化好。你看孙悟空的七十二变，还要掐着诀，念动咒语等。"空寂自然随变化"是变到哪里就是哪里，本来就是时时刻刻在变化，不可能不变。早已变过来了，不要去学七十二变了。地球上本来是没有生物的，现在变成有生物了。本来没有你我他，现在有了你我他。从过去变到现在，已经变成了某一个人，将来还会变的，变得发大财，或者变得生了病。这个就是"空寂自然"，就是"真如本性"，就是这个变化，不用学，这个如果明白不得了。《列子·周穆王》有一段"老成子学幻于尹文先生"，最后的结论是不用学。

与天同寿庄严体，历劫明心大法师。

"与天同寿庄严体"，生物由天而来，还归于天，故"与天同寿"。天有其庄严，生物也有其庄严。"历劫明心大法师"，人类的生存发展要经历好多劫难，人的一生也要经历好多劫难。是人都要历劫的，你遇到的劫不会逃得过，福气归福气，劫归劫。劫就是你过不去的坎，有些事对别人很容易过去，但对你就是过不去。劫当然是看不破的，能看破就不是劫了。这其实给你一个几，逃避是逃避不了的，逃避往往是找借口，而看破就是明心见性。来的东西每个人不一样，要注意看清楚。

后　　记

　　大约二十五年来,我一直在试图理解中国古代的部分典籍,清理它们的源流演变,并探讨它们和现实生活的联系。从更大的背景上来说,这也同时意味着寻求中华学术在世界文化中的位置,以及厘定其特殊性。因此,在某种意义上,这一工作不仅是中国的,而且也是世界的。在这些典籍中,曾经以为是糟粕的,一部分确实是糟粕,一部分如果深入了解,就不是糟粕。曾经以为是精华的,一部分推广起来有弊病,一部分其内涵千百年都没有阐发出来,至今熠熠生辉,足以在世界文化的最高层次占据一席之地。这部分内容不仅是属于中国的,而且是属于世界保藏于中国的,本身就是世界的,人类的。保藏并阐发这部分内容,既是中华民族应尽的责任,也是中华学术的向上之路。理解这部分内容,可以跟中华民族的伟大复兴相关,但也不一定直接相关,此可比拟于古希腊罗马文化。有生命的古代文化永远是接触现实的,从现实中汲取营养,并滋养现实。理解这部分内容的人有其独特的立场,但是一般不会激烈地支持或反对。

　　由于此一工作规模较大,短时间难以成就,在2005—2007年间,我选取一些比较深入浅出的典籍,在研究生班上试讲,参与者有复旦大学的博士、上海社会科学院的硕士,以及各行各业的一些朋友。"古典学术讲要"就是这一课程的名称,根据录音整理的部分讲稿组成了本书。把课程名移用来作为书名,虽然不十分确切,却也表示了我长期摸索的学术指向。古代典籍是先人智慧的结晶，虽然我的修习工夫不足，理解程度有限，还是想打破中西体用之类的限制，和求学者一起分享阅读经典的美好时光。如果读者通过此书和经典结缘，感受生命的成长经历，甚至跳过此书直接研究经典，得到真实的受用，那正是我所盼望的。

陈思和先生积极支持此一课程的开设，王安忆女士多次促动我收拾文稿成书。黄德海先生协助整理了文稿，节省了我的一些时间和精力。刘苇先生阅读了文稿，并提出宝贵意见。刘志荣先生、计海庆先生、陈婧裴小姐、吕珏小姐查核了部分引文。书中若干文稿曾经刊载于杨丽华女士主编的《文景》和刘小枫先生主编的《经典与解释》，给了我试误的过程。虽然本书所做的只是浅尝辄止，请他们还是接受我真诚的谢意。

张文江
二〇〇九年一月二十五日

修订本补记

《古典学术讲要》，2010年6月出版，2011年6月重印。时间过去了五年，此书得到了修订的机会，使我可以部分地改正其不足。

此外，补充一小节《"前三三后三三"的提示》，来自课堂上所作的回应。"讲要"是我开出的试验性课程，目的是引导学生接触古代经典，初步了解其内容。经典自有其文字之外的深刻含义，有心进一步探究者，应该设法请教善知识。

上海古籍出版社刘海滨先生推动此书再版，黄德海先生协助核对引文，谨此致谢。

张文江
二〇一五年六月二十六日

又　记

　　感谢上海古籍出版社为此书推出精装本,使我可以再一次调整部分文句。古典学术远有更深广的内容,读者应该探索更高的境界。

张文江

二〇一七年八月二十八日

再　记

　　此书被提议重印,使我还可以改正错失,精简文句。精之又精,简之又简,看不到尽头。能发现自己的不足,总是令人愉快的,也是对读者的负责。

张文江

二〇二〇年五月二十二日